Pabst | Kaiser Augustus

Angela Pabst

Kaiser Augustus

Neugestalter Roms

Reclam

Inhalt

Anhang

Der Mann mit den vielen Namen

Eine Gebrauchsanleitung zu diesem Buch

Wer sich mit Kaiser Augustus befassen möchte, findet sich gleich zu Beginn seiner Arbeit mit einem ungewöhnlichen Problem konfrontiert. Tatsächlich liegt bei dieser Person nämlich der mehr als seltene Fall vor, daß ein Mensch keinen einzigen (!) seiner Namensbestandteile über sein ganzes Leben hin geführt hat. Dies ist umso bemerkenswerter, wenn man bedenkt, daß in Rom bis zu drei Namensbestandteile von Geburt an zur Verfügung standen, nämlich (a) ein Vorname, das *praenomen*, (b) der Name der Familie (bzw. bei altberühmten Geschlechtern der Name der *gens*, des gesamten Familienclans), das *nomen gentile*, sowie (c) gegebenenfalls der Name des spezifischen Familienzweigs, das *cognomen*, eventuell ergänzt um später individuell erworbene Prädikate.

Verlangt ist also gleich eingangs eine Entscheidung zwischen zwei denkbaren Optionen: Entweder verwendet man – in dem Wissen, daß sie nicht immer der jeweils aktuellen Selbst- und Fremdbezeichnung entspricht – eine einheitliche Benennung, oder aber man folgt dem Wandel von (1) Gaius Octavius (als solcher am 23. September 63 v. Chr.[1] auf die Welt gekommen) über (2) Gaius (Iulius) Caesar (Beginn zwischen April 44 und August/September 43, dabei in verschiedenen Graden offiziell) und (3) Imperator Caesar (ab 40 oder 38, Zeitpunkt des Wechsels in der Forschung umstritten) zu (4) Imperator Caesar Augustus (ab 16. Januar 27).

Übermäßig schwer fällt die Wahl bereits dann nicht, wenn man die durch das letztgenannte Verfahren hervorgerufene ständige Verwirrung der Leserschaft gegen das Gut einer Ex-

---

1 Daten, wo nicht anders vermerkt, alle v. Chr.

aktheit veranschlagt, die reiner Selbstzweck wäre, da aus ihr kein vertieftes Verständnis der Sachlage resultiert. Bestätigt mag man sich zudem von antiken Autoren fühlen, die, vor derselben Schwierigkeit stehend, durchgängig bei einer konstanten Bezeichnung bleiben und den fraglichen Akteur in ihren Werken entweder unter »Augustus« (so z. B. Sueton) oder unter »(Gaius) Caesar/Kaisar« (z. B. Nikolaos von Damaskos; Tacitus; Appian) führen. Daß die Waage im 21. Jahrhundert eindeutig zu »Augustus« hin ausschlägt, hängt damit zusammen, daß diese Etikettierung die richtigen Assoziationen wachruft, während man bei »Caesar« heute automatisch den »älteren Caesar«, also Augustus' postumen Adoptivvater Gaius Iulius Caesar vor Augen hat. Im folgenden wird daher in der Regel von der Hauptfigur unseres Buches als »Augustus« gesprochen und allein dort, wo der situationsspezifische Name wirklich neue Einsichten vermittelt, zusätzlich auf diesen verwiesen.

Daß sich die Erörterung der Vorgehensweise an dieser Stelle noch nicht beenden läßt, hängt erneut mit einem Namen zusammen. In den Quellen ist er bloß spärlich belegt und niemals, weder von Augustus selbst noch von seiner Mitwelt, offiziell gebraucht worden. Einzig Gegner wollten dem jungen Caesar am Beginn seiner politischen Karriere gelegentlich dadurch schaden, daß sie herausstellten, er stamme aus der bisher wenig hervorgetretenen Familie der Octavii, und ihn als »Octavianus« (= den aus der *gens* der Octavier heraus Adoptierten) abwerteten. Daß die Forschung sich angewöhnt hat, für die gesamte Zeit vor 27 von Augustus als »Octavian« zu reden, bedeutet demnach keinerlei Gewinn an historischer Genauigkeit. Es ist freilich solange problemlos möglich, solange eine Studie sich einer Periode im Leben »Octavians«, beispielsweise seinem Aufstieg, widmet, in der sie diese Benennung durchgängig zu benutzen vermag. Für eine Biographie birgt es jedoch ein nicht zu unterschätzendes Risiko, wenn die zentrale Gestalt der Untersuchung verbal in zwei Menschen aufgespalten wird. Mögliche (und weitreichende) Folgen sind gerade in Büchern zu Augustus mit Händen zu greifen. Auffällig häufig erscheint er darin nämlich als ›Mann mit den zwei Gesichtern‹: Seine Nachtseite, sozusagen Mr. Hyde, wird signifikanterweise mit der Phase der Bürgerkriege, also »Octavians«, verbunden, während »Augustus« für die Lichtgestalt des Friedensfürsten steht, also den Part von Dr. Jekyll zugeteilt erhält. Daß ein solches Erzählschema, bei dem die schlechten und guten Eigenschaften eines Menschen Intervalle von zwölf bzw. dreißig Jahren dominieren, selbst dann nicht funktioniert, wenn man dem Betreffenden eine ›widersprüchliche Persönlichkeit‹ bescheinigt, ist offensichtlich. Daß die positiven Züge gerade beim Gewinn der Macht recht unmotiviert ›ausbrechen‹, befriedigt zudem ebensowenig wie ein Erklärungsansatz, nach dem der Kaiser, hier weiterhin im Kern ein Schurke, von 27 v. Chr. bis 14 n. Chr. eine Verstellung zum edlen »Augustus« durchgehalten hätte.

Damit ist bereits einer der Schwerpunkte der folgenden Darstellung angedeutet. Im wesentlichen verfolgt sie drei Ziele: Zum einen soll eine Annäherung an den Menschen Augustus versucht, sollen einige seiner Charakterzüge herausgearbeitet, Strukturmerkmale seiner Persönlichkeit bestimmt werden. Bei einer Gestalt der Geschichte versteht es sich von selbst, daß sie hierbei auch als Kind ihrer Zeit zu betrachten ist. Dies soll zweitens mit einer Orientierung über Arbeitsmethoden der Forschungsdisziplin der Alten Geschichte einhergehen, die es auch der Leserschaft außerhalb der Fachwissenschaft ermöglicht, den Weg nachzuvollziehen, auf dem wir heute Erkenntnisse über den vor zweitausend Jahren verstorbenen Kaiser gewinnen können. Zum dritten soll die besondere historische Bedeutung dieser Person erhellt werden, sie also nicht nur als von der Umwelt mitgestaltet, sondern diese mitgestaltend wahrgenommen sein.

Will man all dies in eine einprägsame Kurzform bringen, so eignet sich wohl besonders eine von dem antiken Autor Plutarch (um 45–120 n. Chr) referierte Anekdote (mor. 207d[2]):

»Als er [Augustus] hörte, Alexander [der Große, der berühmte Makedonenkönig], der im Alter von zweiunddreißig Jahren den größten Teil der Erde bereits unterworfen hatte, habe nicht mehr gewußt, was er künftig noch tun solle, äußerte er verwundert, ob denn Alexander es nicht für die größere Aufgabe gehalten habe, ein Reich zu regieren, als es in Besitz zu nehmen.«

Das mag diesem Bändchen als Motto dienen.

2 Die hier jeweils abgekürzt zitierten Werktitel antiker Autoren werden S. 270–272 aufgeführt.

1 Unterwäsche, Feigen und Schlammschlachten

Mit Sueton auf der Suche nach dem Menschen Augustus

Eine Annäherung an Augustus kann kaum anders denn gut einhundert Jahre nach seinem Tod beginnen. Denn zu jener Zeit, exakter wohl um 121 n. Chr., entsteht ein Text, ohne den es uns heute – zweitausend Jahre nach seinem Tod – schlechterdings unmöglich wäre, wenigstens einen gewissen Eindruck von der Persönlichkeit unseres Protagonisten zu gewinnen. Anders gesagt: Ohne die Arbeit eines antiken Biographen wäre eine moderne Biographie des Augustus undenkbar.

Läßt bereits ein derartiger Sachverhalt es angezeigt erscheinen, sich ein wenig genauer mit diesem speziellen Gewährsmann namens Gaius Suetonius Tranquillus (in der Forschung eingeführt als Sueton) und seinem Werk zu beschäftigen, so mag man sich von einem Austausch mit dem römischen ›Kollegen‹ noch manch anderes versprechen: So kann er zum einen dazu anregen, sich einleitend ein paar Gedanken über das Wesen einer Biographie zu machen. Da zudem auch Sueton als Autor der *Vita divi Augusti*, des Buches über »das Leben des vergöttlichten Augustus« bereits kein Zeitgenosse der Geschehnisse mehr war, also nicht auf eigene Erinnerungen zurückzugreifen vermochte, hat seine Ausgangslage genug mit derjenigen heutiger Forschender gemein, um sein methodisches Vorgehen interessant, einen Besuch in seiner ›Werkstatt‹ lohnend zu finden. Zugleich muß seine Herangehensweise schon deshalb überprüft werden, weil es gerade angesichts der Bedeutung dieser Quelle von essentieller Wichtigkeit ist, hinsichtlich ihrer Verläßlichkeit zu einer genauen Einschätzung zu gelangen. Wissenschaftliche Solidität versteht sich bei der historischen Literatur der Antike nämlich durchaus nicht von selbst.

Für Sueton fällt die Bilanz allerdings ausgesprochen gut aus. Zum Teil mag dies ironischerweise damit zusammenhängen, daß er keineswegs nur Biographien geschrieben und sich gar nicht an Texten versucht hat, welche die römische Geschichte oder Abschnitte davon chronologisch fortschreitend darstellen. Antike Kataloge seiner heute leider meist verlorenen Werke verzeichnen eine Fülle von Gegenständen, von denen etliche vielleicht in einer buntgemischten Enzyklopädie mit dem Titel »Rasenstücke« (*prata*) zusammengefaßt waren. Sueton rückt damit in die Reihe von Universalgelehrten, deren Typus in Rom vor allen ein älterer Zeitgenosse des Augustus, Marcus Terentius Varro (in hohem Alter im Jahre 27 verstorben), repräsentiert. Wie dieser hatte Sueton historische Interessen, die auch in tradierten Überschriften wie »Sitten und Gebräuche der Römer«, »Das römische Jahr«, »Über die Arten von Kleidern«, »Über die öffentlichen Ämter« zutage treten.

Männer mit einem solchen Themenschwerpunkt, die sogenannten Antiquare, Altertumskundler, sind nun freilich jene Leute, die im antiken Rom einem modernen Geschichtswissenschaftler am nächsten kommen. Sie verstehen sich dezidiert als Forscher und gestalten ihre Publikationen dementsprechend mit wissenschaftlichem Anspruch. Dazu gehört, daß sie einen ausgeprägten Sinn für Originaldokumente besitzen und die Herkunft ihrer Informationen wenigstens teilweise belegen. In sonstigen Büchern historischen Inhalts war dies damals keineswegs gängig. Deren Verfasser sehen sich weder veranlaßt, ihre Quellen, die oft ohnehin bloß Vorgängerwerke derselben Machart sind, zu nennen noch eigene Recherchen in Archiven etc. anzustellen. Erklärlich wird das dann, wenn man weiß, daß sie ihre Tätigkeit als eine primär literarische auffassen. Der Literaturnobelpreis, den der Althistoriker Theodor Mommsen im Jahre 1900 für seine *Römische Geschichte* erhielt, wäre für einen antiken Vertreter der Sparte Geschichtsschreibung/Historiographie eine unmittelbar nachvollziehbare Entscheidung gewesen. Sueton mit seiner stark antiquarischen Prägung kann man sich dagegen unschwer dabei vorstellen, wie er den heute in der Wissenschaft gebräuchlichen Apparat mit Quellenangaben und akribischem Nachweis benutzter Forschungsbeiträge anzufertigen lernt und sich für die Möglichkeiten gelehrter Erörterungen in Fußnoten begeistert. Er wäre dabei nur leicht dadurch gehandikapt, daß die Bücher seiner (und schon des Augustus') Zeit die Gestalt von Rollen (aus einem meist etwa zehn Meter langen Band aneinandergeleimter Papyrusbögen mit den Maßen eines DIN-A4-Blattes) hatten, zum Nachschlagen mittels Blättern damit untauglich waren und keine Seitenzahlen aufwiesen.

Lebendig wird das wissenschaftliche Temperament Suetons nicht nur in seinen eigenen Texten, sondern auch in Briefen seines Förderers Gaius Plinius Secundus. Da wird Sueton anläßlich des von Plinius vermittelten Kaufs eines kleinen Anwesens als »Stubengelehrter« (ep. 1,24) etikettiert und das Bild eines Mannes entworfen, den diese Immobilie wegen der Nähe zur Stadt Rom, der günstigen Verkehrsverhältnisse – und damit wohl des Zugangs zu den gerade in seiner Zeit und sogar unter seiner Mitwirkung ausgebauten öffentlichen Bibliotheken in Kombination mit einer gewissen Ruhe – sowie der überschaubaren Dimensionen reizt, und der nur soviel Land braucht, »um einmal auf andere Gedanken zu kommen, die Augen zu erholen, an den Grenzen des Grundstücks entlangzuschlendern und immer nur denselben kleinen Weg auf und ab zu gehen«, dabei seine Weinstöcke und Bäumchen einzeln begrüßend; an anderer Stelle zeigt sich, daß Sueton an seinen Arbeiten immer noch etwas zu verbessern weiß und mit der Veröffentlichung zögert, um sie weiter zu perfektionieren, während Plinius die Bände bereits durch Abschrift vervielfältigt, gelesen und verkauft sehen möchte (ep. 5,10).

Neben der Wesensart ihres Verfassers verdanken wir die Qualität der *Vita divi Augusti* einem weiteren Glücksfall, nämlich der Tatsache, daß Sueton exklusiven Zugang zu einem außergewöhnlichen Material, dem Privatarchiv des Augustus mit Notizen und Briefen, einem von Augustus sehr gerne genutzten Medium, erhielt. Möglich wurde das dadurch, daß der Biograph auf dem Höhepunkt einer ›beruflichen‹ Karriere unter Hadrian zum Chef der kaiserlichen Kanzlei (*ab epistulis*) avanciert war. Da er in dieser Funktion Entwürfe für die kaiserliche Korrespondenz, z. B. für Antwortschreiben an kaiserliche Funktionäre, zu erstellen hatte, konnte er zusätzlich auf das römische Staatsarchiv zugreifen und etwa die Protokolle der Sitzungen politischer Organe einsehen, ohne selbst Mitglied des Senats oder Träger eines hohen politischen Amtes zu sein. Ob er tatsächlich in den Sturz des Gaius Septicius Clarus verwickelt wurde, jenes Kommandanten der kaiserlichen Leibwache, der ihn protegiert und dem er die Kollektion seiner zwölf Biographien der Caesaren, zu der auch die Augustus-Vita gehört, gewidmet hat, und seine Stellung im Jahr 122 n. Chr. wieder verlor, ist unklar, aber im Kontext dieses Buches unerheblich.

Wichtiger ist, sich über Suetons ›Beruf(e)‹ genauere Vorstellungen zu bilden. Dabei gilt es festzuhalten, daß derlei Aktivitäten nicht ökonomischen, sondern sozialen Zwängen geschuldet waren. Von Männern, die, wie Sueton, ein Mindestvermögen von 400 000 Sesterzen, aber keinen Vater oder Großvater mit Sitz im Senat besaßen, wurde nämlich seit der Neuordnung der römischen Gesellschaft durch Augustus erwartet, daß sie sich dem Kaiser für Aufgaben zur Verfügung stellten, welche Senatsmitglieder als unter ihrer Würde empfanden. Deren Spektrum reichte vom Offiziersdienst im Heer, wie ihn Suetons Vater unter Otho verrichtete, Sueton selbst jedoch trick- und erfolgreich vermied, über eine Vielzahl administrativer Funktionen bis zur Verwaltung des kaiserlichen

Herrschaftsbereichs Ägypten und zum Kommando der Leib-
garde. Belohnt wurden die ohnehin wirtschaftlich gutgestell-
ten Leute vorrangig mit Sozialprestige, indem sie aufgrund
solcher Posten dem Stand der Ritter, dem *ordo equester*, zugeordnet wurden. Dieser hervorgehobene gesellschaftliche
Rang, nur noch von dem der Senatoren und deren Nachkommen, dem *ordo senatorius*, übertroffen, war in Rom jederzeit
und für jedermann sichtbar, da Ritter einen speziellen Ring
und einen schmalen Purpurstreif an der Toga trugen und bei
Veranstaltungen in Theater, Circus und Amphitheater gesonderte Reihen reserviert bekamen. Für eine reine Gelehrtenexis-
tenz hätte Sueton also, da der Ritterstatus zu dieser Zeit nicht
mehr erblich war, erhebliche Opfer bringen müssen und seitens seiner Mitwelt kein Verständnis gefunden.

Als ›Hobbyhistoriker‹ kann man Sueton (wie alle übrigen
Autoren) noch in einer weiteren Hinsicht ansprechen. Sie alle
haben nämlich keine Ausbildung durchlaufen, die sie metho-
disch darin geschult hätte, sich der Vergangenheit zu nähern.
Strenggenommen hat die Antike zwar ausführlich darüber
nachgedacht, warum man sich überhaupt für eine ferne Zeit
interessieren und Ereignisse durch schriftliche Fixierung späteren Generationen verfügbar machen sollte, vehement disku-
tiert auch darüber, welche literarische Gestaltung für ein solches Werk angemessen wäre, gar nicht reflektiert aber darüber,
wie man sich ein gesichertes Wissen über einen derartigen Gegenstand erwerben könne. Hier arbeitet letztendlich auch
Sueton mit Methoden, die ihm von einer seiner vielfältigen öffentlichen Tätigkeiten, der Praxis als Anwalt und Richter, die
in Rom einen hohen Grad an Professionalität erreicht hatte,
vertraut waren: Er sammelt materielle Beweise und ›Zeugen-
aussagen‹ und bleibt – wie viele antike Geschichtsschreiber –
dort ratlos, wo sich seine ›Zeugen‹ widersprechen, ohne daß
die ›Lüge‹ juristisch nachweisbar wäre.

Nicht auf Anleitung zu verzichten brauchte er jedoch in der Frage der Präsentation seines Stoffes. Für uns tritt die Eigenart einer antiken Biographie am klarsten in einer Passage hervor, mit der ein etwa zur Zeit der Veröffentlichung des »Lebens des Augustus« verstorbener älterer Zeitgenosse Suetons, Ploutarchos aus Chaironeia (in der Forschung kurz Plutarch), seinen Text zu Alexander und Gaius Iulius Caesar einleitet: »Da ich in diesem Buch das Leben [*bios = vita*] des Königs Alexander und Caesars […] beschreiben will, so darf ich bei der Menge der vorkommenden Taten weiter nichts zum Eingang sagen, als daß ich meine Leser ersuche, es mir ja nicht übelzunehmen, wenn ich nicht alle die berühmten Begebenheiten genau und ausführlich erzähle, sondern die meisten nur kurz berühre. Denn ich schreibe nicht Geschichte [*historia*], sondern ein Leben [modern ausgedrückt: eine Biographie]; und in den glänzendsten Taten liegt nicht allemal eine Anzeige von Tugend und Laster, im Gegenteil verrät oft eine unbedeutende Handlung, ein Ausspruch oder ein Scherz den Charakter des Menschen viel deutlicher als die blutigsten Gefechte, als die größten Schlachten und Belagerungen. So wie nun Maler die Ähnlichkeiten von dem Gesicht und den Zügen um die Augen, in welchen sich der Charakter darstellt, hernehmen und sich um die übrigen Teile sehr wenig bekümmern, ebenso soll es auch mir vergönnt sein, mehr die Zeichen der Seele aufzusuchen und nach diesen eines jeden Leben zu schildern, die Beschreibung der großen Taten und Schlachten aber anderen zu überlassen« (Alex. 1). Es ist also der historische Akteur in seiner Wesensart und seinen ihn individuell kennzeichnenden Verhaltensweisen, es ist der berühmte Mensch in seiner gesamten Menschlichkeit und allen Facetten seiner Person, den darzustellen der Biograph als seinen Aufgabenbereich definiert. Daß dabei auch Bewertungen, ein Katalog von erfüllten oder verletzten Normen, eine Rolle spielen, ist ebenso typisch wie die

Einbeziehung des Privaten und Alltäglichen, das in der antiken Historiographie keinen Platz hat.

Der Unterschied zwischen den Gattungen *historia* und *vita/bios*, aber auch der zwischen der antiken und der modernen Biographie eines Politikers läßt sich gut mittels eines Schlagworts im Gedächtnis verankern: Die Unterwäsche des Kaisers Augustus. Das ist ein Thema, das einem römischen Historiographen deshalb nicht in den Sinn käme, weil es ohne direkte Auswirkungen auf eine Vielzahl von Leuten, geschweige denn den weiteren Verlauf der Geschichte ist. Eine moderne Biographie freilich würde es wohl ebenfalls aussparen und dabei, verlangte man eine Erklärung, vielleicht ähnlich wie der antike Geschichtsschreiber die Irrelevanz für das Verständnis des öffentlichen Wirkens des Porträtierten betonen, vielleicht auch den Gedanken der Intimsphäre einführen oder sich gegen die Zumutung von Voyeurismus verwahren. Für den antiken Biographen Sueton illustriert es jedoch einfach ein Merkmal des Menschen Augustus, nämlich dessen Sorge und Vorsorge gegenüber Krankheiten, die angesichts seiner schwachen physischen Konstitution und gravierenden Beeinträchtigungen im Vorfeld durchaus nicht unbegründet war. Wenn wir an dieser Stelle (82,1) erfahren, daß Augustus sich im Winter mit vier Tuniken und einer dicken Toga, einem Unterhemd (*subucula*) und einem wollenen Brustleibchen sowie Wickeln um Oberschenkel und Waden ›bewaffnete‹, so macht dies unmittelbar verständlich, weshalb antike Biographien auch für alltagsgeschichtliche Fragen der heutigen Wissenschaft eine gute Grundlage bieten. Die Einkleidung der Beine verrät uns zugleich, daß Hosen und Unterhosen, nebenbei gesagt auch Strümpfe und Socken, in Rom nicht gängig, im Fall der Unterhosen sogar komplett unbekannt waren. Aber auch kollektive Denk- und Empfindungsweisen der Römer, die im Fokus des relativ neuen Forschungsfeldes der Mentalitätsgeschichte stehen, kommen hier ins Spiel. So sollte man sich hüten anzunehmen, daß die Mitwelt Sueton als Klatschreporter einstufte, der pikante Details ausplauderte. Hier gilt es vielmehr neben den Genreregeln der Biographie zu bedenken, daß die Vorbildhaftigkeit des Privatlebens zum Anspruch der politischen Führungsschicht Roms gehörte, weshalb etwa die völlige Transparenz des häuslichen Bereichs inszeniert werden konnte. Eine Sittenkontrolle war sogar gesetzlich wie im Amt der Censoren institutionell verankert und machte, wie ein rombegeisterter und in Rom lebender Grieche der augusteischen Zeit, Dionysios aus Halikarnassos, ebenso verwundert wie bewundernd feststellte, weder vor der Schwelle des Hauses noch des Schlafzimmers halt (ant. 20,13,2).

Wie diese Einbeziehung des Privaten funktioniert, bedarf deshalb noch einer genaueren Betrachtung, weil es nicht nur die Herkunft eines speziellen Teils von Suetons Material erklärt, sondern diesem auch eine problematische Note gibt. Den Ausgangspunkt des Mechanismus bildet der Anspruch der Senatoren, neben einer fachlichen eine moralische Elite darzustellen, sowie jedes römischen Politikers, einer öffentlichen Aufgabe als Person würdig zu sein. Wie selbstverständlich dieser Gedanke, lateinisch in die Formel *dignus re publica* gegossen, war, wird besonders daran sichtbar, daß in Wahlkampftexten die Abkürzung DRP genügte, um die entsprechende Assoziation abzurufen (z. B. CIL 4,150; 1122). In der Bewerbungssituation hatte er zur Konsequenz, daß tatsächlich nicht politische Programme, sondern die Qualität der Kandidaten verhandelt wurde. Auch darüber hinaus aber ermöglichte er, bei politischen Auseinandersetzungen beliebiger Art sämtliche Eigenschaften der Beteiligten zum Thema zu machen.

In welch offiziellem Rahmen und mit welcher Drastik das geschah, läßt sich bestens an den Debatten des Jahres 44 studieren. Dies ist der Zeitpunkt, an dem der bisherige Machthaber, Gaius Iulius Caesar, der sich die Position eines *dictator perpetuo*, eines Dictators auf Lebenszeit, in einem Bürgerkrieg erworben hatte, am 15. März einem Attentat zum Opfer fiel und neben seinen Gegnern und den Sympathisanten der Attentäter auch in den Reihen ihm nahestehender Personen Rivalität zurückließ: Rasch zu Kontrahenten wurden dabei einer der beiden Inhaber des höchsten Amtes der Republik, der Consul Marcus Antonius, ein langjähriger Gefolgsmann des Toten, und dessen Großneffe, den Caesar zur allgemeinen Überraschung zum Haupterben bestimmt und testamentarisch adoptiert hatte. Der als Gaius Octavius Geborene mutierte durch diesen Akt zu Gaius (Iulius) Caesar (Octavianus), ehe er sich von 38 an Imperator Caesar nannte und, am 16. Januar 27 mit dem Ehrennamen Augustus ausgezeichnet, schließlich Imperator Caesar Augustus hieß. Für uns aber soll er, wie eingangs erläutert, Augustus sein.

Obschon es in der aufgeheizten Situation in keiner Weise an politischem Zündstoff fehlte, Antonius' Amtsführung eine Fülle von Kritikpunkten lieferte und Augustus seit der eigenmächtigen Anwerbung von Truppen im Oktober 44 beispielsweise leicht als Hochverräter einzustufen war, ist in den jeweiligen Angriffen wie Rechtfertigungen der Akteure und ihrer Unterstützer der Privat- bis Intimbereich stets äußerst präsent. Dabei ist es nichts weniger denn eine amtliche Verlautbarung (*edictum*) des Consuls, in der Antonius Mitte November 44 den Rivalen der Unkeuschheit bezichtigt (Cic. Phil. 3,6,15). Konkret dürfte er die Behauptung aufgestellt haben, Augustus habe sich seine Adoption durch Caesar als dessen Lustknabe erschlichen (Suet. Aug. 68). Gänzlich ungeschickt war dieser Schachzug nicht: Die Vater-Sohn-Beziehung zum toten Dictator, die maßgeblich für Augustus' Popularität verantwortlich war, wurde dadurch in ein zweifelhaftes Licht gerückt und zusätzlich mit Gedanken an Inzest aufgeladen. Als Objekt sexueller Begierde (auch und gerade seitens männlicher Verehrer) war Augustus qua Alter und blendendem Aussehen (Suet. Aug. 79,1) jederzeit vorstellbar, zugleich aber als römischer Bürger eigentlich tabu (vgl. z.B. Val. Max. 6,1,11f.; Plut. mor. 288b). Der von Antonius anvisierte Skandal lag nämlich wohlgemerkt nicht in der gleichgeschlechtlichen Beziehung als solcher, sondern im Sozialstatus des Jüngeren sowie im Verdacht der Prostitution. Daß die Unterstellung allerdings wenig nachweisbare Wirkung zeigte, mag nicht zuletzt daran liegen, daß sie nicht allzu kreativ war. So hatte sich ein hochrangiges Mitglied des Senats, Marcus Tullius Cicero, bereits gegenüber verschiedenen Kontrahenten dieses Mittels bedient und ihnen in jungen Jahren ein derartiges Verhältnis zu einem politischen Mentor nachgesagt (z.B. Cic. Phil. 2,18,44ff.). Jetzt war derselbe Cicero überzeugt, daß ein kurzer Hinweis auf Augustus' sexuelle Enthaltsamkeit und seinen Anstand als Widerlegung genügte (Phil. 3,6,15), zumal Antonius ihm seinerseits als Kontrastfigur reichlich Stoff bot. Wenn er den Consul bei solchen Attacken immer wieder als haltlosen Säufer zeichnete, beginnt man zu verstehen, weshalb aus dem Heerlager bei Mutina (Modena), wo in einer ersten Zuspitzung des Konflikts im Frühjahr 43 römische Truppen unter Beteiligung des Augustus gegen Antonius im Feld standen, die (ohne diesen Hintergrund absurd anmutende) Meldung gestreut wurde, Augustus habe »während des Essens gewöhnlich nicht mehr als dreimal getrunken« (Suet. Aug. 77,1).

Beendet war die verbale Schlammschlacht nach der zeitweiligen Einigung der Kontrahenten keineswegs. Gerade das Thema Sexualität blieb für Antonius schon deshalb aktuell, weil er neben seinen Ehen (darunter auch der mit einer Schwester des Augustus) offen eine Beziehung zur Königin Kleopatra, der Herrscherin des Ptolemaierreiches in Ägypten, unterhielt. Den Vorwurf, Sklave seiner Lust zu sein, versuchte er daher auch dadurch zu entkräften, daß er Augustus ebenfalls Affären zuschrieb und ihn dabei, besonders in Zeiten eines sich anbahnenden neuen Konflikts, noch in die Nähe eines Tyrannen rückte, der vor den Augen der Ehemänner und Väter ›ehrbare‹ Frauen schändet (Suet. Aug. 69,1). Neben dem Klischee des Despoten dürfte an dieser Stelle der einzige echte diesbezügliche Skandal in Augustus' Leben nachgewirkt haben. Er hatte nämlich am 17. Januar 38 recht überstürzt eine Frau geheiratet, die zum Zweck dieser Ehe gerade frisch geschieden, aber noch von ihrem früheren Gatten, der jetzt den Trauzeugen spielte, schwanger war. Obschon er mit Livia (Drusilla) rekordverdächtige 51,5 Jahre zusammenblieb, standen die beiden später auch als Paar im Zentrum von Gerüchten: So soll Livia für ihren Gatten als Zuhälterin fungiert und ihm einen steten Nachschub an jungen Mädchen ins Bett gelegt haben (Suet. Aug. 71,1). Die tatsächliche Intention der Erzählung wird allerdings erst klar, wenn man erkennt, daß sie dem Gerede über den berühmten athenischen Feldherrn Perikles und seine Gefährtin Aspasia nachempfunden ist (Plut. Perikl. 32). Sobald die Hörerschaft diese Verbindung herstellte, erinnerte sie sich daran, daß es die Zeitgenossen an jenen Menschen im klassischen Athen störte, daß sie sich wie die höchsten Götter – das himmlische Herrschergespann Zeus und Hera – gebärdeten und einen eigentlich demokratischen Staat in eine Alleinherrschaft, mit einem starken Anteil der Ehefrau als Ratgeberin, verwandelten. Hier ging es den anonymen Erfindern demnach überhaupt nicht um Bettgeschichten, sondern um ein genuin politisches Statement. Von dem Gedanken, Augustus habe homosexuelle Neigungen oder ein Faible für Schulmädchen gehabt, können wir uns also getrost verabschieden.

Tut man folglich gut daran, in der Skepsis deutlich über Suetons vorsichtige Markierung einiger Berichte als unbewiesenes oder negativ eingefärbtes Gerede hinauszugehen, so lassen sich an die Stelle der Pseudo-Informationen freilich nicht immer gesicherte Erkenntnisse setzen. Im Falle von Augustus' Zurückhaltung beim Alkoholkonsum ist die Schilderung allerdings deshalb als korrekt anzusehen, weil das Verhalten auch im späteren Leben eindeutig weder von einer Sorge um die Reputation erzwungen noch aus demselben Grund literarisch geschönt wurde. Während es für die Römer nämlich durchaus gängig war, in Ermangelung anderer Getränkealternativen als Wasser verdünnten Wein bereits untertags, teils sogar schon zum Frühstück zu konsumieren, behalf sich Augustus mit in Wasser getauchtem Brot, einem Stück Gurke, Lattich oder Obst und verschaffte sich so für seine Amtsgeschäfte einen klaren Kopf. Auch bei den oft in Besäufnisse ausufernden Abendgesellschaften blieb er mit maximal etwa 0,6 Liter Weinschorle weit unter der gesellschaftlich akzeptierten Norm (Suet. Aug. 77). Der hierfür erklärend angeführte medizinische Aspekt – bei Überschreiten des individuellen Limits setzte Übelkeit ein – verhilft auch dem Bericht von Freunden über die »staunenswerte« Leistung einer einjährigen sexuellen Abstinenz als Jungerwachsener, die sich gesundheitsfördernd ausgewirkt habe, zu einer gewissen Glaubwürdigkeit (Nik. Dam. 15,36). Unter Suetons Material (69,2) sticht zum letztgenannten Thema fraglos ein »freundschaftlich gehaltener« Privatbrief des Antonius heraus, der vor dem endgültigen in einen Krieg mündenden Bruch zwischen ihm und Augustus verfaßt und von Sueton wohl in den Papieren des Augustus aufgespürt wurde. »Was hat Deinen Meinungswechsel hervorgerufen? Etwa, weil ich bei der Königin [Kleopatra] schlafe? Sie ist meine Gemahlin. Habe ich erst jetzt damit begonnen oder schon vor neun Jahren? Und schläfst Du denn nur bei Drusilla [Livia, d. h. seiner Gattin]? Es geht Dir so gut, daß Du, wenn Du diesen Brief liest, bei Tertulla, Terentilla, Rufilla, Salvia Titisenia oder allen zusammen geschlafen hast. Kommt es letztendlich darauf an, wo und mit wem man seine Lust befriedigt?« So aufschlußreich dieses Zeugnis für die Haltung des Verfassers ist, so bleibt hinsichtlich des Adressaten doch die Möglichkeit offen, daß all die aufgezählten Frauen vielleicht bloß erfundene Eroberungen waren, mit denen Augustus vor dem auf seine Virilität recht stolzen Antonius geprahlt hatte, um nicht allzu bieder oder gar ›unmännlich‹ zu erscheinen.

Mit der soeben eröffneten Interpretationsmöglichkeit ist bereits ein weiterer Punkt angeklungen, in dem sich eine Biographie heute von einer antiken unterscheiden muß. So ist es einerseits unleugbar wichtig, von Autoren wie Sueton oder Plutarch daran erinnert zu werden, daß eine Biographie auf die Hauptfigur hin auszurichten ist und eine Annäherung an sie als Mensch selbst dann versuchen soll, wenn uns dies aufgrund der zeitlichen Distanz und der Art der Überlieferung eventuell nur noch partiell möglich scheint. Andererseits darf freilich nicht verkannt werden, wie grundlegend sich unsere Vorstellung von dem, was bei Plutarch unter »Zeichen der Seele« firmiert, gewandelt hat. Wir können uns kaum noch damit begnügen, einzelne Verhaltensweisen aufzulisten, zumal uns speziell die Psychologie, eine damals noch unbekannte, unser Menschenbild aber sehr stark prägende Wissenschaft, weit mehr und andere Erklärungsansätze bietet, als sie der Antike zur Verfügung standen. Daß es Sueton tatsächlich nicht an gutem Willen, sondern einem geeigneten Instrumentarium fehlte, zeigt sich dort, wo er unsere Erwartungshaltung erfüllt und klarstellt, daß Augustus' Gewitterfurcht (29,3; 90,1) weder eine Marotte noch Indiz für ein schreckhaftes Gemüt, sondern Folge eines einschneidenden Erlebnisses in Spanien war. Während einer nächtlichen Reise im Rahmen des Feldzugs gegen die Kantabrer hatte ein Blitz so nahe an seiner Sänfte eingeschlagen, daß der mit einer Fackel vorausgehende Sklave getötet wurde. Demgegenüber war Sueton nicht in der Lage, zwischen Augustus' Wunsch, seine Kinder und Enkel stets um sich zu haben (64,3), und der Tatsache, daß er selbst seine ersten Jahre nicht in einer intakten Familie verbrachte, jene Kausalverbindung zu sehen, die wir heute unschwer herstellen werden. Sich auch auf diesem Weg einer Person der Vergangenheit zu nähern ist dann durchaus sinnvoll, wenn man dabei nicht ignoriert, daß es neben dem überzeitlich Verbindenden auch epochenspezifisch Trennendes gibt. So direkt uns Augustus' Angst vor Gewittern einleuchtet, so wenig würden wir daran denken, sie, wie Sueton, unter die Rubrik der ehrfürchtigen Scheu vor höheren Mächten (*religio*) zu verbuchen und das Erlebnis, von Gott fast vernichtet, gleichzeitig knapp verschont worden zu sein, mit der Stiftung eines Tempels an »Juppiter, den Donnerer« zu bewältigen.

Versucht man in diesem Sinn Suetons vielfältige Informationen zur Persönlichkeit des Augustus auszudeuten, so stechen folgende Faktoren besonders heraus: Da ist zum einen das schon angesprochene und später genauer zu untersuchende Faktum, daß Augustus seinen Vater nicht kennengelernt hat, also ohne ihn als männliches Rollenvorbild aufwuchs, und zeitweise als Kind sogar von seiner Mutter getrennt war. Zum anderen ist er gleich in mehrerlei Hinsicht zunächst ein Außenseiter: Er gehört von Haus aus nicht zum politischen Führungszirkel Roms, in dem er sich jedoch als Caesars Protegé und Erbe relativ plötzlich bewegen muß, ohne dort als vollwertig akzeptiert zu sein. Sozial kann er klar als Aufsteiger gelten. Dabei sollte man bereits hier hinzufügen, daß dieser Aufstieg derart irregulär erfolgte, daß er nicht zwangsläufig mit einer Verinnerlichung der Gepflogenheiten und Werte der neuen Gruppe einherging. Auch regional liegen Augustus' Ursprünge nicht in der Metropole am Tiber, sondern in einer eher ländlich geprägten Kleinstadt. Zudem sorgte die schon früh sichtbar werdende Krankheitsanfälligkeit dafür, daß der Junge dem Idealbild römischer Männlichkeit, dem unverwüstlichen Soldaten, nur sehr eingeschränkt zu entsprechen vermochte, wenngleich er sich anfangs verbissen darum bemühte (Nik. Dam. 3,5; 10,21 f.). Sobald Augustus im Alter von 32 Jahren allerdings seine Herrschaft faktisch etablieren konnte, hat er völlig darauf verzichtet, sich auf dem Marsfeld mittels Reit- und Waffenübungen als Militär zu inszenieren (Suet. Aug. 83), was ihn markant von einem alten Haudegen wie Gaius Marius, dem angeheirateten Onkel seines postumen Adoptivvaters Caesar, abhebt, der noch in hohem Alter öffentlich trainierte (Plut. Mar. 34). Für seine Fitneß wählte er lieber das Ballspiel, dessen Loblied später eine der Koryphäen der antiken Medizin, Galenos aus Pergamon, singen sollte. Auch wenn Augustus' Absage an das Soldatentum die Kriegsmüdigkeit der Bürgerschaft vielleicht richtig einschätzte, war es kaum eine primär taktische Entscheidung. Ebensowenig dürfte, bedenkt man Augustus' Herkunft, die von Sueton in vielen Facetten geschilderte unprätentiöse Lebensweise vorrangig eine Schauveranstaltung gewesen sein. Vielmehr erhält man den Eindruck, daß Augustus in seiner Machtposition die Freiheit zur Authentizität zurückgewinnt, die er während seines Aufstiegs teilweise verleugnet hatte.

Beim Lebensstil des Kaisers sollte man deshalb ein wenig verweilen, weil dessen Interpretation keine geringe Bedeutung zukommt. So ist in der Forschung eine gewisse Neigung festzustellen, Augustus, seit er im Jahr 30 an die Spitze des römischen Staates gelangt war, als ein Kunstprodukt zu sehen, das seine Existenz in einen Werbespot für sein politisches Programm verwandelt. Nun ist es völlig unbestreitbar, daß sein Alltag nicht in Widerspruch zu Ideen wie dem Lob der bescheidenen Ursprünge Roms stand, daß er selbst sich der ständigen Beobachtung durch die Öffentlichkeit zur Gänze bewußt war (Suet. Aug. 64,2) und mittels privaten Verhaltens gezielt politische Signale aussandte. Wenn er sich beispielsweise stets Häuser kaufte, die nichts Palastartiges aufwiesen und deren Vorbesitzer bekannte Senatoren waren, so transportierte dies die Botschaft, von einem König weit entfernt und den führenden Bürgern sehr nahe zu sein. Daß speziell »ein anspruchsloses« (!) »Haus des Hortensius, das weder durch Geräumigkeit noch durch Luxus hervorstach«, mit »Gemächern ohne Marmor und auffallende Mosaikböden« (Suet. Aug. 72,1), zum langjährigen Hauptwohnsitz avancierte, war zum Erreichen dieses Ziels freilich nicht nötig.

Schon dies spricht also dagegen, daß dieses Leben ausschließlich Fassade und Sueton naiv war, wenn er berichtet, daß sich Augustus in großräumigen und kunstreichen Palästen bedrückt und unwohl fühlte (72,3). Ein weit stimmigeres Bild entsteht dann, wenn man damit rechnet, daß der sehr bescheidene Raum des großväterlichen Landgutes bei Velitrae, in dem Augustus als Kind gelebt hatte (6), »nur so groß wie eine Vorratskammer«, in ihm nachwirkte und daß er sich tatsächlich nichts aus der Prachtentfaltung machte, die in Senatorenkreisen gang und gäbe war. Die extrem teuren Erzeugnisse alten korinthischen Metallhandwerks, die er in der Phase des Aufstiegs zusammen mit anderem wertvollen Hausrat anhäufte (70,2), wären dann viel eher Resultat eines wohlkalkulierten oder unbewußten Versuchs, durch Anpassung an das Milieu der Konkurrenten als gleichwertig akzeptiert zu werden, denn die von Sueton irritiert besichtigten Betten und Tische, welche die Zeit der relativ gesicherten Machtstellung charakterisieren. Daß ein wohlhabender Mensch wirklich »lediglich auf einem niedrigen und bescheiden gepolsterten Bett« schlafen könne, scheint dem Biographen so unfaßbar, daß er diesem Gerücht den Glauben verweigert (73). Auch den Speiseplan des Augustus – bevorzugt werden einfaches Brot, kleine Fische, »handgepreßter Käse und frische Feigen von jener Sorte, die

zweimal im Jahr reif werden« – findet er keineswegs vorbild-
lich, sondern eher befremdlich und kann sich gerade noch dazu
überwinden, dem Etikett »gewöhnlich« ein »beinahe« nachzu-
senden (76,1). Daß Augustus Rollen spielte, steht außer Frage
– so wie im übrigen bei jedem römischen Politiker, der z. B. als
lebende Verkörperung der Familientradition, als seines hohen
Amtes würdig, als Mitglied der intellektuellen und morali-
schen Elite auftrat. Nicht weniger aber demonstriert gerade
Augustus die Fähigkeit, der eigenen Inszenierung nicht zum
Opfer zu fallen, von ihr innerlich Distanz zu halten. Veranschaulicht wird dies – ganz im Sinne Plutarchs – durch einen
Ausspruch. Ob er die Posse, das volksnahe Bauern- bzw. Bou-
levardtheater seines Lebens gut gespielt hätte, soll der Kaiser
kurz vor seinem Tod gefragt und gegebenenfalls um Beifall er-
sucht haben (99,1).

Noch für eine Reihe weiterer Sachverhalte liefert die Herkunft des Augustus eine Erklärung. So hatten seine beiden
engsten Vertrauten, Marcus Vipsanius Agrippa und Gaius Cil-
nius Maecenas, einen nicht unähnlichen Hintergrund. Auch
die von Sueton (87 f.) akribisch recherchierten sprachlichen Ei-
genheiten – der Forscher hatte dazu besonders die eigenhändig
geschriebenen Briefe verglichen – sind hier anschlußfähig.
Zeitlebens benutzt Augustus eine Orthographievariante, die
im Volk verbreitet war und sich an der Aussprache, nicht an gelehrten Etymologien orientierte. Sie mag ebenso aus seiner
Kindheit im Umkreis des wohlhabenden, aber mit dem Klein-
stadtleben und dem ausgedehnten Landbesitz zufriedenen
Großvaters stammen wie einige ausgefallene Lieblingsformu-
lierungen, in denen ausgerechnet Gemüse eine große Rolle
spielt: Da geschieht etwas in Augustus' Worten »schneller, als
Spargel gekocht wird«, ist »weich wie Mangold« und »gleicht
dem Gemüsekraut an Schlaffheit«. Lateinische Adaptionen
griechischer Vokabeln erhalten dann einen ähnlichen Bezug,

wenn man weiß, daß die väterliche Linie aus dem unteritali-
schen Thurioi stammt, wo sich die Tradition der klassischen
Griechenstadt trotz einer im 2. Jahrhundert erfolgten Entsendung römischer Siedler noch erhalten hatte. Daß die ungewöhnlichen Wörter Manierismen waren, ist deshalb auszu-
schließen, weil Augustus solche Tendenzen, so etwa auch die
durch den Geschichtsschreiber Gaius Sallustius Crispus, einen
Parteigänger Caesars, in Mode gekommene Altertümelei, strikt
ablehnte und stets um einen klaren Ausdruck bemüht war (86).

Der Wunsch, sich verständlich zu machen, bildet nachgerade den gemeinsamen Nenner für viele von Sueton referierte
Einzelphänomene. Eine starke Sensibilität für Sprache, wie sie
etwa darin deutlich wird, daß Augustus davon Abstand nahm,
eine nicht perfekt von ihm beherrschte Fremdsprache, das
Griechische, aktiv zu benutzen, und sich sogar vor wichtigen
Unterhaltungen mit seiner Ehefrau Livia treffende Ausdrücke
und den beabsichtigten Aufbau der Gedanken notierte (84,2;
89,1), ist dabei nur eine Facette dieses Befundes. Vor allem ist
es nämlich angesichts der erheblichen Macht des Kaisers äußerst bemerkenswert, welche Mühe er darauf verwandte,
Menschen mit Argumenten zu überzeugen und bei ihnen jene
Akzeptanz zu finden, an der ihm nicht nur aus Kalkül gelegen
war. »Beliebt sein zu wollen«, erklärt denn auch der Historiograph Cassius Dio bei seiner Vorstellung unseres Protagonisten zu einem hervorstechenden Merkmal seines Charakters
(47,7,2 f.). Einen leicht oberlehrerhaften Zug – ganze Bücher soll
er dem Senat vorgelesen haben (Suet. Aug. 89,2) – mag man an
ihm entdecken, den eines Despoten nicht. Von letzterem unterscheidet ihn zudem ein ausgeprägtes Pflichtbewußtsein,
das am amüsantesten an Suetons Notiz über die Abneigung
des Kaisers vor zeitigem Aufstehen zu veranschaulichen ist
(78,2). Obschon Augustus solche Termine verabscheute und
sich manche Erleichterung, so die Übernachtung bei Unterge-

benen, die nah am morgendlichen ›Einsatzort‹ wohnten, einfallen ließ, hat er sie dennoch gewissenhaft wahrgenommen und sich dabei so wenig vertreten lassen wie bei ihm angenehmeren aus der nicht uneindrucksvollen Liste seiner Aufgaben. Der Punkt, an dem sich jetzt eventuell alle heutigen Morgenmuffel von Augustus angesprochen fühlen, ist vielleicht der richtige, um sich von den uns leicht zugänglichen Erfahrungen und Einstellungen des Kaisers zu verabschieden und uns jene Seiten seines Lebens bewußt zu machen, die sich Menschen der westlichen Welt im 21. Jahrhundert nur schwer bis gar nicht erschließen. In erster Linie betrifft dies sicher das Thema Gewalt, wobei noch nicht einmal deren Ausmaß, sondern die Haltung der Römer dazu die größte Distanz erzeugt. Augustus bewegte sich nämlich in einer Umwelt, in der führende Politiker üblicherweise von einem militärischen Sieg als Höhepunkt ihrer Karriere träumten und wenig Bedenken hegten, den dafür erforderlichen Krieg notfalls selbst herbeizuführen; er traf auf die Idee eines Quorums an getöteten Feinden (mindestens fünftausend sollten es sein), mit dem solche Leistungen als ehrwürdig klassifiziert wurden (Val. Max. 2,8,1), und auf die als Festveranstaltung bereits weitverbreiteten Kämpfe der Gladiatoren, die im schlimmsten Fall für fünfzig Prozent der Kombattanten tödlich endeten, aber selbst von hochgeistigen Senatsmitgliedern wie Cicero oder Plinius als pädagogisch wertvoll gefeiert wurden. Cicero (im übrigen persönlich wenig todesmutig) teilte dazu in einer philosophischen Schrift, den *Gesprächen in Tusculum* (dort lag eine seiner Villen) mit, Tapferkeit (*fortitudo*) sei das essentielle Merkmal des Mannes, ein Mann sei nur dann ein Mann, wenn er tapfer Schmerz und Tod verachte und in der Schlacht »lieber sterben wolle, als nur im geringsten von der Stufe seiner Würde herabzusteigen«. Folgerichtig erschienen ihm gerade die Arenakämpfe auf Leben und Tod als vorbildhafte Demonstration solcher Männlichkeit und ihr Besuch als in der Bildwirkung konkurrenzloses Training zum Erwerb dieser gesellschaftlich favorisierten Haltung (2,41; 43; 58). Ebenso rühmte Plinius im Jahr 100 n. Chr. Kaiser Traian, der Bürgerschaft Roms nicht Schauspiele »mit erschlaffender Wirkung, geeignet, den Mut der Männer zu schwächen und zu brechen« geboten zu haben, sondern »solche, die dazu ansporen, ehrenvolle Wunden zu empfangen und den Tod zu verachten, weil man sogar an kämpfenden Sklaven und Verbrechern«, den Gladiatoren, »den Drang zum Ruhm und das Verlangen nach Sieg beobachten konnte« (Pan. 33,1). Ein paar kritische Stimmen, die das Ganze »grausam« und »unmenschlich« nannten (Cic. Tusc. 2,41), fielen demgegenüber nicht sonderlich ins Gewicht.

Nun gibt es nicht das mindeste daran zu deuteln, daß auch Augustus (wenngleich selten) Gladiatorenkämpfe ausgerichtet und ihnen zugesehen hat, daß er einige Eroberungsfeldzüge veranlaßte, als Richter die Todesstrafe verhängte und seine Machtstellung durch Bürgerkriege erwarb. Dennoch soll der Hinweis auf den Zeitgeist ausdrücklich nicht dazu dienen, ihn in puncto Abstumpfung gegen Blutvergießen als anderen ähnlich oder quantitativ etwas harmloser denn Männer wie Caesar zu zeigen, der in acht Jahren Krieg in Gallien etwa eine Million Tote hinterließ. Vielmehr hat die Skizze zur ›Normalität‹ eine ganz andere Funktion. Erst vor dieser Folie wird nämlich sichtbar, daß ein vermeintlich unscheinbarer Teil von Augustus' Verhalten spektakulär ›unnormal‹ war. Dazu gehört, daß er sich als Kaiser in die Gestaltung der »Spiele« einmischte und allen Veranstaltern verbot, den unterlegenen Gladiatoren die Chance auf eine Begnadigung von vornherein vorzuenthalten, also programmatisch Gefechte auf Leben und Tod durchzuführen (Suet. Aug. 45,3). Er selbst sah sich ohnehin lieber Faustkämpfe – darunter auch die wenig professionellen Prügeleien der einfachen Leute – an (45,2). Eines Vergnügens an

Grausamkeit ist er ebensowenig verdächtig wie einer Leidenschaft für die Rolle des Feldherrn. Einen Vatermörder davor bewahren zu können, auf besonders brutale Weise hingerichtet zu werden, ist ihm immerhin lange Grübeleien und einen Verfahrens-Trick wert (33,1). Andernfalls hätte man nach der Geißelung das Haupt des Mannes mit einer Kappe aus Wolfsfell verhüllt, ihm Holzschuhe angezogen und ihn, derart kostümiert, zusammen mit Schlangen in einen rindsledernen Sack gesteckt, ihn auf einem von schwarzen Rindern gezogenen Wagen zum Fluß gefahren und dort zum Ertrinken hineingestürzt.

Besonders in seiner Einstellung zum Krieg aber setzt Augustus nicht gerade gängige Akzente. So wendet er sich bei der Definition des idealen Feldherrn dezidiert gegen Wagemut und rasches Handeln und möchte sowohl Kriege als auch Schlachten nur dann begonnen wissen, wenn der zu erwartende Nutzen deutlich größer sei als der zu befürchtende Schaden (Suet. Aug. 25,4). Gegenüber militärischen Lösungen bevorzugt er im Kontakt mit anderen Völkern auch dort Diplomatie, wo Siege im Konfliktfall wahrscheinlich wären. Was in unseren Ohren schlicht vernünftig klingt, war für die Zeitgenossen höchst ungewöhnlich. Denn es waren genau die von Augustus ausdrücklich abgelehnten Eigenschaften, schnelle Entschlossenheit und Bereitschaft zu Risiken, derer sich Heerführer – unter ihnen gerade auch der auf diesem Feld geniale Caesar – bisher immer gerühmt hatten und, wie die Präsenz der Begriffe im Geschichtswerk von Augustus' Altersgenossen Titus Livius zeigt, von der Mitwelt gerühmt worden waren. Obschon man in der Forschung die Wichtigkeit der Passage für eine Einschätzung der Person des Augustus erkannt hat, sollte man noch etwas genauer hinsehen und nicht bei Deutungen wie Vorsicht bis Ängstlichkeit oder einer Buchhaltermentalität stehenbleiben.

An Mut, ja beinahe Tollkühnheit fehlte es Augustus nämlich nicht (vgl. auch Cic. Att. 16,14(16)). Im April 44, zumal als militärisch und politisch unerfahrener Achtzehnjähriger, die Erbschaft des gerade ermordeten Caesar anzutreten war an Abenteurertum schwerlich zu überbieten und – darüber sollte der spätere Erfolg nicht hinwegtäuschen – ein Himmelfahrtskommando. Persönlich in Lebensgefahr ist Augustus vielfach, und zwar nicht nur in der Phase seines Aufstiegs, gewesen. Mit der ständigen Bedrohung durch Attentate ist er dabei bei weitem gelassener umgegangen als viele spätere Kaiser, die hier leicht zu Paranoia neigten. So sollte man für seine Haltung zu militärischen Auseinandersetzungen eine ›exotische‹ Erklärung ins Auge fassen und Augustus ein Bewußtsein für andere denn materielle Kosten des Krieges zusprechen. Wo er tatsächlich einmal eine Niederlage eines seiner Generäle, des durch sein Unglück zu trauriger Berühmtheit gelangten Publius Quinctilius Varus, hinzunehmen hatte, ist der Verlust für Sueton einer des Prestiges, die Schlacht im Teutoburger Wald eine »Schande«. Von Augustus selbst berichtet sein antiker Biograph freilich neben Sicherheitsvorkehrungen vorrangig tiefe Trauer. Was er in Anrufung des toten Varus von diesem zurückfordert, sind nicht die vom Feind erbeuteten Feldzeichen oder das jetzt geräumte Gebiet, es sind die zu Tausenden gefallenen Männer, es sind die Legionen (23,2).

Auf dieser Grundlage läßt sich auch bei diesem Thema die Glaubwürdigkeit des stark tendenziösen Teils von Suetons Material besser einschätzen. Sicher um Propaganda handelt es sich bei der Erzählung (Suet. Aug. 27,4), Augustus habe im Jahr 43 einem Praetor eigenhändig die Augen ausgestochen, zumal das Motiv nachgerade exemplarisch für Grausamkeit steht und seine Übertragung auf Augustus erneut wenig Phantasie verrät, da nahezu dasselbe vom Sieger des ersten römischen Bürgerkrieges, dem Dictator Lucius Cornelius Sulla, berichtet worden war (Val. Max. 9,2,1). Dagegen ist sehr wohl vorstellbar, daß Augustus zu Beginn seines Aufstiegs auf die Infragestellung seiner damals noch äußerst fragilen Autorität durch ein Mitglied des Establishments, einen für das nächste Jahr zum Consul gewählten Senator, mit heftigen Drohungen reagierte und dadurch den Selbstmord des Mannes auslöste (Suet. Aug. 27,3). Hinter der von Sueton ausdrücklich Antonius zugeschriebenen Behauptung, der Rivale sei aus der ersten Schlacht seines Lebens geflohen (Aug. 10,4), scheint sich kaum mehr als die Tatsache zu verbergen, daß sich in dem lange unentschiedenen und mit Erbitterung geführten Gefecht bei Forum Gallorum unser Protagonist mit seinen Einheiten kontrolliert und zur Abwehr einer Überflügelung durch die feindliche Reiterei ins Lager zurückzog und dieses durchaus erfolgreich – und mit empfindlichen Verlusten des Kontrahenten – verteidigte (Cic. fam. 10,29(30); Phil. 14,10,28 und 14,37). Angesichts der oben skizzierten römischen Vorstellung von Tapferkeit und Männlichkeit war solches Gerede freilich besonders gefährlich. Als Reaktion läßt sich nicht nur ein spektakulärer Kampfeinsatz im nachfolgenden zweiten Treffen bei Mutina sehen (Suet. Aug. 10,4). Vielmehr dürfte Augustus angesichts der umlaufenden Gerüchte davon ausgegangen sein, sich kein Zeichen von ›Schwäche‹ erlauben zu können, was eine mögliche Erklärung dafür liefert, daß er in dieser Phase nicht dazu bereit war, gefangene Gegner zu begnadigen (13,1 f.).

Am bemerkenswertesten ist aber vielleicht etwas anderes, nämlich sein recht klarer Blick auf seinen Mangel an militärischer Befähigung. Daß er solche Aufgaben – so gerade auch die Rolle als General – talentierteren Personen überließ, gehört ebenso hierher wie die Tatsache, daß er von niemandem jene Art von Heldentum erwartete, die er bei sich selbst nicht gewährleisten konnte. Sehr zum Erstaunen Suetons überlebte es einer von Augustus' Sklaven völlig unbeschadet, seinen Herrn auf einem Spaziergang nicht vor einem angreifenden Wild-schwein verteidigt, sondern in Panik die eigene Haut gerettet zu haben. Daß Augustus diese ungewöhnliche Attacke mit Humor nahm, »die Angelegenheit, wiewohl sie keineswegs ungefährlich war, ins Lächerliche zog«, spricht nicht nur erneut für einige Kaltblütigkeit, sondern gegenüber dem geflüchteten Diomedes für beträchtliche soziale Kompetenz (67,1). Diese Qualität läßt sich ihm noch bei vielen weniger skurrilen Gele-genheiten bescheinigen, so etwa in der Rolle des Gastgebers, der gehemmte Gäste geschickt in die Unterhaltung einbezieht (74). Aber auch die Tatsache, daß Augustus, anders als der aus-schließlich von treuen Gefolgsleuten und Bewunderern um-gebene Caesar, echte Freunde besaß, weist in dieselbe Rich-tung. Diese ließ er in ihrer ganzen Individualität, nicht zuletzt in ihren Schwächen, gelten (Suet. Aug. 66,1) und rechnete ih-nen besonders die Offenheit, mit der sie seine Pläne kommen-tierten, hoch an: »Wenn Agrippa oder Maecenas noch am Le-ben wären«, wäre ihm ein spezieller politischer Fehler nicht passiert, so zitiert der Senator und Philosoph Seneca den Kai-ser. Senecas zweifelnder Kommentar, tatsächlich wolle jeder Herrscher bloß Schmeicheleien und nicht die Wahrheit hören, kann dabei ignoriert werden, rührt er doch nicht von Insider-wissen über das Trio der Freunde, sondern aus unguten Erfah-rungen her, die der erst um das Jahr 4 n. Chr. geborene Autor am Hof von Claudius und Nero machte (benef. 6,32,2).

Am unmittelbarsten tritt uns Augustus jedoch möglicher-weise in jenen beiden Szenen entgegen, die den Abschluß die-ser ersten Annäherung an unseren Protagonisten bilden sollen. Da für die eine nicht Sueton die Quelle darstellt, sondern die von zwei Geschichtsschreibern, Velleius Paterculus und Appianos aus Alexandreia, benutzte Autobiographie des Au-gustus, wird mit ihr zugleich eine Brücke zu unserem nächsten Thema geschlagen.

Die zeitlich frühere der Momentaufnahmen gehört in den April/Mai 44 und zeigt uns jenen gerade achtzehnjährigen jungen Mann, der unvermutet mit der Erbschaft Caesars konfrontiert ist und sich entschlossen hat, diese anzunehmen. Der Wunsch zu erfahren, was ihm bei diesem Schritt, der sein Leben von Grund auf veränderte, durch den Kopf ging, läßt sich an dieser Stelle erfüllen. Der Risiken der Entscheidung ist er sich zumindest auf einer abstrakten Ebene bewußt. Daß er sich lieber als tragischen Helden sieht denn als Opfer der Umstände, dem ohnehin keine Wahl bleibt, ist ebenso stimmig wie die Bedeutung, die Caesars Testament in seinen Augen bekommt. Nüchtern betrachtet mag man betonen, daß der Dictator nicht mit dem baldigen Eintreten des Erbfalls rechnete und sogar eine Klausel einfügte, die einen künftig noch denkbaren leiblichen Sohn in Erwägung zog. Man mag auch unterstreichen, daß Augustus sogar bei einem Verzicht auf das Erbe in Lebensgefahr gewesen wäre, da weiterhin Caesars Votum im Raum gestanden und gerade die Jugend des Großneffen den Verdacht genährt hätte, seine Weigerung sei bloß vorläufig. Für Augustus war es freilich zwingend, sich an dem festzuhalten, was er wiederholt formulierte: Caesar habe ihn seines Namens für würdig (*dignus*!) befunden, da wäre es ein Frevel, sich selbst als unwürdig (*indignus*) zu erachten. Ihr volles Gewicht erhält die Aussage, wenn wir uns in Erinnerung rufen, daß die Frage nach der Würde alles andere denn eine akademische war. Denn die Mehrzahl der Mitglieder der politischen Führungsschicht hielt den Jungen vom Lande, der keine Galerie politisch verdienter Ahnen vorweisen konnte, unverhohlen für unwürdig, zur Familie des erbadligen und berühmten Caesar zu gehören und in der Politik mitzumischen. Diese Einstellung konnte sogar bei dem zweiten Gatten von Augustus' Mutter Atia, dem hochrangigen Senator Lucius Marcius Philippus, vermutet werden, der dem Sohn seiner Gemahlin nicht nur nahelegte, auf das Legat zu verzichten, sondern sich auch nach dessen gegenteiliger Entscheidung weigerte, ihn mit seinem neuen Namen »Caesar« zu bezeichnen (Cic. Att. 14,12,2). Lieber dem Urteil (*iudicium*) seines Onkels (so wurde Caesar vor der Adoption von seinem Großneffen angeredet, Nik. Dam. 10,22) als dem Urteil seines ›Stiefvaters‹ habe Augustus folgen wollen, referiert Velleius (2,60,2). Entgegen der verbreiteten gesellschaftlichen Normen hatte Caesar sich also ausgerechnet den Außenseiter als Nachkommen ausgesucht – da mußte sich diesem die Frage der Übernahme oder Verweigerung des Erbes als Wahl zwischen einer positiven und einer negativen Sicht der eigenen Person, zwischen Vertrauen und Geringschätzung stellen. Im Kern ging es demnach für ihn um kaum weniger denn um die Wahrung der Selbstachtung.

Daß mit diesem Eintritt in die Politik ein Kampf auf Leben und Tod eröffnet war, die psychische Selbsterhaltung also der physischen Selbsterhaltung entgegenstand, ist keine künstliche Dramatisierung. Weit mehr als seine diversen Rivalen befand sich Augustus über die nächsten zwölf Jahre, die Zeit seines Aufstieges hinweg in einer nahezu permanenten Ausnahmesituation. Indem er sich kompromißlos als Sohn des gerade ermordeten Dictators eingeführt hatte, war es tatsächlich mehr als unwahrscheinlich, daß er ohne Erfolge und den Schutz einer starken Machtposition überleben würde. Daß er am Ende Sieger über alle Kontrahenten zu bleiben vermochte, konnte er im Mai 44 nicht ahnen. Das realistischste Ziel schien ihm da noch ein ruhmvoller Tod, der auch all denen, die jetzt auf ihn herabsahen, Respekt abnötigen und zugleich die Ehre des politisch eklatant gescheiterten Caesar wiederherstellen sollte. Passend zu seinem jugendlichen Alter gibt er seinem Schicksal eine tragische Note, wobei ihm die Rolle des Schulbuchhelden Achilleus im Kopf herumspukt. Der hatte bekanntlich – den für einen solchen Fall sicher prophezeiten Tod vor Augen – jenen Mann im Zweikampf getötet, dem sein Freund und Waffenbruder Patroklos vor Troja zum Opfer gefallen war. Und so kulminiert, nach einigen nüchtern rationalen Erwägungen, die Begründung, die Augustus vor allem seiner besorgten Mutter gegenüber abgibt, entsprechend emotional: »Zum Schluß«, so Appian (bell. civ. 3,13,43 ff.), »brach es aus ihm heraus, daß es für ihn ehrenhaft sei, nicht nur sich in Gefahr zu bringen, sondern sogar zu sterben, wenn er, der von Caesar vor allen [anderen] für eine große Zukunft ausersehen war, des Mannes [Caesars] würdig erscheine, der sich den größten Gefahren ausgesetzt habe. Und er zitierte die Worte des Achill, die ihm damals besonders nahelagen, indem er sich an seine Mutter wie an Thetis [die Mutter Achills] wandte: ›Käme der Tod doch zugleich, da ich dem gefallenen Gefährten nicht habe helfen können.‹ Und als er das gesagt hatte, fügte er hinzu, daß dies Wort Achill bei allen Leuten unsterblichen Ruhm eingebracht habe und am meisten die Tat, er selbst aber nenne Caesar nicht Gefährten, sondern Vater, nicht Mitkämpfer, sondern Feldherr, und dieser sei nicht nach dem Gesetz des Krieges gefallen, sondern auf frevlerische Weise in der Kurie niedergemacht worden.«

Diese geringe Chance zu überleben muß man im Auge behalten, will man die zweite der beiden Szenen richtig deuten. Sie zeigt uns Augustus nämlich in jenem Moment, in dem er sich erstmals seit März 44 wieder einigermaßen sicher fühlen kann. Der fragliche Zeitpunkt ist der August des Jahres 30; Marcus Antonius und Kleopatra sind nicht bloß geschlagen, sondern von eigener Hand gestorben; es gibt niemanden mehr, der es mit Augustus, dem Herrn über rund vierzig Legionen, aufnehmen könnte und möchte. Was er selbst nicht vorhersah, ist eingetreten. Er ist, wie Caesar, den er schon längst gerächt hat, der mächtigste Mann Roms. Vor allem aber ist er noch nicht tot, wobei er selbst am besten weiß, daß dies alles andere denn eine Selbstverständlichkeit darstellt und mehrfach leicht hätte geschehen können. Auch hier gewinnen wir wieder kurz einen direkten Zugang zu Augustus' Gedanken und Gefühlen. Als Gewinner des Krieges befindet er sich in der Hauptstadt des besiegten Ptolemaierreiches, in Alexandreia, das der Makedonenkönig Alexander der Große 330 im Nildelta gegründet hatte und das seither zu einer der bedeutendsten Metropolen der antiken Welt erblüht war. Und Augustus erteilt nun einen ganz seltsam anmutenden Befehl: Er ordnet an, den mumifizierten Körper Alexanders, dessen Grab im Palastkomplex in einem geweihten Bezirk lag, aus seinem Glassarg zu holen. Was zunächst wie eine Demonstration von Allgewalt aussieht, verkehrt sich ins Gegenteil. Augustus nämlich behandelt den Toten, als wäre er derjenige, der bald in Rom einen Triumph feiern würde, bei dem man ihm eine (sonst in der Tiberstadt verpönte) Goldkrone über den Kopf hält und ihn mit Blumen bestreut (Suet. Aug. 18,1).

Es ist ein gleichermaßen machtvoller wie intimer Augenblick, in dem es Augustus offenbar wichtig ist, direkt in Kontakt zu treten. So berührt er den Toten, was wir aus einer negativ eingefärbten, wohl augustus- und/oder romfeindlichen Quelle erfahren, welche die Magie dadurch zu zerstören sucht, daß sie behauptet, der Mumie sei dabei die Nase abgebrochen worden (Cass. Dio 51,16,5). Zu vermuten, daß hier der frischgebackene neue Gebieter des Erdkreises seinen einzigen echten Vorgänger in dieser Stellung aufsucht und ihm seine Reverenz erweist, ist nicht ganz falsch, aber noch zu ungenau. Der entscheidende Faktor dürfte nämlich der Umstand sein, daß Augustus in jenen Augusttagen praktisch exakt dasselbe Alter hat wie Alexander bei seinem Tod (und von da an in Ewigkeit). Augustus ist sozusagen jener Alexander, der den bei beiden ebenfalls gleich (nämlich zwölf Jahre) langen Weg zur Weltherrschaft überlebt hat. Gerade im Angesicht des Toten wird er sich dieser Tatsache in vollem Umfang bewußt und freut sich auf die Zukunft. Nach dieser temporären Verschmelzung wird er nämlich recht bald auch wieder auf Distanz zu Alexander gehen. »Als er hörte, Alexander, der mit zweiunddreißig den größten Teil der Erde bereits unterworfen hatte, habe nicht mehr gewußt, was er künftig noch tun soll, äußerte er verwundert, ob denn Alexander es nicht für die größere Aufgabe gehalten habe, ein Reich zu regieren als es in Besitz zu nehmen« (Plut. mor. 207d). Für eine gewisse – zwangsläufig kurze – Zeit aber fühlt Augustus sich dem Makedonen so nahe, daß er das Bild Alexanders sogar als Siegel wählt.

Wie in diesem Fall erzählt Augustus' Ring auch sonst manches über seinen Eigentümer. Dreimal im Leben soll Augustus ihn gewechselt haben, wobei das Motiv »Alexander« naturgemäß eine ephemere Erscheinung blieb, was teils Augustus' Abkehr von der Idee des Königtums, teils aber auch dem Verschwinden jener Ähnlichkeit im Lebensalter geschuldet sein dürfte, die beide in Alexandreia für einen Herzschlag ganz hatte ineins fließen lassen. Während dieses Emblem manchen antiken Autoren (nicht jedoch Sueton, Aug. 50,1) entging, sind die beiden anderen reich bezeugt. Das erste, das mythische Geschöpf Sphinx, hat Zeitgenossen wie Nachwelt stark beschäftigt, scheint freilich zunächst für eine Interpretation unergiebig, weil das Schmuckstück Teil des mütterlichen Erbes, von Augustus also nicht selbst in Auftrag gegeben war und sich, höchst pragmatisch, bloß deshalb empfahl, weil zwei praktisch identische Exemplare existierten (Plin. nat. hist. 37,1,10). Sehr wohl auf Augustus' eigener Entscheidung beruhte es jedoch, den Ring später nicht mehr zu nutzen und schließlich (wohl ab dem Jahr 23) mit seinem persönlichen Porträt zu siegeln. Zwar bleibt es unbeweisbar, daß der Kaiser intensiv über die Umstellung reflektiert hat, so daß der in einem solchen Fall zu konstatierende fast erschreckend klare

Blick auf sich selbst bloß eine denkbare Diagnose ist. Mit Sicherheit aber läßt sich sagen, daß der Wechsel, unabhängig davon, ob dies dem Akteur bewußt war, eine hohe Symbolkraft besitzt: Nach dem Versteckspiel der Jahre des Aufstiegs, für welches die rätselhafte und der Mitwelt Rätsel aufgebende Sphinx das passende Zeichen ist, war Augustus – mit all seinen Stärken und Schwächen – in der zweiten Hälfte seines Lebens ganz bei sich angekommen.

2 »Von einsichtigen Menschen wurde sein Leben bald gepriesen, bald getadelt«

Augustus' Selbstdarstellung und sein Bild bei der antiken Mit- und Nachwelt

»Mit neunzehn Jahren habe ich aus eigenem Entschluß [*privato consilio*] und eigenen Mitteln [*privata impensa*] ein Heer aufgestellt, mit dem ich das Gemeinwesen [*res publica*], das durch die Gewaltherrschaft einer Clique [*dominatio factionis*] unterdrückt wurde, befreite.« (RG 1)

»In meinem sechsten und siebten Consulat habe ich, nachdem ich die Flammen der Bürgerkriege gelöscht hatte und mit der einmütigen Zustimmung aller in den Besitz der Allgewalt gelangt war, das Gemeinwesen aus meiner Machtbefugnis wieder der Entscheidungsfreiheit des Senates und des römischen Volkes überantwortet. Für dieses mein Verdienst wurde ich durch einen Senatsbeschluß Augustus genannt.« (RG 34)

So lauten jene beiden Passagen, die in keiner Untersuchung zu Augustus fehlen. Zu verwundern braucht das nicht, ist doch der Mensch, der hier in der ersten Person spricht, niemand anderes denn der Kaiser selbst, der den Text zudem damit schließt, er habe ihn im sechsundsiebzigsten Lebensjahr (also kurz vor seinem Tod) vollendet (RG 35). Welche Bedeutung er ihm zumaß, tritt bereits darin zutage, daß er ihn frühestens Ende September 13, vielleicht aber sogar erst im Juni oder Juli 14 n. Chr. (RG 4) versiegelt bei der Priesterschaft der Vestalinnen hinterlegte, wo bereits in zweifacher Ausfertigung sein auf den 3. April 13 n. Chr. datiertes Testament lagerte (Suet. Aug. 101,1). Daß Augustus in der solcherart gesicherten Buchrolle praktisch eine Gesamtbilanz seiner Existenz, genauer: eine Bilanz seiner politischen Erfolge zog, ist in diesem Fall keine reine Metapher. Sueton nennt das Werk einen *index rerum a se gestarum*, ein Verzeichnis von Augustus' Taten oder besser seiner Leistungen als Politiker. Zugleich teilt der Biograph mit, Augustus habe verfügt, die vorher im Senat verlesene Schrift in Bronzetafeln zu gravieren und vor dem Grabbau (schon zeitgenössisch als »Mausoleum« bezeichnet), in dem bereits einige seiner Angehörigen bestattet waren und er seinerseits jetzt seine letzte Ruhestätte fand, öffentlich aufzustellen (Aug. 101,4).

Die Bedeutung dieser Information beschränkt sich nicht darauf, daß sie uns darüber unterrichtet, wie Augustus für die permanente Sichtbarkeit seiner Ausführungen sorgte und in welchen Kontext er sie einbettete. Vor allem nämlich erlaubte sie der Forschung, seinen »Index« wiederzuentdecken, obschon die Bronzetafeln längst dem Metallhunger nachantiker Zeiten zum Opfer gefallen und – wie die meisten derartigen Hinterlassenschaften der Römer, die speziell die Beschlüsse politischer Gremien, der Bürgerschaft und des Senates, stets in dieser Weise publizierten – eingeschmolzen worden waren. Denn ein zweisprachiger Text, der erstmals im 16. Jahrhundert an drei Wänden eines damals noch nicht identifizierten Gebäudes im türkischen Ankara (lateinisch: Ancyra) entdeckt worden war, trug in der lateinischen Fassung die Überschrift, er sei eine Kopie jener politischen Aktionen und finanziellen Aufwendungen des postum vergöttlichten Augustus, die sich im Original an Bronzepfeilern in Rom befänden. Nach diesem frühesten Zeugnis hieß Augustus' Werk lange Zeit »Monumentum Ancyranum«. Daß diese Bezeichnung heute dem Titel *Res Gestae* (= RG) oder zu deutsch »Der Tatenbericht des Augustus« gewichen ist, hat damit zu tun, daß 1828/1930 und 1914/24 Bruchstücke von einer weiteren Übersetzung und einer weiteren Abschrift in Apollonia (rein griechisch) und Antiocheia (nur Latein) auftauchten. Dadurch wurde zum einen die Authentizität des Dokuments erhärtet und die Erkenntnis gewonnen, daß die griechische Version zentral angefertigt worden war. Zum anderen lieferte besonders der Neufund in Antiocheia wichtige Ergänzungen zum lateinischen Text, der in Ankara stärker als der griechische beschädigt und daher partiell lückenhaft war.

Wer Augustus' »Verzeichnis« heute bequem als kleines Buch benutzt, sollte nicht vergessen, daß die Wiedergewinnung des Wortlauts ein kompliziertes und teils sogar abenteuerliches Unterfangen war. Konsequent betrieben wurde sie erst im 19. Jahrhundert, als sich auch für den Umgang mit derartigem antiken Material, welches die Altertumswissenschaften als Inschriften bezeichnen, wissenschaftliche Standards entwickelten. Sie umzusetzen gestaltete sich indes in Ankara durch Lage wie Ausmaß des zu sichernden Textes besonders schwierig. Anders als die später in Apollonia und Antiocheia bei Ausgrabungen entdeckten Fragmente befand sich das »Monumentum Ancyranum« *in situ*, das heißt noch an seinem ursprünglichen Platz. Das waren freilich für die lateinische Fassung die Innenwände dessen, was in der Antike die Vorhalle des Tempels der Göttin Roma und des Augustus dargestellt hatte, für die griechische Übersetzung die rechte Außenwand des Heiligtums. Da letztere Bestandteil angebauter neuzeitlicher Wohnhäuser geworden war, der Eingangsbereich des Tempels nach Verlust der Überdachung aber zum Friedhof einer Moschee, bedurfte es einiger Verhandlungen, um den Zutritt genehmigt zu bekommen. Eine weitere Herausforderung ergab sich aus der Dimension der Inschrift. Obwohl dafür jeweils der untere Teil der Mauer benutzt worden war, bedeckte sie innen pro Wand eine Fläche von 22 Quadratmetern, in der Länge je 4 Meter, in der Höhe 2,7 Meter, wobei der Text auf je drei Spalten verteilt war; außen lagen die Maße bei 1,88 Meter Höhe und 21 Meter Länge mit neunzehn Spalten. Von all dem wurden sogenannte Abklatsche genommen, indem die in den Marmor eingetieften

Buchstaben, die in der Antike einst durch rote Farbe verstärkt worden waren, in insgesamt 194 angefeuchtete Löschpapierbögen von 60 Quadratzentimetern gedrückt wurden, ein Verfahren, das auch heute noch in der Inschriftenkunde (Epigraphik) Verwendung findet. Eben dadurch konnte Theodor Mommsens Ausgabe des »Monumentum Ancyranum« in der zweiten Auflage von 1883 wesentlich verbessert werden.

Seither hat Augustus' Index die Forschung in vielfältiger Weise beschäftigt. Nicht immer gelang es dabei, die Tatsache im Auge zu behalten, daß das historisch fraglos ungemein wichtige Dokument weder ein Geschichtswerk noch eine Autobiographie darstellte. Gerade die Beachtung dieses Faktums bildet freilich eine wesentliche Grundlage für das Verständnis der Schrift. Dabei geht es wohlgemerkt nicht um die Frage größerer oder geringerer Objektivität, wurden doch Memoiren sogar dezidiert zum Zweck der Rechtfertigung der eigenen Politik verfaßt und das Ideal der Unparteilichkeit und Verpflichtung zur »Wahrheit« von der Historiographie keineswegs immer erreicht. Der entscheidende Unterschied besteht vielmehr darin, daß bei einem auf eine Geschichtsdarstellung hin angelegten Text das gesamte Geschehen hätte einbezogen werden müssen, Auslassungen dem Autor also vorzuwerfen wären. Demgegenüber ist es nicht bloß realitätsfern zu monieren, Augustus habe die verlorene Varus-Schlacht oder andere gescheiterte Projekte in den *Res Gestae* nicht thematisiert – es ist eine Kritik, die schlechterdings ihr Ziel verfehlt. Denn der Gegenstand des Index ist eben nicht Augustus' Leben oder seine Regierung; es sind seine von Erfolg gekrönten materiellen und immateriellen Leistungen für die Gemeinschaft sowie die Ehrungen, mit denen die Römer (üblicherweise reaktiv) seinen Einsatz honorierten.

Sich diesen Charakter des »Tatenberichts« in vollem Umfang bewußt zu machen, hilft noch an anderen Punkten der wissenschaftlichen Diskussion weiter. So vermiß(t)en einige Gelehrte eine explizite Erwähnung des *imperium proconsulare*, das heißt jener (in Kapitel 4 eingehend vorzustellenden) Befehlsgewalt, auf deren Grundlage Augustus ab dem Jahr 27 einen Teil des römischen Untertanengebiets sowie einen Großteil der Armee kontrollierte. Sobald man hier jedoch ebenfalls nach Leistungen (!) Ausschau hält, wird man mühelos fündig werden und nicht nur von Kriegstaten lesen, die in den Provinzen *Hispania* und *Gallia* einen guten Ausgang nahmen (RG 12), sondern auch von militärischen Operationen, die »auf meine Anordnung und unter meiner Verantwortung« gegen »Äthiopien« (den heutigen Sudan, im Jahr 23) und Arabien (in den Jahren 26/25) durchgeführt wurden und in die Eroberung von Städten mündeten (RG 26), vom Sieg über Pannonien durch Unterfeldherrn, der Erweiterung des Gebiets der Provinz Illyrien bis an die Donau, von der durch »mein Heer« (!) gewonnenen indirekten Herrschaft über die Daker jenseits des Stroms (RG 30, Kämpfe vom Jahr 6 bis 9 n. Chr.) sowie von einundzwanzig Ausrufungen als siegreicher Feldherr (RG 4) und der Weihung von Beute (RG 21). Von der in Forschungstexten gerne postulierten ›Verschleierung‹ der militärischen Komponente kaiserlicher Macht kann demnach keine Rede sein, viel eher von einer Behandlung der Oberkommandantenrolle als einer derartigen Selbstverständlichkeit, daß jede nähere Erläuterung überflüssig erscheint. Die gleiche Deutung bewährt sich an jenen Stellen, an denen die zivile Befugnis des Kaisers, die *tribunicia potestas* (auch ihr werden wir uns in Kapitel 4 ausführlich widmen) vorkommt. Wo Augustus sie nennt, geht es ihm nämlich ebenfalls nicht darum zu betonen, er sei zu den dargestellten Handlungen legitimiert gewesen und habe sich korrekt verhalten. Vielmehr gliedern sich die Passagen ihrerseits perfekt in die Rubriken ›Leistung/Ehrung‹ ein: Die bereits siebenunddreißigjährige Dauer der Befugnis

soll genau wie die Rekordsumme von dreizehn Consulaten be-
eindrucken (RG 4). Die Verleihung der Kompetenz auf Le-
benszeit wird als außergewöhnlicher Vertrauensbeweis der
Bürgerschaft von weiteren Akten der Zustimmung gerahmt
(RG 10). Zudem unterstreicht die *tribunicia potestas* Verfas-
sungskonformität als Qualitätsmerkmal, da der Kaiser sich
dort mit ihr begnügt, wo ihm ein Amt »gegen die Sitten der
Vorfahren« offeriert wird. Die vom Senat ihm aufgetragenen
Aufgaben erledigt er dennoch perfekt – nun freilich ganz in
Einklang mit den Regeln (RG 6).

Noch ein zweites Mißverständnis läßt sich auf dieser Basis
vermeiden oder ausräumen. Wenn moderne Publikationen im
Zusammenhang mit den *Res Gestae* Formulierungen wie »Re-
chenschaftsbericht« oder »Rechtfertigung« gebrauchen, so
wird man sich davor hüten müssen, dabei an eine Art Ent-
schuldigung oder auch nur Darlegung der jeweils gewahrten
Legalität zu denken. Inspirierend wirken sich die Begriffe allenfalls dann aus, wenn man sie mit einem Brauch verbindet,
den die Inhaber politischer Posten in Rom am Ende ihres
Amtsjahres pflegten. Sie traten wenige Tage vor Ablauf ihres
Mandats nämlich vor die Bürgerschaft und resümierten vor ihr
all das, worin sie selbst den Ertrag ihrer nun auslaufenden Tätigkeit sahen. Leider sind uns solche Reden zu wenig bekannt,
um mit Sicherheit sagen zu können, ob und in welchem Umfang Augustus durch sie zu seinen *Res Gestae* angeregt wurde,
deren literarisches Genre die Forschung bisher ohne überzeu-
gendes Resultat zu bestimmen versuchte. Daß der Kaiser erst
am Todestag »abdankte«, ist jedenfalls sicher.

Wie durchdacht die *Res Gestae* gestaltet wurden, merkt man
spätestens dann, wenn man den Realitätsgehalt der Aussagen
überprüft. Wer glaubt, Augustus bei einer Lüge ertappen zu
können, sieht sich rasch eines Besseren belehrt. Die für das
Werk erforderliche positive Wendung von Ereignissen, bei de-

nen sich eine solche Auslegung nicht von selbst verstand, wird vielmehr weit subtiler vorgenommen. Im wesentlichen werden dabei zwei Verfahren genutzt. Da gibt es einerseits die Methode einer selektiven ›Berichterstattung‹, bei der ungünstige Fortentwicklungen bzw. zwischenzeitliche Rückschläge oder auch weitere am Erfolg beteiligte, gelegentlich sogar maßgeblich dafür verantwortliche Personen unerwähnt bleiben. Bei kontroversen Gegenständen folgt Augustus zum anderen jener Auslegung, die ihn in ein gutes Licht rückt. Gerade letzteres scheint kaum einer näheren Erklärung zu bedürfen, wurde freilich ausgerechnet für den oben zitierten Einleitungssatz des »Tatenberichts« nicht selten übersehen. Wenn etwa Jochen Bleicken (S. 509 f.) sich darüber echauffiert, der alte Kaiser habe die Ereignisse von 44/43 in dieser Passage auf den Kopf gestellt, eine Interpretation geliefert, die, »obwohl von höchster Stelle offiziell verkündet, nichts von ihrer Ungeheuerlichkeit« verlöre, und sei damit nur deshalb durchgekommen, weil »nach über 50 Jahren« überlebende Zeitzeugen fehlten oder weil »in einer gewandelten Welt« die Vergangenheit mit anderen Augen betrachtet wurde, so haben – für den ereignisgeschichtlichen Teil von Bleickens Buch leider charakteristisch – Emotionen die Analyse verdrängt. Denn die Auslegung, die Augustus in RG 1 bietet, ist weder eine retrospektive noch seine eigene. Sie entspricht vielmehr exakt jener Bewertung, die eines der zentralen Verfassungsorgane Roms, der Senat, in seinen Beschlüssen vom 20. Dezember 44 (Cic. Phil 3,15,38 f.) und vom 3./4. Januar 43 (Cic. Phil. 5,17,46) verlautbart hatte. Sosehr es modernen Geschichtswissenschaftlern freisteht, die damalige Situation anders einzuschätzen, so dürfen sie es dem begünstigten Akteur doch kaum anlasten, daß er selbst diese sogar durch amtliche Dokumente gestützte Deutung nicht in Frage stellte.

Das in den *Res Gestae* recht verbreitet praktizierte Auswahlverfahren hinwiederum läßt sich gut an den Berichten über militärische Erfolge studieren. Noch wenig spektakulär ist die Aussparung des durchaus gefährlichen »Aufstandes« in Pannonien (6–9 n. Chr.), da der vorherige Zustand der Kontrolle über die zwischen 13 und 9 erworbenen Provinz wiederhergestellt werden konnte. Anders freilich verhält es sich mit Germanien, wo beim Tod des Kaisers noch kein für Rom befriedigendes Resultat erzielt worden war. Vor allem die Bereitschaft der in der Lippe-Region beheimateten Stämme, sich mit der Herrschaft der Weltmacht zu arrangieren, war von Augustus und seinem Stab überschätzt worden, was 9 n. Chr. zu einer gravierenden Niederlage des Publius Quinctilius Varus gegen eine Koalition aus Cheruskern, Brukterern und Marsern führte. Der besiegte Kommandant selbst hatte sich vorher vor allem als Verwaltungsfachkraft bewährt. Diese Personalpolitik ebenso wie eine vielleicht schon im Jahr 7, spätestens aber im Jahr 4 gegründete rein zivile Siedlung beim heutigen Lahnau-Waldgirmes, die seit 1996 unter der Leitung von Armin Becker und Gabriele Rosbach ausgegraben wird, legen davon Zeugnis ab, wie die Zentrale die Entwicklung rechts des Niederrheins vor der Varus-Schlacht einschätzte. Auch wenn die Vernichtung von drei Legionen einen herben Rückschlag darstellte, wurden die Pläne einer Inbesitznahme des Territoriums erst von Tiberius (ab 16 n. Chr.) grundlegend revidiert. 14 n. Chr. hingegen war Germanien noch nicht abgeschrieben und die Lage dort auch nicht mehr so desolat, daß sich jeder Hinweis darauf verboten hätte. In den *Res Gestae* (RG 26) fokussierte Augustus freilich die nicht in den »Aufstand« involvierte Küstengegend, das Erreichen der Elbmündung und die diplomatische Kontaktaufnahme mit den Kimbern Jütlands (5 n. Chr.) sowie Völkerschaften zwischen Elbe und Oder, außerdem die tatsächlich dauerhaft erfolgreiche Eroberung des Alpenraums und Alpenvorlandes (im Jahr 16/15). Dies ist selbstredend alles andere denn die ›ganze Wahrheit‹, einer Lüge kommt jedoch allenfalls der Ausdruck »befriedetes Germanien« verdächtig nahe.

Die Art der Wiedergewinnung der kompletten *Res Gestae* sowie die Neuentdeckung von Waldgirmes, welche die Vorstellungen von der augusteischen Germanienpolitik um wichtige Aspekte ergänzt hat, verweisen bereits auf eine Quellengattung jenseits schriftlicher Zeugnisse. Daß archäologisches Material unser Bild von Augustus mitbestimmt, ist dabei zunächst ganz wörtlich zu nehmen. Hinsichtlich der Gestalt unseres Protagonisten sind wir nämlich nicht allein auf die Schilderung bei Sueton (Aug. 79 f.) angewiesen. Vielmehr liefern Standbilder und Reliefs einen optischen Eindruck, der die Wertung, Augustus habe zeit seines Lebens auffällig gut ausgesehen, ebenso bestätigt, wie er in Details mit den Angaben des Biographen zur Deckung zu bringen ist: Stirn und Nase werden nicht, wie im Idealtyp des sogenannten ›griechischen Profils‹, in einer geraden Linie gezeigt. Statt dessen erscheint für die Nase eine Beschreibung als »oben hervorspringend«, »unten gebogen« (Suet. Aug. 79,2) durchaus als zutreffend, ohne daß man hinter den Worten eine tiefe Symbolik vermuten und an einen Adler denken müßte. Daß die *Vita divi Augusti* und die Kunstwerke voneinander unabhängigen Zeugniswert besitzen, der Biograph also nicht einfach Statuen des Kaisers beschrieben hat, wird von seinen Bemerkungen zu Augustus' Zähnen und zu Muttermalen bewiesen. Da die einstige Bemalung der Plastiken heute verschwunden ist, die Darstellungen zudem in der Größe nicht originalgetreu sind, hilft sein Text uns auch, den Eindruck von der äußeren Erscheinung unseres Protagonisten zu komplettieren. Dessen Körper war wohlproportioniert, aber nach Suetons Überzeugung eher klein, wenngleich er nicht verschweigt, daß Augustus' Ex-Sklave Iulius Marathus die damals beachtliche Größe von 1,70 m nennt (Aug. 79,2). Ob die Bevorzugung »höherer Schuhe«, die Sueton an anderer Stelle erwähnt (Aug. 73,2), die Differenz erklärt, wird nicht gesagt. Die Haare hat man sich in einer Farbnuance zwischen dunkelblond und einem lichten Braun vorzustellen, die Augen, die der Biograph nur als »hell und strahlend« charakterisiert, sind gemäß der Auskunft des Naturforschers Plinius des Älteren »grau, wie die der Pferde« gewesen (nat. hist. 11,54,143).

Da viele solcher Bildwerke sich im öffentlichen Raum befanden, waren sie ebenso Träger politischer Botschaften und Teil der Kommunikation, die zwischen den Akteuren in dieser Arena – vor allem der Bürgerschaft, den Senatoren und dem Kaiser – stattfand, wie jene Bauten, mit denen Augustus, genau wie andere führende Männer Roms, die Metropole ausstattete. Daß nicht nur aufgestellte, sondern auch beseitigte Objekte bedeutsam sein konnten, veranschaulichen die rund achtzig silbernen Ehrenstatuen, die sich während der Bürgerkriegszeit für Augustus angesammelt hatten, von ihm aber später entfernt wurden. Der Erlös floß symbolträchtig in goldene Weihgeschenke für den am 9. Oktober 28 offiziell ›in Betrieb genommenen‹ Apollotempel auf dem Palatin, wo sie dem Gott auch im Namen der Stifter der einstigen Standbilder dargebracht wurden (RG 24,2; Suet. Aug. 52). Denselben Trend zur Vermeidung einer Überhöhung, wie sie vorher für viele Politiker praktiziert worden war, spiegelt auch das noch erhaltene Material, das vor allem Paul Zanker unter diesem Gesichtspunkt analysiert hat. Wie sich die Gratwanderung zwischen der Präsentation des Kaisers als einer von höheren Mächten begünstigten Person, des vom Schicksal auserwählten Retters Roms einerseits, seiner Bürgernähe andererseits ausgestaltete, wird uns speziell bei der Frage des ›Kaiserkultes‹ zu beschäftigen haben.

Von gleich hoher Aussagekraft wie die teilweise monumentalen Anlagen sind auch eher unscheinbare Objekte, deren

Wichtigkeit moderne Menschen überraschen mag. Auf Geldstücken werden wir heute nämlich kaum nach Informationen
zum politischen Tagesgeschehen oder der Programmatik der
jeweiligen Regierung suchen. Demgegenüber hatte Rom beim
Aussehen seiner Währung etwa vom Jahr 140 an eine recht ungewöhnliche Entwicklung genommen. So wurde den Inhabern jenes Amtes, das sich, falls der Senat eine Produktion an-
ordnete, um die Herstellung neuer Zahlungsmittel zu kümmern hatte, gestattet, die Münzen sowohl mit dem eigenen
Namen (nicht dem des ›Staates‹) zu versehen als auch Bild wie
Text nach ihren persönlichen Vorstellungen zu gestalten. Bei
den fraglichen »Drei-Männern zum Gießen und Prägen von
Erz, Silber und Gold«, den *IIIviri aere argento auro flando feri-
undo*, handelte es sich in der Regel um den Nachwuchs von Familien der politischen Führungsschicht, die den vom Volk vergebenen Posten kurz vor dem Anlaufen der Wahlkampagne
für ihr erstes genuin politisches Amt, die Quaestur, bekleideten und versuchten, den Bürgern durch Originalität im Gedächtnis zu bleiben, gegebenenfalls auch Erinnerungen an
Großtaten des Geschlechts zu wecken. Neben diesen regulär
dafür zuständigen »Münzmeistern«, die in der Kaiserzeit noch
bis ins 2. Jahrhundert n. Chr. bezeugt sind, wirkten bei akutem
Finanzbedarf gelegentlich die Quaestoren, vor allem aber die
Feldherrn bzw. Statthalter an der Anfertigung neuer Geldstük-
ke mit. Die letztgenannte Funktion darf man sich auch als
Grundlage für die Prägeaktivität der Kontrahenten der Bürgerkriege und später des Augustus denken. Entsprechend der anderen Lebenssituation sind die auf den Münzen vermittelten
Botschaften bei diesem Personenkreis freilich vor allem die eigenen Erfolge und Ziele gewesen.

Daß solche Signale tatsächlich ankamen, römisches Geld
seit der späten Republik wirklich als ›Massenkommunikati-
onsmittel‹ zu bezeichnen ist, muß keine reine Vermutung blei-

ben. So sieht Sueton beispielsweise die allgemeine Bekanntgabe von Augustus' Sternzeichen durch eine »Silbermünze [...] mit dem Zeichen des Steinbocks, in dem er geboren war«, bewerkstelligt (Aug. 94,12). Welches Exemplar er dabei vor Augen hatte, läßt sich freilich hier deshalb nicht entscheiden, weil das Motiv mehrfach aufgegriffen wurde und in verschiedenen Variationen sowohl auf Denaren wie auf den in der griechischen Welt auch schon vorher von römischen Statthaltern benutzten Kistophoren, einer Tetradrachme im Wert von etwa drei Denaren, begegnet. Demgegenüber bleibt bei der Beschreibung einer Münze des Marcus Iunius Brutus, eines der führenden Männer bei der Ermordung Caesars, die sich im Geschichtswerk des Cassius Dio (47,25,3) findet, wenig zu wünschen übrig. »Neben diesen Unternehmungen«, so heißt es da, »ließ Brutus auch Münzen schlagen und sein Bild und eine Freiheitsmütze mit zwei Dolchen daraufsetzen, wodurch er und zugleich auch durch die Inschrift sagen wollte, daß er zusammen mit Cassius dem Vaterland die Freiheit verschafft habe.« Geht man die einzelnen Punkte durch, so bietet der Text zum einen durch die Verortung im militärischen Geschehen eine sehr exakte und für die historische Auswertung wichtige Datierung auf den Herbst des Jahres 43. Daß dies genau die richtige ist, wird auf den erhaltenen Stücken der Prägung (Crawford 508/3) durch die Aufschrift »BRUT IMP« bestätigt. Das Ehrenprädikat des »siegreichen Feldherrn« (*imperator*), über das Augustus z. B. seit Mitte April 43 verfügte, hatte Brutus sich nämlich im Sommer 43 durch einen Feldzug in Thrakien verschafft. »Dadurch«, so wieder Cassius Dio, »hoffte er, im Kampf mit Caesar [Augustus] und Antonius leichteren Stand zu haben.« Daß die Vorderseite, genau wie der Historiker angibt, das Porträt des Attentäters trägt, ist für die Forschung besonders deshalb bedeutsam, weil es verdeutlicht, daß das Tabu, das in der Zeit vor Caesar bezüglich der Abbildung des

Kopfes eines Lebenden beachtet wurde, auch den »Tyrannen-mördern« nicht mehr wichtig war. Für das Bild der Rückseite liefert uns der antike Autor sogar einen interessanten Deu-tungsansatz. An der Darstellung fällt bei aufmerksamer Be-trachtung nämlich auf, daß der Knauf der beiden ›Dolche‹ un-terschiedlich gestaltet, also keineswegs – wie bei Nachprägun-gen des Motivs durch Galba im Kampf gegen Nero (RIC 1, S. 205 Nr. 25) – einfach eine symmetrische Komposition ange-strebt ist. Ob hiermit zwei Individuen (Brutus und sein Ge-fährte Gaius Cassius Longinus) oder vielleicht der Dolch des Attentats und das Schwert des Krieges gemeint sind, wäre weiterer Untersuchungen wert. Die »Inschrift«, von Cassius Dio (oder seiner Quelle) ebenfalls bemerkt, wird von der al-tertumswissenschaftlichen Spezialdisziplin der Münzkunde (Numismatik) heute als »Legende« bezeichnet und lautet »EID MAR«. Damit ist das Attentat auf Caesar über sein Datum, die Iden des März (15. März), evoziert. Schließlich kann man, wie bei Sueton, feststellen, daß der Geschichtsschreiber davon ausgeht, daß es Brutus selbst war, der das Design in Auftrag gab und fest damit rechnete, auf diesem Weg der Mitwelt ›et-was sagen‹ zu können.

Während wir dank des Edelmetalls und der großen Stück-zahl bei den Münzen auf dasselbe Originalmaterial wie die an-tiken Autoren zugreifen können, ist das bei den literarischen Zeugnissen der Epoche leider keineswegs der Fall. Wer bei der Beschäftigung mit dem Kaiser einen biographischen Ansatz verfolgt, wird unter all den verschwundenen Texten besonders schmerzlich Augustus' Publikation »Mein Leben« (*De vita mea*, erwähnt in Suet. Aug. 85,1) vermissen. Dies gilt umso mehr, als er das Werk an einem interessanten Punkt seiner Karriere veröffentlichte, nämlich wahrscheinlich Ende 22 (oder etwas später), nach der Genesung von zwei ernsten Krankhei-ten und in einer Phase, in der sich aus seiner Sicht eine neue

Zeit vorbereitete, die dann offiziell mit der Feier eines »neuen Zeitalters« im Frühsommer 17 festlich eröffnet wurde. Daher war es für den gut Vierzigjährigen durchaus nicht verfrüht, den zu Ende gehenden Lebensabschnitt jetzt noch einmal Revue passieren zu lassen. Von hier aus läßt sich auch die Schwere unseres Verlustes ermessen: In *De vita mea* läge nämlich eine Darstellung der Geschehnisse vor, die wenigstens einiges von der Zeit der Unsicherheit und der Experimente bewahrt hat. So war beispielsweise zum Zeitpunkt der Abfassung noch nicht absehbar, ob die neue Lösung für Augustus' Stellung im Inneren, der im Juni 23 vollzogene Wechsel von Consulat zu *tribunicia potestas* sich bewähren würde. Da der Schritt zunächst bloß für massive, bis 19 andauernde Unruhen sorgte, braucht es nicht zu verwundern, daß davon noch nichts in den Memoiren ›verewigt‹ wurde, diese vielmehr mit den Kriegen in Spanien (Suet. Aug. 85,1) sowie dem daraus resultierenden Bau des Tempels für *Iuppiter Tonans* (Suet. Aug. 91,2) schlossen. Eine andere Einbuße betrifft die Frage, wie die nach dem Sieg zunehmend verfolgte Politik der Versöhnung sich in der Präsentation des Bürgerkriegsgeschehens niederschlug.

Spurlos verschwunden ist die Autobiographie jedoch nicht. So besteht keine Veranlassung, pauschal daran zu zweifeln, daß Autoren, die Augustus als Quelle einer Version der Geschehnisse vor 23/22 angeben, dieses Werk benutzt haben. Episoden aus den Memoiren – nicht das Gesamtkonzept – lassen sich demnach zurückgewinnen. Bei sorgfältiger Prüfung dürften die Reste zahlreicher sein, als nach den wenigen Stellen mit einer genauen Herkunftsangabe zu vermuten wäre. Neben Sueton hat Plutarch, der in seinen Biographien zu Cicero und Brutus explizit auf den Text Bezug nimmt, ihn wohl selbst gelesen. Ein Zitat daraus, das er im vergleichenden Schlußkapitel seines Biographien-Paars Demosthenes/Cicero anführt (comp. 3,1), erweist sich dabei als besonders bedeutsam, erfahren wir dank seiner doch, daß die hier »Erinnerungen« genannte Schrift Agrippa und Maecenas gewidmet war und eine positive Würdigung des Kurzzeitverbündeten Cicero enthielt. Für die Riege der Geschichtsschreiber sind Hinweise auf die Augustus-Memoiren bei Velleius Paterculus und bei Appian zu finden, hinsichtlich der Fachschriftsteller hat man Plinius d. Ä., den Vergilkommentator Servius sowie den Juristen Ulpian ermittelt. Als stark an die Autobiographie angelehnt gilt zudem ein seinerseits fragmentarisch überlieferter Text des Nikolaos von Damaskos, dessen Titel als »Leben und Erziehung von Caesar Augustus« tradiert wurde. Er könnte sogar recht zeitnah, eventuell schon kurz nach dem Jahr 20 abgefaßt worden sein. Freilich braucht man nicht zu hoffen, durch ihn einen Eindruck vom Sprachduktus des Originals gewinnen zu können. Nikolaos reproduziert selbstredend nicht den Stil der »Erinnerungen«, sondern verarbeitet deren Material, zusammen mit anderen Informationen, zu einem Traktat im Genre des Herrscherlobs. Auch betrachtete er das Geschehen durch die Brille des politischen Umfelds, in dem er selbst sozialisiert war. So stellten Könige und Dynastien für ihn eine derartige Selbstverständlichkeit dar, daß er nicht umhinkonnte, Augustus' Adoption durch Caesar gedanklich mit der Bestimmung eines »Nachfolgers« (29,115) und der Vererbung von »Ämtern« und »Machtposition« (18,53) zu verbinden.

So wie Nikolaos ein erstes Beispiel dafür liefert, daß man bei der Auswertung der antiken Zeugnisse kulturelle Unterschiede nicht zuletzt als potentielle Fehlerquelle zu bedenken hat, so eröffnet er zugleich einen Blick auf die Weite und Vielgestaltigkeit der Welt, in der Augustus sich bewegte. Nikolaos' Geburtsstadt Damaskos gehörte seit 62 zur römischen Provinz Syrien, wurde aber vor allem von einer griechisch-makedonischen sowie hebräischen Bevölkerung bewohnt. Der vielseitige Gelehrte stand kurzfristig wohl als Erzieher im Dienst der

Ptolemaierkönigin Kleopatra VII. Vor allem aber genoß er das Vertrauen des Königs Herodes von Iudaea, der bei seiner Herrschaft wesentlich davon abhängig war, daß er als »Freund und Verbündeter« mit Rom gutes Einvernehmen wahrte. Gerade bei Krisen vertrat Nikolaos als Diplomat die Interessen des Monarchen recht erfolgreich und kam dabei sowohl mit römischen Statthaltern (darunter Publius Quinctilius Varus) wie mit Augustus selbst in Kontakt. Auf Anregung des Herodes (und merklich in dessen Sinn) hat er auch eine (wiederum nur bruchstückhaft konservierte) Universalgeschichte verfaßt, in der er unter anderem eine Begebenheit erwähnt, die einen noch ferneren Teil der Erde ins Bild bringt. So war der Autor im Jahr 20 Augenzeuge davon, wie im syrischen Antiocheia eine Delegation eintraf, die von einem Fürsten aus Indien zu Augustus, der sich damals ebenfalls in der Region befand, entsandt worden war und ihm exotische Geschenke, darunter eine Riesenschlange, eine gewaltige Sumpfschildkröte und einen geiergroßen Hühnervogel, übergab (Strab. 15,1,73). An der Nahtstelle zwischen der Selbstdarstellung unseres Protagonisten und dem Bild seiner Mitwelt, an die wir mit Nikolaos gelangt sind, führt uns diese Notiz noch einmal zu den *Res Gestae* zurück. Sie lehrt uns nämlich, daß es voreilig gewesen wäre, deren Behauptung, selbst aus Indien hätten Könige diplomatischen Kontakt zu Rom aufgenommen (RG 31), ins Reich der Propaganda-Mythen zu verweisen.

Um sich die Zufälle zu vergegenwärtigen, die über die Erhaltung oder den Verlust eines antiken Textes entscheiden können, ist vielleicht kein Beispiel besser geeignet als das des einzigen (!) Geschichtswerks mit zeitgeschichtlichem Bezug, das uns aus der Epoche des Augustus heute noch vorliegt. Es stammt von Velleius Paterculus, der, wie Sueton, sozial zu den Rittern rechnete, anders als der Biograph jedoch vor allem als Offizier aktiv war. Geboren wurde er im Jahr 20 oder 19, so daß er vor allem die letzten zwanzig Jahre des Kaisers bewußt wahrnahm. Dessen Adoptivsohn Gaius Caesar hat Velleius im Jahr 2 in den Osten begleitet und dort auch das kunstvoll inszenierte Treffen als Augenzeuge verfolgt, das genau in der Mitte einer Brücke über den Euphrat zwischen diesem Repräsentanten Roms und dem König der Parther stattfand (Vell. Pat. 2,101,3). Den historischen Abriß, den Velleius 30 n. Chr. veröffentlichte, gestaltete er zur Zeitgeschichte hin weit ausführlicher und reicherte ihn zudem mit persönlichen Erlebnissen und Hinweisen auf das Schicksal der eigenen Familie an.

Muß man bei der Überlieferung antiker Texte generell wissen, daß wir die meisten nur dank mittelalterlicher Abschriften besitzen, so stellt Velleius nichts weniger denn die Steigerung eines Extremfalls dar: In der Zeit des wiedererwachenden Interesses an allen Hinterlassenschaften der Antike, in Renaissance und Humanismus, hatte in der Benediktiner-Abtei Murbach (Elsaß) nämlich gerade noch eine einzige fehlerhafte Kopie seines Werks, angefertigt im 8. Jahrhundert, überdauert. Im Zuge der 1520 von dem Humanisten Beatus Rhenanus veranlaßten Druckfassung ist dann auch noch dieser letzte inzwischen siebenhundert Jahre alte *Codex Murbacensis* verschwunden, so daß die heutigen Texteditionen nur mit Aufzeichnungen der Gelehrten des 16. Jahrhunderts und mit dem Erstdruck arbeiten und den Text rekonstruieren können. Lehrreich ist dieser Fall auch insofern, als er bewußtmacht, daß die massiven Verluste an antiker Literatur in der Regel erst nach dem Ende dieser geschichtlichen Großepoche eingetreten sind. Von dem etwa ab dem Jahr 27 sukzessive publizierten Monumentalwerk eines anderen Zeitgenossen des Kaisers, des Titus Livius (*59), lagen gegen Ende des 4. Jahrhunderts n. Chr. noch alle 142 Buchrollen vor und waren soeben sogar von Wissenschaftlern neu auf die Korrektheit der Texttradition überprüft worden. Livius hatte es unternommen, die gesamte römische

Geschichte von der Gründung der Stadt an darzustellen, in den Büchern 117–133 die Phase von der Ermordung Caesars bis 31/30 behandelt und vor seinem eigenen Ableben (17 n. Chr.) immerhin noch Buch 142 und das Jahr 9 v. Chr. erreicht. Heute ist jedoch sowohl von den Teilen zur gesamten späten Republik wie zu Augustus kaum noch etwas vorhanden.

Einen gewissen Eindruck von der Fülle des in der Antike für interessierte Menschen und besonders Forscher greifbaren Lesestoffes vermittelt die Angabe, die größte und berühmteste Bibliothek, das von dem zweiten Ptolemaierkönig gegründete Museion von Alexandreia, habe im Jahr 47 um die 700 000 Buchrollen besessen (Gell. NA 7,17,3). Daß die Einrichtung dem Tempel der Musen, der Schutzgöttinnen der schönen Sprachkunst und der Wissenschaften, zugeordnet war, wirkte stilbildend. So stiftete Augustus der Griechenstadt am Nil im Jahr 12 eine weitere Bibliothek im Verbund mit einem Heiligtum für den Divus Iulius, den ›vergöttlichten‹ Caesar. Vor allem aber führte er, genau wie Caesars Gefolgsmann Gaius Asinius Pollio, Pläne fort, an deren Ausführung die Iden des März den Dictator gehindert hatten (Suet. Iul. 44,2). Auch Rom sollte mit öffentlichen Bibliotheken auf die geistige Höhe der Zeit gebracht werden. Den Ruhm, dabei der erste gewesen zu sein, errang Pollio, der später zusätzlich als Geschichtsschreiber hervortrat, im Jahr 39 mit einer Bibliothek im Eingangsbereich des von ihm restaurierten Tempels der Freiheit. Augustus zog dann 28 mit einer Anlage beim palatinischen Apollo-Tempel und einer lateinischen und griechischen Abteilung nach und fügte 23 eine weitere bei der Säulenhalle der Octavier auf dem Marsfeld hinzu. Auch mit diesem Engagement inspirierte er spätere Kaiser, so daß Rom es Anfang des 4. Jahrhunderts n. Chr. auf nicht weniger denn achtundzwanzig öffentliche Bibliotheken brachte.

Wie in der heutigen Wissenschaft kann man sich daher unschwer vorstellen, daß Vorstudien zu einem umfänglichen Werk Jahrzehnte in Anspruch nahmen. Genau dies reklamieren zwei Autoren, Dionysios, Sohn des Alexander, aus Halikarnassos und Cassius Dio, die in unterschiedlicher Weise für die Beschäftigung mit Augustus von Interesse sind. Während die »Römische Geschichte«, für die der Senator Cassius Dio um 193 n. Chr. zehnjährige Recherchen aufnahm (73,23,5), dadurch für die Forschung unentbehrlich ist, weil hier die Kapitel zu den Jahren 69 v. Chr. bis 47 n. Chr. noch vorliegen, war Dionysios Zeitgenosse des Kaisers und nach dessen Sieg im Bürgerkrieg (30 v. Chr.) nach Rom gekommen. Für seine »Römische Altertumskunde«, in der er die Anfänge der Tiberstadt bis zum Jahr 264 behandelte, wandte er nach eigenem Bekunden zweiundzwanzig Jahre auf, das Erlernen der lateinischen Sprache eingeschlossen (ant. 1,7,2). Die Intention der zunächst rein antiquarisch anmutenden Schrift führt wider Erwarten direkt in die Gegenwart des Autors – und damit von Augustus selbst: Die Griechen sollen durch sie mit der Herrschaft Roms versöhnt werden (ant. 1,4,2 f.; 1,5,2). Tatsächlich hatte sich für genau diesen Personenkreis durch Augustus' Sieg im Bürgerkrieg Wesentliches verändert: So wurde im Jahr 27 Griechenland, dessen Städte und Bundesstaaten sogar in der Zeit des Hellenismus formell eigenständig geblieben waren und nur gelegentlich (und zu ihrem großen Unmut) Besatzungen der Makedonenkönige hinzunehmen hatten, nun offiziell zu einem Untertanengebiet, einer Provinz Roms erklärt und unter dem Namen »Achaia« einem Statthalter unterstellt. Als Provinzhauptstadt diente Korinth, das die Römer 146 zerstört, Augustus aber mit Siedlern aus Italien als römische »Pflanzstadt« (*colonia*) mit Latein als Amtssprache neu errichtet hatte. Da zudem die letzte Großmacht des östlichen Mittelmeerraums, das von Makedonen und Griechen geleitete Reich der Ptolemaier in Ägypten, seit dem Jahr 30 nicht mehr existierte, blieb

Menschen der Region keine realistische Möglichkeit, sich einem Leben unter direkter römischer Kontrolle zu entziehen. Vor diesem Zeithintergrund wird es leicht verständlich, daß kritische Stimmen sich konkret auf den Verlust der Freiheit und die Verelendung auf der Balkanhalbinsel, nicht auf den gesamten griechisch geprägten Kulturraum beziehen, wo auch im politischen Alltag viel leichter an die vorherigen Verhältnisse der dort längst eingerichteten Provinzen oder Königreiche anzuknüpfen war.

In den Unmut über das Faktum römischer Herrschaft wurde Augustus persönlich aufgrund seiner Eingriffe in die gewachsenen Strukturen des geschichtsträchtigen Achaia einbezogen. Zu nennen ist hier primär die Gründung der »Siegerstadt« (Nikopolis, um 30) an der Stelle des Heerlagers der Schlacht von Actium, die ebenso auf Kosten benachbarter Siedlungen ging wie die Anlage einer römischen Kolonie in Patrai (14). Nikopolis scheint anfangs sogar als Konkurrentin Olympias, Kontrollinstanz über das Heiligtum von Delphi und Rivalin Athens konzipiert gewesen zu sein. Daß solche Aktionen keine ›Betriebsunfälle‹ waren, macht die lateinische Dichtung der Zeit wahrscheinlich. Hier wird »Herrschaft« als spezifische Kunst der Römer propagiert, die anderen Völkern gerne die Meisterschaft im Bereich von Beredsamkeit, Wissenschaft oder Bildhauerei/Toreutik überlassen (Verg. Aen. 6,847ff.). Vor allem aber wird Troja als Ursprung der Römer hervorgehoben, was deren Sieg letztendlich als eine späte Rache erscheinen läßt, die sie wegen der Zerstörung ihrer Urheimat an den in Epen über den Trojanischen Krieg »Achaier« genannten Griechen übten (Verg. Aen. 6,840). Anders als für Dionysios dürfte für Augustus und sein Umfeld demnach die Stimmungslage der Hellenen keine vorrangige Sorge gewesen sein.

Mit Cassius Dios *Romaike Historia* wurde bereits eines der beiden Werke angesprochen, ohne die sich eine moderne Ereignisgeschichte der Zeit des Augustus nicht schreiben ließe. Das zweite ist ebenfalls um einiges später, in diesem Fall um die Mitte des 2. Jahrhunderts n. Chr. entstanden. Sein Autor stellt sich selbst als »Appianos aus Alexandreia« (praef. 15,62) vor und betitelt seine Bücher, in denen er die Kriege Roms behandelt, einfach als *Romaika*, also »Römisches« bzw. »Untersuchungen zu Rom«. Erhalten sind auch hier nur Teile, erfreulicherweise jedoch der Abschnitt zu den innerrömischen Kämpfen von 133 bis 36. Daß aus dieser Sachlage Probleme resultieren, ist offenkundig. So ist bei der erheblichen zeitlichen Distanz damit zu rechnen, daß zumindest unbewußt Erfahrungen und Vorstellungen in die Texte einflossen, die einer wesentlich späteren Entwicklungsstufe (z. B. des Kaisertums) angehörten. Daneben liegt es auf der Hand, daß die Qualität der Arbeiten von der Qualität des Materials abhängt, auf das die Autoren zugriffen. Die intensiven Anstrengungen, welche die Forschung seit dem 19. Jahrhundert unternahm, um die Gewährsleute der zwei Historiographen zu ermitteln, sind daher vollauf verständlich. Leider haben sie sich jedoch als weitgehend fruchtlos erwiesen, da Cassius Dio wie Appian der antiken Konvention, gerade ihre Hauptquellen nicht zu nennen, gefolgt, gleichzeitig unsere Kenntnisse von Vorgängerwerken jedoch zu rudimentär für eine Zuordnung nach inhaltlichen Indizien sind.

Trotzdem läßt sich den Erzählungen immerhin eine wichtige Information zur Überlieferung der Gewaltphase – und zu Augustus – entnehmen. Die Darstellungen sind nämlich keineswegs neutral, weisen jedoch nicht jene Tendenz auf, die man vielleicht angesichts des Ausgangs der Kämpfe erwarten würde. Die Geschichte wird also nicht zugunsten des Siegers geschrieben, sondern konserviert die Positionen verschiedener involvierter Konfliktparteien. Sie bestätigt damit ein Urteil, das der Historiker Tacitus über Augustus, den er im übrigen keineswegs verklärt, abgibt. Zu dessen Zeit habe noch eine unabhängige Geschichtsschreibung existiert (ann. 1,1,2). Deren Möglichkeit zu einer eigenen Meinung läßt der Autor einen seiner Heroen, den Historiographen Aulus Cremutius Cordus, der 25 n. Chr. unter Tiberius angeblich wegen des in seinem Werk geäußerten Lobes für Marcus Brutus und der Etikettierung des Cassius als »letzten Römers« angeklagt wurde, in seiner Verteidigungsrede vor dem Senat mit authentischen Beispielen beschwören (4,34,2 ff.): Kein Autor habe bisher die Erinnerung an die Leistungen von Brutus und Cassius »ohne Ehrerbietung« formuliert. Titus Livius habe Gnaeus Pompeius, den Kontrahenten Caesars, mit solchem Lob überschüttet, daß Augustus ihn einen »Pompeianer« nannte, ohne daß dies der Freundschaft der beiden den geringsten Abbruch tat; zugleich bezeichne Livius Leute wie Cassius und Brutus nirgends als »Räuber« und »Vatermörder«, wie es jetzt in Mode sei, sondern oft als »ausgezeichnete Männer«. Zwei weitere Senatoren – Asinius Pollio und Messalla Corvinus – seien damals reich und geehrt geblieben, obwohl die Schriften des ersteren die Attentäter der Nachwelt als vortrefflich darstellten und letzterer (in seinen Memoiren) den Cassius als seinen Kommandanten rühmte. Auch Briefe des Antonius sowie Reden des Brutus mit falschen Anschuldigungen gegen Augustus seien während dessen Herrschaft weiter in Umlauf gewesen und von der Regierung nicht bekämpft worden. Der von Cremutius/Tacitus skizzierte Befund ließe sich durch weitere Indizien erhärten. Daß Augustus keine Literaturzensur übte, darf als gesichert gelten. Ob er bereits zu jener abgeklärten Haltung in der Lage war, die Tacitus Anfang des 2. Jahrhunderts n. Chr. einzunehmen vermochte (ann. 4,35,2 f.), läßt sich dagegen schwerer entscheiden. Es würde tendenziell jedoch gut zu Augustus' Politik eines Schlußstrichs und Neuanfangs, der auch von ehemaligen Kontrahenten mitgetragen wurde, passen, die Bürgerkriegsphase als ein apolitisches Thema von rein historischem Interesse, also als Vergangenheit ohne Relevanz für die Gegenwart, einzustufen und allen Akteuren – unabhängig davon, auf welcher Seite sie standen – ihre Ehre zu belassen.

Wie Tacitus bieten auch Cassius Dio und Appian in ihren Darstellungen eine Fülle von Reden, darunter solche, die als Ansprachen des Augustus präsentiert werden. An diesem Punkt kommt einer der zentralen Unterschiede zwischen antiker Geschichtsschreibung und moderner Geschichtswissenschaft zum Tragen, der sich besonders klar am Beispiel der für Augustus bedeutsamen Senatssitzung des 1. Januar 43 herausarbeiten läßt. Denn für diese ist die Ausgangslage der Forscher von einst und jetzt insoweit die gleiche, als der Beitrag, den der hochrangige Senator Marcus Tullius Cicero zu der hitzigen Debatte beisteuerte, unmittelbar nach der Sitzung vom Sprecher in Schriftform verbreitet wurde. Vielleicht nicht jeder Satz, aber Gedankenführung und Inhalt dieser fünften sogenannten »Philippika« dürfen daher als authentisch gelten. So wie sie dank ihrer Veröffentlichung dem 21. Jahrhundert noch bekannt ist, kann man eindeutig nachweisen, daß Cassius Dio sie im frühen 3. Jahrhundert gelesen hat. Seine Reaktion entspricht freilich mitnichten der unseren: Während heutige Menschen die Tatsache begeistert, eine Stimme aus der Vergangenheit als ›O-Ton‹ zu vernehmen und einem spezifischen historischen Moment näherzukommen, sieht sich Cassius Dio zu einem eigenen literarischen Kunstwerk – der Erfindung einer neuen Cicero-Rede und der Phantasie-Replik eines Kontrahenten – herausgefordert. Ciceros Worte dienen ihm dabei einzig als Inspiration, wobei er bevorzugt jene Motive aufgreift, die wenig situationsgebunden sind. Dem entsprechen völlig die unterschiedlichen Erwartungen der Leserschaft. Geht es ihr bei einem Text zur Geschichte gegenwärtig um möglichst genaue Einblicke in eine ferne Zeit, so versprach sie sich in der Antike davon ein intellektuelles und ästhetisches Vergnügen, daneben auch Schulmaterial für die eigenen Redeübungen und eine Präsentation außergewöhnlicher Taten, die gleichermaßen exzeptionell erinnerungswürdig wie exzeptionell verdammenswert sein konnten. Ein Originalzitat wäre ihr schlicht als Stilbruch erschienen. Begegnen kann man ihm demnach nicht bei Geschichtsschreibern, sondern Biographen, deren Postulat, ein einziges Diktum könne mehr enthüllen als viele Schlachten, nur bei echten Äußerungen einer Person funktionierte. Wie wenig die Rezipienten freilich an wörtliche Wiedergaben außerhalb dieses Kontextes gewöhnt waren, illustriert ein weiteres Mal Sueton. Wenn er einen Dialog getreulich aus den Senatsprotokollen abschreibt, muß er ausdrücklich betonen, daß er bei beiden Sprechern »deren eigene Worte« referiere (Aug. 58).

Nicht ohne Tücken ist auch die Vorliebe der antiken Historiographen für die Höhe- und Tiefpunkte der menschlichen Natur. Sie veranlaßt Verfasser von Geschichtswerken nämlich, Situationen breit auszumalen, bei denen sich eine solche Thematik gut entfalten läßt – und zwar unabhängig davon, ob diesen Geschehnissen im historischen Prozeß ein hoher Stellenwert zukommt oder nicht. Häufig kombiniert wird dies mit einem Hang zum Drama, welcher die Distanz zur Erzählung zusätzlich erschwert. Genau eine solche hat die Forschung freilich zu wahren, will sie falsche Schlußfolgerungen vermeiden. Daß Appian wie Cassius Dio beispielsweise den sogenannten Proskriptionen ausnehmend viel und eine spezielle Art von Aufmerksamkeit schenken, sagt zunächst weder positiv noch negativ etwas darüber aus, ob sie nach den Maßstäben der heutigen Wissenschaft als wichtig gelten müssen. Mit Sicherheit werden sie für uns jedoch nicht aus denselben Gründen von Interesse sein.

Was man sich unter dem fraglichen Vorgang der *proscriptio*

(das heißt wörtlich bloß: schriftliche Verlautbarung) vorzustellen hat, ist historisch sehr gut zu rekonstruieren. An den
öffentlichen Anzeigetafeln, sozusagen den ›Schwarzen Bret-
tern‹, die in Rom jedoch weiß gekalkt waren, wurden Ende des
Jahres 43 (wie schon einmal nach dem ersten Bürgerkrieg
82/81) Listen mit den Namen von Männern ausgehängt, deren
Tötung nicht nur straffrei war, sondern sogar eine Prämie ein-
brachte, während andererseits jeder, der ihnen in irgendeiner
Weise half, sich der gleichen Gefahr aussetzte. Bezahlt wurde
sowohl für die Lieferung des Kopfes als auch für Hinweise, die
zur Ergreifung führten. Verantwortlich für diese Maßnahme
waren Antonius, Augustus und Lepidus, ein dritter General
aus dem Lager der Caesar-Freunde, denen am 27. November 43
eine nahezu unbegrenzte Machtfülle verliehen worden war.
Daß die Betroffenen sich in Lebensgefahr fühlten und in jedem
Fall latent bedroht waren, ist unstrittig. Zu einer Verharm-
losung des Vorganges gibt es mithin nicht die geringste Veranlassung. Ihn genauer zu analysieren ist dennoch er-
hellend. Man kann dabei recht klar ermitteln, weshalb er die
antike Mit- und Nachwelt mehr als andere Greuel der Zeit
schockierte, obschon er vergleichsweise wenige Menschenle-
ben forderte. Erstens waren die potentiellen Opfer hier ausnahmsweise Personen der oberen Gesellschaftsschichten. Der
tragische Wechsel des Glücks ist daher in den Darstellungen
ein zentrales Motiv, das sogar zu ziemlich banalen Gemeinplät-
zen gerinnt. Hinzu kommt die Tatsache, daß die Konstruktion
der Strafbarkeit von Hilfe respektive der Belohnung von Verrat
nicht nur sonst gültige ethische Normen auf den Kopf stellte,
sondern alle sozialen Beziehungen einer Belastungsprobe aussetzte. In der Retrospektive gibt es demnach viele Geschichten
von Ehefrauen, Kindern oder Sklaven, welche die eigene Existenz hintansetzen, um Idealen der »Gattenliebe«, »Pflichterfüllung gegenüber den Eltern« oder »Treue zum Herrn« nach-

zueifern. Daß genau dies den Proskriptionen einen so prominenten Platz in den Geschichtswerken verschafft, muß nicht mehr näher ausgeführt werden. Dasselbe Material verrät uns allerdings heute noch etwas anderes, nämlich daß die Rettung gefährdeter Männer auffällig häufig glückte. Bei einer ganzen Reihe später politisch Aktiver wird zudem die Tatsache vermerkt, sie hätten auf den Listen gestanden, was antiken Autoren erneut zur Demonstration der Kapriolen des Schicksals dient. Man sollte sich demnach hüten, die Parallelsetzung der zweiten mit den ersten Proskriptionen unbesehen von den Historiographen zu übernehmen. 82/81 nämlich war es Lucius Cornelius Sulla nach seinem Sieg im Bürgerkrieg durchaus um eine legale Tötung von Kontrahenten gegangen. Bei einer ganz anderen Ausgangslage (und anderen Resultaten) müssen die Motive des Drei-Männer-Bundes von 43 jedoch erst ermittelt werden, was uns in Kapitel 3 auf S. 189 ff. beschäftigen wird. Obschon die Proskriptionen fraglos einen Schatten auf das Image der Machthaber – und damit auch des Augustus – werfen, sind sie wohl verdientermaßen nicht zu einem zentralen Kriterium des Urteils der Nachwelt geworden.

Die berühmteste derartige Bewertung nimmt, was Augustus selbst betrifft, ein Senator des frühen 2. Jahrhunderts n. Chr., Publius Cornelius Tacitus, vor. Von der Haltung des Autors zum Kaisertum, das inzwischen zur festen Institution geworden war, hängt seine Meinung zu dessen ›Erfinder‹ nur in geringem Maße ab. Obschon Tacitus nämlich zu jenem Kreis von Senatsmitgliedern rechnet, der von der Zeit des »freien Staates« träumt, ist er zugleich davon überzeugt, daß diese alte *libera res publica* in der Gegenwart nicht mehr funktionieren, sondern zu Chaos und Instabilität führen würde (hist. 1,16,1). So wird auch das Faktum der dank Augustus erzielten »Ruhe« (*quies*) bzw. des zurückgewonnenen »Friedens« (*pax*) in einer Szene nicht bestritten, die Tacitus anläßlich des Todes des Kaisers ge-

staltet (ann. 1,9 f.). In ihr legt er zu Beginn seiner Annalen seine
eigenen Überlegungen zu dessen Leistung den Zeitgenossen
des Herrschers in den Mund, wobei er grundsätzlich zwischen
der Mehrheit der Senatsmitglieder und den »einsichtsvollen
Männern« unterscheidet, unter letzteren dann aber sowohl Be-
fürwortern wie Kritikern das Wort erteilt. Die »meisten« stau-
nen in der Einschätzung des Autors über Nichtigkeiten. In diese Kategorie eingeordnet werden zum einen Dinge, die man je
nach Geschmack symbolträchtig oder zufällig finden kann:
Daß Augustus im selben Zimmer wie sein Vater in Nola starb,
wird ebenso erwähnt wie die Tatsache, daß das Datum mit
dem seiner ersten Wahl zum Consul übereinstimmte. Zum
anderen freilich siedelt Tacitus manches auf dem ›Jahrmarkt
der Eitelkeiten‹ an, was Augustus selbst in seiner Leistungsbi-
lanz vermerkt hatte: Daß die Zahl seiner Consulate der Summe
aus jenen des Valerius Corvus (sechsmal) und des Gaius Marius (siebenmal) entsprach; daß er 37 Jahre durchgängig die *tribunicia potestas* innehatte, 21 Mal zum ›siegreichen Feldherrn«
ausgerufen wurde sowie zahlreiche weitere nie dagewesene
Ehren und Ämter erhielt, kommt uns nach unserem Blick auf
die *Res Gestae* durchaus vertraut vor. Als Themen der Kontro-
verse von Gehalt, die scharf von derartigen Belanglosigkeiten
abgegrenzt werden, erscheinen erstens verschiedene Ansichten zum Bürgerkriegsgeschehen sowie zweitens Bewertungen
des neuen Systems, die hinsichtlich der Einschätzung seiner
Kosten, vor allem aber bezüglich des Grades an äußerer und innerer Sicherheit divergieren, der unter und durch Augustus
erreicht wurde. Insgesamt bezeichnet Tacitus damit recht gut
die beiden Sachkomplexe, die auch eine moderne Untersuchung zu Augustus zu beschäftigen haben. Wenn wir unserer-
seits nun diesen zentralen Fragen und dem Lebensweg des
Kaisers nachgehen, so wird uns dies zugleich helfen, weitere
Facetten des Menschen Augustus zu entdecken.

3 Von Gaius Octavius zum Imperator Caesar Augustus

Aspekte einer spektakulären Karriere

Großvater, Großmutter, Großonkel: Kindheit und Jugend eines Halbwaisen

Geboren wurde Augustus unter dem Namen Gaius Octavius im Consulatsjahr des Marcus Tullius Cicero und Gaius Antonius, das in der uns vertrauten Ärarechnung dem Jahr 63 entspricht. Der Kalender zeigte den achten Tag vor den *Kalendae* (dem ersten Tag) des Oktober. Wenngleich man bei der Umrechnung wissen muß, daß der September zu diesem Zeitpunkt nur 29 Tage dauerte, bereitete es der Forschung keine Probleme, aus dieser Angabe den 23. September als Datum zu gewinnen. Dagegen grübelte sie schon seit dem 17. Jahrhundert darüber, weshalb Augustus sich selbst stets mit dem Sternbild des Steinbocks verband – in der Antike (wie jetzt noch in der Astrologie) dargestellt als Mischwesen aus Ziege und Fisch – und Sueton, immerhin auch Fachautor einer Schrift zum römischen Jahr, den Capricorn ausdrücklich und ohne Bedenken als Nativitätszeichen des Kaisers führte (Aug. 94,12). Die Lösung dürfte weit einfacher sein, als die zum Teil höchst phantasievollen modernen Thesen suggerieren. Mehr als eine gewisse Wahrscheinlichkeit läßt sich für den Gegenvorschlag freilich nicht erzielen, da zu einem strikten Beweis zu viele Detailinformationen fehlen. Mit Sicherheit ausschließen kann man allerdings ein paar in modernen Publikationen gängige Mißverständnisse: Der 23. September war im Jahr 63 ganz gewiß kein Herbsttag und Augustus keinesfalls vom Sternzeichen her Waage. Auch dachte zu dieser Zeit niemand daran, Kalender und Tierkreis stünden in einem festen Verhältnis, aus dem

Wissen um den Geburtstag ergäbe sich also automatisch ein Wissen um das Sternzeichen.

Der Grund für all diese zunächst verblüffenden Phänomene liegt in der Natur des römischen Kalenders, der erst seit einer Fundamentalreform, die der Dictator Gaius Iulius Caesar 46 veranlaßt hatte, sich dem heutigen annäherte, dem er in der Praxis freilich sogar erst seit einer neuerlichen Intervention des Augustus im Jahr 9 weitgehend entsprach. Vor dieser Umstellung waren Jahre durchaus nicht von stets (fast) gleicher Dauer. Vielmehr versuchten die Römer, ein ungenau auf 355 Tage angesetztes Mondjahr dadurch mit dem Wechsel der Jahreszeiten konstant zu halten, daß sie Jahre von 355, 377, 355 und 378 Tagen aufeinanderfolgen ließen, wobei die bei den Verlängerungen eingefügten 22 bzw. 23 Tage zwischen dem 23. und 24. Februar respektive 24. und 25. Februar als *mensis intercalaris* (Schaltmonat) eingeklinkt wurden. Hätte bereits dieses System eine allmähliche Verschiebung gegenüber dem Sonnenumlauf sowie eine je nach »Kurzjahr« und »Langjahr« wechselnde Relation von Tierkreis und Kalendertag bedingt, so sah seine reale Umsetzung noch bei weitem chaotischer aus. Die Schaltungen wurden nämlich handgesteuert«, also nach Einschätzung von Menschen vorgenommen. Ob die dafür zuständige Instanz der *pontifices*, die im Kernbereich ihrer Tätigkeit für eine korrekte Durchführung aller Kulthandlungen zu sorgen hatte, ihre Macht mißbrauchte oder ob sie nur nach vielfachen Fehlentscheidungen weitgehend den Überblick verlor (vgl. Suet. Iul. 40,1) – im Resultat wies Roms Zeitrechnung jedenfalls schon für die ausnahmsweise genau bezeugten Jahre 190 und 168 eine Differenz von mehreren Monaten zum kosmischen Geschehen auf.

Demnach sollte zumindest erwogen werden, daß der 23. September 63 in Wahrheit ein Tag im winterlichen Dezember oder Januar und Augustus tatsächlich Steinbock war. Daß seine Eltern sich die Mühe machten, das Sternzeichen ihres Sohnes durch Himmelsbeobachtungen zu bestimmen oder eher noch professionell bestimmen zu lassen, ist angesichts des in der römischen Gesellschaft weitverbreiteten Glaubens an Horoskope durchaus anzunehmen, zumal offenbar auch die Geburtsstunde – kurz vor Sonnenaufgang – festgehalten wurde (Suet. Aug. 5; 94,12) und man sich derartiger Überzeugungen nicht zu schämen brauchte. Gerade ein Altersgenosse von Augustus' Vater, der zusammen mit ihm praktisch ranggleich im Senat saß, Publius Nigidius Figulus, trat sogar mit mehreren streng wissenschaftlich gedachten Publikationen zum Thema an die Öffentlichkeit. Daß er die Karriere des Kindes angeblich bereits bei dessen Geburt geweissagt hätte (Suet. Aug. 94,5; Cass. Dio 45,1,3 ff.), muß man deshalb freilich noch nicht als historische Tatsache ansehen.

Geburtsort unseres Protagonisten war Rom, Geburtsstätte das Haus der Familie im Palatinischen Viertel »bei den Rinderköpfen« (Suet. Aug. 5), einer repräsentativen Wohnlage. Es dürfte anläßlich des Beginns der politischen Laufbahn des Vaters neu erworben worden sein, da die Amtstätigkeit wie die daran anschließende Zugehörigkeit zum Senat zur Präsenz in Rom verpflichteten. Nach seinem Tod wurde es wohl umgehend wieder veräußert. Dem jugendlichen Augustus stand es jedenfalls bei dessen Rückkehr nach Rom nicht mehr zur Verfügung. Daß dies zu dem Gerede über Unregelmäßigkeiten bei der Verwaltung des Vermögens des Kindes in der Phase seiner Unmündigkeit beitrug (Nik. Dam. 2,3), ist denkbar. Die Immobilie war freilich allenfalls ein Symbol dessen, was der Junge in den Augen der römischen Öffentlichkeit durch den frühen Tod des Vaters verlor. Die Pläne des mit dem Sohn gleichnamigen älteren Gaius Octavius gingen nämlich weit darüber hinaus, in seiner Abstammungslinie der erste Senator zu sein. Er wollte es bis zum höchsten der von der römischen Bürgerschaft mittels Wahl besetzten Jahresämter, dem Consulat, schaffen und seinen Familienzweig damit in den Kreis der »bekannten« Geschlechter, die sogenannte Nobilität, einordnen.

Von einem Erbadel, den es in Gestalt des Patriziats weiterhin gab, der aber schon im Verlauf des 5. Jahrhunderts v. Chr. seine privatrechtlichen, im Verlauf des 4. Jahrhunderts auch seine politischen Privilegien nahezu völlig eingebüßt hatte, unterschied sich diese Nobilität so markant, daß die Forschung von ihr häufig als »Amtsadel« spricht. Noch besser wäre es freilich, den Begriff des Adels gänzlich zu vermeiden und sich das Konzept von der Verbindung des lateinischen Adjektivs *nobilis* mit dem Partizip *notus* her zu erschließen. Kriterium – und damit zwangsläufig wenig exaktes Kriterium – für die Zugehörigkeit einer Familie zur Nobilität war, daß sie durch politische Verdienste ihrer Mitglieder bereits in der Öffentlichkeit als Leistungsträger »bekannt« war. Mithin konnte die Gruppenzugehörigkeit sowohl erworben als auch wieder verloren werden, falls der Einsatz für die Gemeinschaft nicht als besonders einprägsam und spektakulär im Gedächtnis blieb. Im Regelfall galt ein beanstandungsfrei absolviertes Durchschnitts-Consulat als jener Punkt, ab dem direkte männliche Nachkommen des Consuls ihr Geschlecht als »bekannt« auszugeben vermochten, ihrerseits freilich gehalten waren, die »Bekanntheit« durch das Erreichen desselben Postens zeitnah aufzufrischen. Gegenüber Männern ohne einen der Bürgerschaft schon »bekannten« Vater waren sie dabei speziell beim Einstieg in die eigene politische Karriere im Vorteil: Die »Empfehlung der Vorfahren« (*commendatio maiorum*) war für die Römer ein anerkanntes Argument, das theoretisch über die Annahme einer Vererbung von Veranlagungen, Charaktereigenschaften und Talenten funktionierte, praktisch aber dadurch, daß Kinder in solchen Familien kaum umhin konnten, in die Tradition hineinzuwachsen. Das Leben im Haus spielte sich nämlich wortwörtlich unter den Augen der Ahnen ab, deren Bildnisse in Gestalt von Wachsmasken im Empfangsraum (*atrium*) standen. Den Frauen der Nobilität folgte eine Dublette dieser Galerie in die Ehe, Männer verschmolzen in einem bestimmten Ritual sogar völlig mit den Gestalten der Vergangenheit. Sie trugen nämlich die Masken und Standesabzeichen der Toten, wenn ein verstorbener *nobilis* zu Grabe geleitet wurde. Mit diesem Leichenzug wurde nicht nur der Öffentlichkeit der Ruhm des Geschlechts höchst eindrucksvoll vor Augen geführt – da er den politischen Rang der einzelnen Verstorbenen exakt markierte und auch verbal an ihn erinnerte, blieben größere wie geringere Erfolge in alle Ewigkeit mit deren Namen verbunden. Ein Scheitern, für das bereits ein Steckenbleiben bei niedrigen Ämtern genügte, löschte dagegen das Andenken eines Individuums schlichtweg aus.

Eine äußerst lebendige Schilderung dieser *pompa funebris* gibt uns im 2. Jahrhundert v. Chr. der griechische Historiker Polybios (6,53 f.): Mit seinen ganzen Insignien wird der Tote stehend, nur selten sitzend in das politische Zentrum Roms, zum Forum Romanum, und dort zu dem mit Trophäen aus Seeschlachten verzierten Podium, der *rostra*, gebracht, von dem aus üblicherweise politische Ansprachen an die Bürgerschaft gehalten werden. Auf dieser Tribüne nehmen auch die für diesen Tag wiederbelebten Ahnen, die auf Wagen mit voranschreitenden Amtsdienern vorgefahren sind, auf Elfenbeinstühlen ohne Rückenlehne (*sellae curules*) Platz, wie sie nur hohen Amtsträgern zustehen. Dort weithin sichtbar aufgereiht, lauschen sie einer Ansprache, die nach den Verdiensten der jüngst verstorbenen Person ihrer eigenen Großtaten gedenkt.

In ein derartiges Spektakel hinein haben wir uns auch Augustus am Ende seiner Kindheit versetzt zu denken. Sein erster öffentlicher Auftritt ist 51 nämlich nichts weniger als jene zentrale Begräbnisrede, die *laudatio funebris*, die Polybios einem erwachsenen Sohn bzw. bei dessen Fehlen oder Abwesenheit einem anderen aus dem Geschlecht des/der zu bestattenden Toten zuschreibt. Augustus ist freilich gerade zwölf Jahre alt (Suet. Aug. 8,1) und daher selbst nach römischem Recht noch kein Mann, so daß er auch nicht von der Rednertribüne, sondern bloß davor stehend sprechen darf (Quint. inst. 12,6,1). Ein großes Publikum und dessen volle Aufmerksamkeit war ihm dennoch gewiß, agierte er doch als Stellvertreter und mit Billigung jenes Mannes, der zum fraglichen Zeitpunkt im Zentrum des öffentlichen Interesses und heftiger Kontroversen stand – des Feldherrn Gaius Iulius Caesar. Dieser hatte soeben den entscheidenden Sieg gegen eine Koalition keltischer Stämme errungen, befand sich aber wegen eigenmächtiger Unternehmungen im nordalpinen Raum schon lange in der Kritik. Das Ende seines außerordentlichen Kommandos, das er bereits im achten Jahr führte, wollte er freilich nur hinnehmen, wenn er direkt im Anschluß ein zweites Consulat antreten konnte und damit jeder Strafverfolgung entzogen war. Daß Caesar im Rahmen der Feldzüge in Gallien, Germanien und Britannien seine Truppenmacht stetig vergrößert hatte, nährte zusätzlich Spekulationen und Ängste.

In dieser Situation mag es manchem aus der Verwandtschaft des abwesenden Generals nicht unlieb gewesen sein, daß das Kind anläßlich der Bestattung von Caesars jüngerer Schwester Iulia den Part des Lobredners der Familie übernahm – für Augustus war es eine erste Probe seines rhetorischen Talents wie seiner Unerschrockenheit und Nervenstärke, die er offenbar tadellos gemeistert hat. Wie und wann der Junge von Caesar ›entdeckt‹ wurde, wird uns bald zu beschäftigen haben. Gegenwärtig genügt es, festzuhalten, daß er schon in diesem Augenblick der Bürgerschaft als Mitglied des Familiengroßverbandes (*gens*) der altadeligen/patrizischen Iulier vorgestellt wurde, womit im Bereich Abstammung der zweite für Augustus' Leben entscheidende Faktor im Spiel ist. Beide Elemente – die ›obskure‹ Herkunft wie die Verbindung zu Caesar und den Iuliern – sollte man sich noch etwas genauer ansehen und dabei mit dem Vater des Kindes, Gaius Octavius d. Ä., beginnen.

Als sein Sohn am 23. September 63 geboren wird, ist Gaius Octavius gedanklich bereits mit dem nächsten Schritt seiner politischen Laufbahn befaßt, den er noch im ersten Lebensjahr des Jungen in Angriff nimmt. Hier betreibt er nämlich Wahlwerbung, um für das Jahr 61 einer der acht Praetoren und damit für die Organisation der Gerichtsbarkeit zuständig, zugleich aber auf der letzten Stufe vor dem Consulat angelangt zu sein. Selbst in Konkurrenz zu *nobiles* soll er die meisten Stimmen erhalten haben (Vell. Pat. 2,59,2). Mag man diese Notiz noch als einen der vielen Versuche von Unterstützern des Augustus oder seiner selbst beargwöhnen, den letztlich doch verpaßten Aufstieg in die Nobilität verbal zu kompensieren, so stellen auch unverdächtige Privatbriefe Ciceros aus den späten sechziger Jahren Octavius' Amtsführung ein gutes Zeugnis aus (ad Quint. fr. 1,1,21). Gleiches gilt für die Zeit des der Praetur routinemäßig folgenden Einsatzes in der Kontrolle eines der direkt unter römischer Herrschaft stehenden Gebiete (ad Quint. fr. 1,2,7). Das Los war dabei auf die Provinz Makedonien gefallen. Da Octavius auf dem Weg dorthin noch einen Sonderauftrag des Senats, die Bekämpfung von Unruhen im ursprünglichen Herkunftsgebiet seiner Familie, der Gegend um Thurioi, zu erledigen hatte (Suet. Aug. 3,1), brach er gleich Anfang 60 von Rom auf. Seine Familie hat er von da an nicht mehr gesehen. Auf der Rückkehr von der durch militärische Erfolge in der Einschätzung der Römer zusätzlich aufgewerteten einjährigen Statthalterschaft ist er nämlich in der mittelitalienischen Stadt Nola (Suet. Aug. 100,1) gestorben. Daß er gedachte, sich bald als Kandidat für das Consulat zu melden, ist sicher, daß er ohne jeden Zweifel gewählt worden wäre, dagegen ein weiterer Trick zur Verbrämung der Defizite in Augustus' Abstammung, den bereits Cicero in den Kontroversen des Jahres 44 zum Einsatz bringt (Phil. 3,15).

Ergibt sich aus dem Gesagten eindeutig, daß Augustus über keinerlei persönliche Erinnerungen an seinen Vater verfügt haben kann, so halten die Berichte über Gaius Octavius noch mehr hilfreiche Informationen bereit. Zum einen enthüllen sie eine für die Oberschichten der Antike typische Einstellung zu Reichtum. So wichtig es ist, Vermögen zu haben, so verpönt ist es, Geld zu verdienen. Daher wird schon beim Vater des Octavius, Augustus' Großvater väterlicherseits (auch er heißt Gaius Octavius), unterstrichen, daß er Erbe (!) großen materiellen Wohlstandes ist, dieser also nicht selbst erwirtschaftet hat, wohingegen die Rivalen des Enkels das Gegenteil behaupten und im Großvater einen Mann des Bankensektors sehen (Suet. Aug. 1,2 f.). Augustus selbst stellt in seiner Autobiographie gleichfalls heraus, die »Familie des Ritterstandes, in der mein Vater der erste Senator war« sei »alt und begütert« (ebd.), der Reichtum demnach schon lange vorhanden und in der geachteten Form von Landbesitz angelegt gewesen.

»Reich« ist freilich bloß eines der Adjektive, das der Geschichtsschreiber Velleius Paterculus (2,59,2), der in diesem Kontext die Autobiographie des Augustus nach eigenem Bekunden eingesehen hat, zur Kurzcharakteristik des Gaius Octavius benutzt. Wenn dieser im ganzen als »ernst, vollkommen integer, schuldlos, reich« vorgestellt wird, so sticht speziell der Mittelteil dieser Reihung ins Auge. Tatsächlich dürfte das Nachdenken über das Prädikat der Schuldlosigkeit zu einem besseren Verständnis der Karriere des Octavius beitragen. Als er um das Jahr 70 seine politische Laufbahn beginnt, herrscht nämlich in Rom ein Mangel an Leuten, die sich nicht

auf Seiten des Siegers des ersten Bürgerkrieges, Lucius Cornelius Sulla (gestorben 78), kompromittiert haben und damit
jetzt geeignet sind, die Aufarbeitung der Greueltaten dieser
Zeit (speziell der Jahre 82/81) mitzugestalten. Eben eine solche
wird aber nun forciert in Angriff genommen: Genau im Jahr 70
waren viele der Gefolgsleute Sullas aus der Liste der Senatoren
gestrichen worden; gerade in den sechziger Jahren zog man einige davon, entgegen der von Sulla selbst ihnen zugesicherten
Straflosigkeit, vor Gericht. Verschärft wurde die Knappheit an
unbelasteten Männern noch durch ein weiteres Erbe der Regierung, die Sulla nach seinem Sieg in der Ausnahmestellung
eines »Dictators mit der Kompetenz der Gesetzgebung und
Neugestaltung des Staates« von Ende 82 bis 80 geführt hatte.
Keineswegs nur in den Schlachten des Bürgerkrieges, sondern
durch legalisierte Tötungen nach Ende der Kämpfe, welche gezielt die Opposition in der politischen Führungsschicht sowie
finanzkräftige Personen trafen, waren zahlreiche Senatoren
und Ritter ums Leben gekommen. Auch wenn die Überlieferung jeweils Zahlen für unterschiedliche Etappen des Vorgangs bereitstellt, hat man mit hohen Verlusten zu rechnen.
Die ins Archiv gelangte Enddokumentation über ausgezahlte
Belohnungen enthielt 4700 Namen erfolgreich Verfolgter (Val.
Max. 9,2,1). Vor allem aber hatte Sulla festgelegt, daß den Nachkommen jener Menschen, die auf den Listen der straffrei, ja
sogar mit Prämie zu Ermordenden, der sogenannten Proskribierten, gestanden hatten, eine politische Karriere verwehrt
sein sollte. Ähnliches galt für alle, die sich zwischen 81 und 75
in das von Sulla als Unruheherd bekämpfte Amt des Volkstribunen wählen ließen – ihnen sollte der Zugang zu höheren
Ämtern versperrt sein. Zumindest die erstgenannte Bestimmung blieb bis 49 in Kraft. Damit aber konnten es nicht die
Söhne der unmittelbaren Opfer sein, welche die geänderte politische Linie umsetzten. So war es schon ein Wert, zur Zeit

Sullas wenigstens nicht als Täter in Erscheinung getreten zu sein.

Zu derselben Gruppe der »Schuldlosen« wie Octavius gehörte auch sein annähernd gleichaltriger Schwiegervater Marcus Atius Balbus, Augustus' Großvater mütterlicherseits. Die beiden Männer könnten sich bereits lange vor der zwischen 70 und 68 entstehenden familiären Verbindung gekannt haben, da ihre Heimatgemeinden Velitrae (Octavius) und Aricia (Balbus) nur zehn Kilometer voneinander entfernt liegen. Zudem ist anzunehmen, daß Balbus, obschon es bereits Senatoren unter den Atiern gegeben haben soll, die kritischen Jahre der Herrschaft Sullas und ihrer Nachwirkung ebenfalls in der Kleinstadt verbrachte. Der Rückzug aufs Land ist umso stärker zu vermuten, als Balbus als Teenager etwa 84/83 ein Mädchen geheiratet hatte, dessen Familie auf Seiten der Gegner Sullas sehr exponiert war. Eine Tante der Braut, die Schwester von deren 85 verstorbenem Vater, war Gattin des Gaius Marius und damit jenes Mannes, den Sulla als seinen Erzfeind ansah, und zugleich Mutter eines Sohnes, der die Truppen der Sulla-Gegner in ihre letzten Schlachten führte. Ihr Bruder hatte als Sechzehnjähriger diese politische Orientierung aufgegriffen und 84 eine Tochter des zweiten Hauptkontrahenten Sullas, des Lucius Cornelius Cinna, geehelicht. Das Risiko für sich selbst hat er dabei bewußt in Kauf genommen, bei der etwa zeitgleich arrangierten Ehe seiner jüngeren Schwester aber die Prioritäten anders gesetzt. Sie mit Atius Balbus, einem Jungen aus einer unscheinbaren Familie, zu verbinden, der für den Notfall über die Mutter noch gewisse Kontakte zu Gnaeus Pompeius besaß, welcher unter Sullas Trabanten sich am wenigsten in dessen programmatische Vorstellungen einfügte (Suet. Aug. 4,1), war das Maximum an Sicherheit, das sich, ohne Verrat an der eigenen Familientradition, für die junge Frau erreichen ließ.

Der fürsorgliche Bruder und die Gattin des Marcus Atius Balbus sind uns namentlich sehr wohl bekannt: Es sind Gaius Iulius Caesar und Iulia, jene Frau, bei deren Begräbnis ihr Enkel Augustus die *laudatio funebris* hielt. Dies erst jetzt zu erwähnen hilft aber, sich über einen wichtigen Sachverhalt klarzuwerden. Jener Gaius Iulius Caesar, mit dem Balbus sich verschwägerte, war kein mächtiger Mann, sondern ein Junge, der sich kurz darauf auf der Flucht vor Sullas Schergen befand. Noch ein gutes Jahrzehnt später verzögerte die Bürgerkriegskonstellation Caesars Karriere so sehr, daß wahrscheinlich sogar der Neuling Octavius früher ein Amt bekleidete und Senator wurde als er. So ist auch die Ehe zwischen Octavius und Atia, die wie alle Frauen in Rom den Familiennamen ihres Vaters Marcus Atius Balbus mit weiblicher Endung als Individualnamen trug, ganz gewiß nicht aus dem Streben nach einer Familienbindung an eine zentrale Figur römischer Politik zu erklären. Zu einer solchen wurde Caesar erst im Jahre 60, als er mit Gnaeus Pompeius, der inzwischen Roms erfolgreichster General geworden war und sich von seiner sullanischen Vergangenheit distanziert hatte, und dem finanzkräftigen Marcus Licinius Crassus eine informelle Allianz bildete. Da aber war Octavius bereits acht bis zehn Jahre mit Atia verheiratet, hatte eine gemeinsame Tochter von etwa sechs/sieben Jahren und unseren Protagonisten als seinen zweieinhalbjährigen Sohn, hielt sich in Makedonien auf und war ein gutes Jahr später tot.

Noch in einem letzten Punkt verhilft uns der Blick auf Octavius und Atia, Balbus und Iulia zu einem besseren Verständnis der römischen Lebenswelt. Die beiden Paare können nämlich exemplarisch für zwei typische Ehekonstellationen stehen. Bei Balbus und Iulia ist es deren erste (hier auch einzige) Partnerschaft, die von beiden Geschlechtern üblicherweise noch im Teenageralter eingegangen wird, Octavius dagegen war bereits vorher verheiratet, Vater einer Tochter und etwa doppelt so alt wie seine zweite Frau Atia. Daß das Kind aus erster Ehe beim Vater lebte, hielt die römische Gesellschaft auch im Falle einer Scheidung für selbstverständlich. Zu vergegenwärtigen hat man sich zudem die Konsequenzen für den Zeitpunkt der Elternschaft. Zum erstenmal Vater und Mutter wurden in Roms Oberschicht gleichfalls Jugendliche, zu Großeltern machte die ihrerseits bei der ersten Geburt (genau wie ihre Mutter) rund fünfzehnjährige Atia ihre Eltern mit Anfang dreißig. Fast bis völlig gleichaltrig waren bei einer neuerlichen Heirat nicht bloß Schwiegereltern und Schwiegersohn, sondern auch die zweite Ehefrau und die Kinder aus erster Ehe. Als Atia ihr zweites Kind Gaius Octavius (Augustus) zur Welt bringt, haben wir sie uns mithin als junge Frau von neunzehn/zwanzig, beim Tod ihres Mannes dementsprechend im Alter von drei- bis vierundzwanzig vorzustellen.

Der letztgenannte Augenblick ist es, in dem Gaius Iulius Caesar erstmals Einfluß auf Augustus' Leben gewinnt, aller- dings ganz ohne eigenes Zutun und ohne den kleinen Halb- waisen überhaupt zur Kenntnis zu nehmen. Wirksam wird al- lein Caesars nun vorhandene beträchtliche Machtstellung als Consul von 59 und Träger eines außerordentlichen Komman- dos seit 58. Sie nämlich gibt seinen weiblichen Verwandten plötzlich einen völlig neuen ›Marktwert‹, der noch dadurch ge- steigert wird, daß wenige davon verfügbar sind. Caesars einzi- ges Kind ist zwar eine Tochter, freilich selbst für hochrangige *nobiles* unerreichbar, da sie vom Vater dazu eingesetzt wird, sein Bündnis mit Gnaeus Pompeius durch Familienbande zu festigen. Daher muß es nicht erstaunen, daß sich die Blicke ambitionierter Männer auf jene Frauen richten, die jetzt nicht mehr vorrangig Atius' Töchter sondern Caesars Nichten wa- ren, das heißt die Witwe des Octavius und deren jüngere gleichnamige Schwester.

Deren Sicht der Geschehnisse – und hier besonders die von

Augustus' Mutter – läßt sich leider nicht ermitteln. Ob sie es verlockend fand, in ein Haus der Nobilität und damit den höchsten Rang der römischen Gesellschaft zu gelangen, ob sie Octavius geliebt hat und betrauerte, ob sie gerne »Frau eines einzigen Mannes« (*univira*) gewesen wäre (zu diesem Ideal z. B. Val. Max. 2,1,3), aber sich dem Druck nicht gewachsen zeigte, ob sie vor den übrigen Zukunftsperspektiven Angst hatte und deshalb dem Drängen der Umwelt nachgab, vermögen wir nicht zu sagen. Wir können nur festhalten, daß eine Ehe nach römischer Vorstellung den Ehewillen beider Partner voraussetzte, Atia also zumindest formal in die Neuvermählung eingewilligt hat (vgl. z. B. Dig. 23,6,11). Und wir können das alternative Szenario und den Anlaß zu Sorgen genauer bestimmen. Als ein Problem mag man der jungen Frau ihr geringes Alter dargestellt haben. Fehlende sexuelle Betätigung vor der Menopause galt als ernsthaftes Gesundheitsrisiko. Der Gebärmutter wurde nämlich die Fähigkeit zur Verlagerung innerhalb des Körpers zugetraut, was vermeintlich sogar den Tod zur Folge haben konnte (vgl. Plat. Tim. 91c; Corp. Hipp. nat. mul. 3; mul. 2,137). Körperliche Beschwerden junger Witwen – für uns psychosomatisch erklärbar – sind bezeugt (vgl. Apul. apol. 69,2 f.). Zudem ließ sich mit Sicherheit prognostizieren, daß Atia angesichts des Lebensalters von Schwiegervater und Vater einerseits, ihres Sohnes andererseits eine Zeit ohne den Schutz männlicher Verwandter würde überstehen müssen. In beiden Punkten war die Ausgangslage jener Geschlechtsgenossinnen, die einen anderen Weg einschlugen, deutlich günstiger als die Atias. So hatte die vielbewunderte Cornelia, Tochter des Scipio Africanus, der Roms Sieg über Hannibal perfekt machte, und Mutter der Gebrüder Gracchus, die als Volkstribune (133 und 123/122) für die Spätzeit der Republik prägend wurden, nach der Verwitwung tatsächlich nicht wieder geheiratet und sogar den Antrag eines Ptolemaierkönigs abgewiesen (Plut. Tib. Gracch. 1). Allerdings war zwar ihr Sohn Gaius beim Tod des Vaters drei, ihr Sohn Tiberius aber immerhin schon dreizehn Jahre alt, Cornelia selbst jedoch um die vierzig, so daß beide für Atia skizzierten Bedenken hier kaum ins Gewicht fielen. Nur in unscharfen späteren Reminiszenzen ließen sich die zwei Frauenschicksale demnach parallelisieren.

Erwartungsgemäß entstammte Atias neuer Gatte namens Lucius Marcius Philippus der Nobilität und konnte mit einer bis ins frühe 3. Jahrhundert zurückreichenden Reihe bekannter Ahnen sowie einem Vater aufwarten, der die im Prestige noch über dem Consulat angesiedelte Stellung eines Censors bekleidet und im Senat Anfang der siebziger Jahre eine wichtige Rolle gespielt hatte. Er selbst war einer der Kollegen Caesars in der Praetur gewesen und erreichte kurz nach der Heirat (und vielleicht mit Rückenwind durch sie) im Jahr 56 das Consulat. Wie konsequent und erfolgreich er eine Verbindung zu Caesar via Atius betrieb, wird daran sichtbar, daß es ihm gelang, auch Atias jüngere Schwester für seine Familie, konkret seinen Sohn aus erster Ehe, zu sichern. Eine gewisse Tradition der Verbindung von Marciern und Iuliern mag ihm dabei zugute gekommen sein. In Relation zu Augustus ordneten die Römer Philippus als einen mittels Verschwägerung erworbenen Seitenverwandten ein, der sich in den komplexen Strukturen der weitverzweigten Familiennetzwerke auf der Ebene der Elterngeneration befand. Für die Griechen übersetzten Nikolaos (3,5) und Appian (bell. civ. 3,2,10) seine Stellung in bemerkenswerter Weise: Philippus ist hier einfach der Mann, der Augustus' Mutter zur Gemahlin hat.

Über die Frage, was Atias zweite Ehe für ihre beiden Kinder bedeutete, ist von der Forschung selbst in Augustus-Biographien auffällig wenig nachgedacht, sondern meist vorschnell geschlußfolgert worden, sie habe Augustus als Vierjährigen in das Haus des Philippus befördert. Dafür mögen zum Teil Quellenpassagen verantwortlich sein, welche Augustus' Leben vor 44 nur verkürzt und mit Konzentration auf bestimmte Aspekte wiedergeben und dadurch zu Mißverständnissen einluden. Zum Teil könnte sich aber auch eine moderne Vorannahme als hinderlich erwiesen haben. Eine Patchwork-Familie erscheint heute so selbstverständlich, daß leicht zu übersehen war, daß sie in Rom ein außergewöhnlicher Befund wäre und ein dezidiertes Interesse des Philippus an Atias Kindern voraussetzen würde. Genau das freilich ist mitnichten der Fall. Philippus hat selbst einen Sohn, der ihm ausnehmend wichtig ist. Weder fungiert er als Augustus' Vormund noch hat er ihn adoptiert. Auch politisches Kalkül verleiht Caesars Großneffen in diesem Augenblick noch keinerlei Wert, da man allgemein mit Enkeln des Feldherrn von Seiten der neuvermählten Tochter rechnet. Andererseits aber fehlt es nicht an Menschen, für die Octavius' Nachkommen von höchster Bedeutung sind: Dessen Vater, der soeben den einzigen Sohn und Erben verloren hat, würde die zwei Kinder für den Fortbestand seiner Familie wohl sogar dann beansprucht haben, hätte Philippus sie für sich reklamiert.

Es ist demnach der langlebige Gaius Octavius, der Großvater, und es ist der Landbesitz nahe Velitrae, wo Augustus und Octavia nun landen und ihre Kindheit (im Fall des Mädchens den Rest davon) verbringen. Während zur Mutter kaum mehr denn ein sporadischer Kontakt besteht, wird die etwa fünf Jahre ältere Schwester für den kleinen Jungen eine wichtige Bezugsperson. Die enge Bindung der Geschwister bleibt auch später erhalten und Octavia während Augustus' politischen Aufstiegs seine unerschrockene Verbündete. Um Kinder hat sie sich auch in ihrem weiteren Leben großzügig gekümmert. Selbst jene Sprößlinge, die der zeitweise mit ihr verheiratete Marcus Antonius mit Kleopatra zeugte, fanden nach dem Tod des Vaters bei Octavia ein Zuhause (Plut. Ant. 87). Als sie 54/53 Velitrae verließ, da sie, im Alter von dreizehn/vierzehn, ihre erste Ehe mit Gaius Claudius Marcellus schloß, stellte dies für Augustus eine merkliche Zäsur dar. Allerdings dürfte es nur ein Teil der neuerlichen Veränderung gewesen sein, die sich gerade in diesen Jahren vollzog.

Auf den Moment, in dem Augustus neun Jahre alt ist, werden wir durch Nikolaos (3,4) aufmerksam gemacht. Zusammen mit Sueton verdanken wir ihm einige Details zu den Kindertagen unseres Protagonisten. Gemeinsam ist beiden Autoren freilich leider auch, daß die relevanten Passagen Wünsche offenlassen und vielleicht deshalb von der Forschung nicht stärker beachtet wurden. Bei Sueton ist Velitrae und die Unterbringung beim Großvater klar bezeugt, der Zeitansatz aber in Formulierungen verborgen, die erst entschlüsselt werden müssen. Dabei weist die Etikettierung des bescheidenen Wohnraumes des Kindes als *locus nutrimentorum* (6) ebenso auf die Phase der ersten Ausbildung, sozusagen die Grundschulzeit, wie eine vom Biographen referierte lokale Anekdote (94,7): So soll Augustus den Fröschen von Velitrae, die ihm den Schlaf raubten, in wohlgesetzten Worten den Befehl zum Schweigen erteilt haben – mit durchschlagender Wirkung: Seither seien sie dauerhaft verstummt. Chronologisch verortet wird dies, als der Junge erstmals zusammenhängend zu reden begann, also kein der Sprache gar nicht oder nicht angemessen kundiger sogenannter *infans* mehr war, sondern allmählich in die *pueritia*, die Zeit des Elementarunterrichts, eintrat. Auch bei Nikolaos wird ersichtlich, daß Augustus als Kind nicht (!) bei Atia und Philippus wohnte und dort erst nach (!) dem ersten öffentlichen Auftritt beim Begräbnis der Großmutter, also im Jahr 51, vorübergehend einzog. Dieses Ereignis wird hier freilich zu früh, »als Kaisar [Augustus] etwa neun Jahre alt war«, angesetzt (3,4), wobei schwer zu sagen ist, ob Nikolaos oder eine Verkürzung seines Textes in byzantinischer Zeit für den Irrtum verantwortlich sind.

Daß es aber für den Lebensabschnitt, in dem Augustus neun bis zwölf war, mithin von 54/53 bis 51, wirklich etwas über ihn zu berichten gab, deutet sich bei Nikolaos dadurch an, daß der Tod der Iulia in seiner Sicht den Einzug bei Atia/ Philippus kausal bedingt (3,5). Tatsächlich wurde in der Forschung deshalb gelegentlich davon ausgegangen, daß die Kinder des Octavius bei Caesars Schwester, ihrer Großmutter mütterlicherseits, Unterschlupf gefunden hätten, zumal diese relativ kurz nach der Neuvermählung der Tochter verwitwet war. So wenig dies für die Zeit gleich nach Octavius' Tod und Atias Zweitehe zutrifft, so stimmig erscheint es ab 54/53. Ein Faktor dabei ist der in diesem Jahr zu vermutende Tod des Großvaters Gaius Octavius sowie Octavias Hochzeit, welche in Velitrae Handlungsbedarf erzeugten. Vor allem aber ist genau hier erstmals ein Interesse Caesars an Octavius' Kindern belegt, das wiederum auf zwei Todesfälle in der Familie des Generals zurückgeht: Zunächst nämlich stirbt seine Tochter Iulia – sie ist sein einziges Kind – an den Folgen einer Geburt, etwas später auch das Neugeborene. Daß demnach auf Enkel nicht mehr zu hoffen ist, gibt Großnichte und Großneffe schlagartig ein neues Gewicht. Octavia, obschon frisch vermählt, soll nach Caesars Plan sogar ganz direkt seine Tochter im Bett des Pompeius ersetzen (Suet. Iul. 27,1), was nur am Widerstand des trauernden Witwers scheitert. Augustus aber dürfte nun zurück nach Rom zu Caesars Schwester gelangt sein. Damit ist es auch leichter vorstellbar, daß er drei Jahre später auf dem Forum als Lobredner der Iulier auftreten konnte.

Die letzte Station des Jungen war – das erfuhren wir bereits von Nikolaos – die Unterbringung bei der Großmutter nicht. Nach deren Tod – aber erst dann – zieht er bei Philippus und

Atia ein. Dies war früh genug, um sich all das Wissen anzueig-
nen, das er für die Mitwirkung an der römischen Politik benötigte, aber zu spät, um sich in den vornehmsten Gesellschafts-
kreisen selbstverständlich zu Hause zu fühlen. Wie essentiell
dieser Sachverhalt für das Verständnis von Augustus' Persönlichkeit und Verhalten ist, haben wir bereits in Kapitel 1 gesehen. Im Hintergrund wird es wohl Caesar gewesen sein, der
Philippus zu Augustus' Ausbildung verpflichtete (vgl. Vell.
Pat. 2,59,3). Denn nach der beim Begräbnis erfolgten öffentlichen Präsentation des Großneffen als eines Iuliers war eine
standesgemäße Erziehung unabdingbar. Neben Philippus'
Rang bot Atias Engagement und Interesse als Mutter dafür die
bestmögliche Garantie. An Eifer ließen es alle Beteiligten denn
auch nicht fehlen (Nik. Dam. 3,6). Persönlich freilich blieben
sich Atias Teenagersohn und ihr Gatte fremd. So hat Philippus
auch später stets die Vorteile der eigenen Familie präferiert und
den angeheirateten Verwandten bestenfalls halbherzig unterstützt. Sobald Atia im Jahr 43 gestorben war und damit als Ver-
mittlerin gegenüber ihrem inzwischen steil aufgestiegenen
Sprößling entfiel, zog Philippus sich bezeichnenderweise ganz
aus der Politik zurück und ließ sich bereits während der wenigen Monate von Augustus' Wirken als Ersatzconsul formal
von der Teilnahmepflicht an Senatssitzungen dispensieren
(Cic. frag. 15 Purzer). Daß der *nobilis* Philippus ihn letztlich
für unwürdig hielt, dürfte Augustus sich nicht nur eingebildet
haben.

Bereits ein gutes Jahr nach Großmutter Iulias Begräbnis hatte sich der Konflikt um den Kommandoträger Caesar so weit
zugespitzt, daß der Senat am 7. Januar 49 den Staatsnotstand
erklärte, Caesar in Reaktion darauf in der Nacht vom 10. auf
den 11. Januar mit seinen Truppen die Provinz verließ und
Richtung Rom zog. Obschon die Stadt von den überraschten
Gegnern schon am 17./18. Januar, Italien dann am 17. März ge-

räumt wurde, veranlaßte der neuerliche Bürgerkrieg Atia und Philippus, Augustus zeitweise auf dem Landbesitz seiner Familie (vielleicht sogar in Velitrae) in Sicherheit zu bringen (Nik. Dam. 4,7). Einander gegenüber standen jetzt ehemals Verbündete und familiär Verbundene, nämlich Caesar und Pompeius. Nicht nur Cicero fiel die Wahl der Seite schwer. Manchen erschien sie als die des geringeren Übels, da man sich bei keinem der zwei Generäle sicher sein konnte, ob er als Sieger die bisherige Verfassung achten würde (vgl. etwa Cic. Att. 8,11,2; 9,7,1). Hinzu kam die enge Verflechtung der führenden Familien, die Bürgerkriege nicht nur metaphorisch zu Bruderkriegen werden ließ. So war beispielsweise eine Tochter des Philippus aus erster Ehe, deren Bruder sich 49 als Volkstribun für Caesar einsetzte, die Gattin des Marcus Porcius Cato und damit eines der führenden Köpfe im Lager der Caesar-Gegner. Dort befand sich auch der ältere Bruder jenes engsten Freundes, des Marcus Vipsanius Agrippa, den Augustus beim Rhetorikunterricht kennengelernt hatte. Als er in Kriegsgefangenschaft geriet, nutzte Augustus den einen Wunsch, den Caesar jedem in seiner Umgebung gestattete, um ihn freizubitten (Nik. Dam. 7,16).

Cato sollte Augustus bis in seine letzten Lebensjahre hinein beschäftigen. Anders als bei Pompeius bestand an der Uneigennützigkeit dieses Kontrahenten Caesars nämlich so wenig Zweifel, daß er zur Symbolfigur des Widerstandes und der alten, durch Caesars Sieg verloren gesehenen Republik avancierte. Sein Nimbus wurde noch dadurch gesteigert, daß er es abgelehnt hatte, von Caesars Gnaden weiterzuleben, sondern im Angesicht der unvermeidlichen Niederlage in der nordafrikanischen Stadt Utica Selbstmord beging. Wie sonst einem Sieger (vgl. etwa Scipio Africanus, Scipio Numantinus) wurde ihm der Beiname Uticensis beigelegt. Besonders eine ihn feiernde Schrift seines Neffen und Schwiegersohnes Marcus Iunius Brutus, der seinerseits die Begnadigung akzeptiert hatte, dann aber zu einem der Attentäter gegen Caesar werden sollte, wurde auch in der Spätphase von Augustus' Regierung noch gerne gelesen (Ovid. pont. 1,1,23 f.). Dezidiert mit ihr setzte sich der Kaiser in einem Werk »Cato – eine Entgegnung auf Brutus« (Suet. Aug. 85,1) auseinander. Der Verlust dieses Textes ist umso stärker zu bedauern, als es für uns äußerst interessant wäre zu sehen, wie Augustus, der Caesars verächtliche Haltung zu den Traditionen der Republik nicht fortgeführt hatte, den Spagat zwischen der Loyalität zum Adoptivvater und dem eigenen politischen Programm bewältigte. Caesar selbst, der noch im Heerlager in Spanien einen »Anti-Cato« hingeworfen hatte (Suet. Iul. 56,5), konnte ihm dabei kaum als Vorbild dienen, scheint sich dieses Traktat doch ganz auf eine ironische Herabwürdigung des Toten beschränkt zu haben, die, selbst vor dem Hintergrund jahrelanger Feindschaft wenig geschmackvoll, fünfzig Jahre danach eine argumentative Bankrotterklärung gewesen wäre.

Seine Kindheit läßt Augustus während des Bürgerkrieges in großen Schritten hinter sich. Dies ist zum Teil, wie bei anderen Jugendlichen, eine Folge seines Heranwachsens, wobei freilich in Rom nicht das Alter von achtzehn eine klare Grenze markiert. Vielmehr gilt es hier ganz unterschiedliche Faktoren zu berücksichtigen. Der schon griechische Zeitgenossen am stärksten irritierende war die »Macht des Vaters«, die *patria potestas*, welche die Römer selbst als Spezifikum ihres Rechtssystems erkannten (vgl. Gai. 1,55; Dion. Hal. 2,26; 8,80). Wurde ein Sohn nicht in einem komplizierten Akt offiziell aus ihr entlassen, war er zu Lebzeiten des Vaters keine eigene Rechtsperson. Erwachsene verheiratete Männer in hohen politischen Posten konnten daher durchaus noch »Haussöhne« und weder geschäftsfähig noch zu Eigentum berechtigt sein. Da ihre Kinder dann unter der *patria potestas* des Großvaters standen, waren die von ihnen gegründeten Familien auch nur sehr einge-schränkt die ihren zu nennen. Inwieweit dies auf Augustus' Vater Gaius Octavius zutraf, ist allerdings kaum zu entschei-den, so daß man auch nicht zu sagen vermag, ob Augustus schon mit vier oder >erst< mit neun, also beim Tod des Vaters oder Großvaters, der Status eines Menschen »eigenen Rechts« (*sui iuris*) zukam. *Sui iuris* ist er jedoch ganz gewiß bereits als Kind gewesen. Nur deshalb bedurfte er bis zur Mündigkeit, die mit dem Eintritt in die Pubertät verbunden und daher bei Jun-gen bei einem Alter von vierzehn, bei Mädchen von zwölf an-gesetzt wurde, eines *tutor* (Vormundes) als Vertreters seiner Interessen. Andererseits war auch nur deshalb die Mündigkeit für ihn ein wirklich bedeutsamer Moment. Ganz individuell gestaltet wurde als drittes Element die Erklärung zum Mann (*vir*), bei der die Kindertracht der *toga virilis* wich. Bei Au-gustus geschah dies an einem 18. oder 19. Oktober, wahrschein-lich im Jahr 48. Der Tag (nicht das Jahr) ist uns durch einen zwischen 4 und 14 n. Chr. inschriftlich fixierten Festkalender der campanischen Stadt Cumae bekannt (ILS 108), der zugleich verrät, daß dieses Datum während Augustus' Regierung dazu vorgesehen war, inspiriert von der Biographie des Kaisers, der »Hoffnung und Jugend« in den Tempeln ein Opfer von Wein und Weihrauch zu bringen.

Verfügte Augustus mithin Ende 48 als mündige Person *sui iuris*, zeremoniell eingeführt in den Kreis der Männer, über das Maximum der für einen Fünfzehnjährigen denkbaren Unab-hängigkeit, so erfolgte der nächste wesentliche Schritt recht genau ein Jahr später: Im Oktober 47 lancierte nämlich Caesar, soeben nach Ausschaltung des Pompeius beim thessalischen Pharsalos kurz aus dem Osten zurückgekehrt, den Großneffen in sein erstes öffentliches Wahlamt, den auf Lebzeiten verge-benen Sakralposten eines der fünfzehn *pontifices*. Daß Au-gustus damals noch bei seiner Mutter logierte, fand die Mitwelt ungewöhnlich. Als Begründung wurde Atias Wunsch, den Sohn noch etwas länger in ihrer Obhut zu haben, angegeben (Nik. Dam. 4,9 f.), der Zustand aber bereits 46 beendet: Jetzt besaß Augustus, der wohl erst Kapital für den Kauf flüssig machen mußte, ein eigenes Haus nahe dem Forum, mit der Adresse »oberhalb der Ringmachertreppe« (Nik. Dam. 15,34; Suet. Aug. 72,1). Zugleich bewegte er sich, beispielsweise mit der Ausrichtung von Spielen beauftragt (Nik. Dam. 9,19), vermehrt in der Umgebung Caesars, der inzwischen Dictator auf zehn Jahre und seit Juli 46 nach Besiegung Catos wieder in der Stadt war. Beim im Dezember 47 begonnenen Feldzug gegen Cato in Nordafrika sollte Augustus eigentlich schon als »Zeltgenosse« (*contubernalis*) des Großonkels dabei sein und derart, einem in der Nobilität verbreiteten Brauch folgend, an militärische Aufgaben herangeführt werden. So hatte beispielsweise Cornelias Sohn Tiberius Sempronius Gracchus schon mit fünfzehn/sechzehn Jahren unter seinem Schwager Scipio Aemilianus vor Karthago gedient und sogar angeblich als erster die Mauer der feindlichen Stadt erstürmt (Plut. Tib. Gracch. 4). Weder im Dezember 47 noch bei einer im November 46 anbrechenden weiteren Phase des Bürgerkriegs, die in Spanien gegen Söhne des Pompeius, den älteren Gnaeus und den jüngeren Sextus, ausgetragen wurde, gestattete Augustus' Gesundheit allerdings einen Kampfeinsatz. Nach Spanien reiste er Caesar jedoch – wie meist in Begleitung Agrippas – nach, kam dort aber trotz größter Eile erst im April 45 nach der entscheidenden und ausnehmend harten Schlacht bei Munda an (Nik. Dam. 10,22 ff.). In den Siegesfeiern beider Feldzüge wurde er dennoch prominent herausgestellt (ebd. 8,17; Suet. Aug. 8,1).

Bedeutsam war die Fahrt nach Spanien noch in anderer Hinsicht. Diesmal nämlich beeilte sich Caesar mit der Rückreise keineswegs, so daß Augustus ihn über Monate hinweg, zunächst in Spanien, dann Südfrankreich und Oberitalien kontinuierlich bei der ›Arbeit‹, etwa der Regelung des Problems der Versorgung ausgemusterter Soldaten und der Belange von Provinzstädten, studieren konnte. Im Umgang mit den Gegnern zeigte der spanische Krieg freilich nicht mehr die früher propagierte und in der historischen Erinnerung stets mit Caesar verbundene »Milde« (*clementia*). Caesar hat sich, nach Einschätzung seines modernen Biographen Christian Meier, in Spanien gewandelt und radikalisiert. So ist es erwägenswert, daß die Härte, die Augustus in den Kämpfen seines Aufstiegs des öfteren an den Tag legte, nicht zuletzt eine Nachahmung des einzigen männlichen Rollenmusters war, das er je kennengelernt hatte. Nicht im wörtlichen (vgl. Suet. Aug. 15), aber im übertragenen Sinn mag es daher zutreffen, daß die später auf Augustus' Befehl getöteten Widerständler Menschenopfer für Caesar darstellten.

Schon in Spanien faßte der Dictator zudem einen neuen Feldzug ins Auge. Er sollte die einzige Macht treffen, die Rom noch ebenbürtig war, das Reich der Parther im Mittleren Osten. Eingedenk der Risiken des Unternehmens errichtete Caesar am 13. September 45 – und das heißt nach mehreren Monaten intensiven persönlichen Kontaktes mit dem Großneffen – während eines Urlaubs auf seinem Landgut in Labici jene letzte Fassung seines Testamentes, die für Augustus' Leben entscheidend werden sollte. Nur kurz kehrte unser jetzt bald achtzehnjähriger Protagonist um den Juli 45 nach Rom zurück. Daß er spätestens Mitte Dezember (Nik. Dam. 16,37) zur Vorbereitung der Kampagne im Osten, designiert für die offizielle Position eines Adjutanten des Dictators, nach Apollonia in Makedonien geschickt wurde, ist zum einen deshalb wichtig, weil es bedeutet, daß er die unglücklichen Aktionen nicht in eigener Anschauung miterlebte, die Caesars letzte Monate in Rom kennzeichneten. Servile Ehrungen des Senats für den nun zum »Dictator auf Lebenszeit« Gekürten zählten ebenso dazu wie ruppige Provokationen von dessen Seite. Zum anderen hatte Augustus in Apollonia, obschon er dort teils mit dem bisher zu kurz gekommenen (und dauerhaft rudimentär bleibenden) Training der Redekunst auf Griechisch befaßt war, genug Kontakt zu den in der Region für die Partherexpedition zusammengezogenen Truppen, um nach der Nachricht von Caesars Tod erwägen zu können, mit ihnen nach Rom zu marschieren (Suet. Aug. 8,2; Nik. Dam. 16,41). Auch wenn dieser Vorschlag einiger Freunde verworfen wurde, sollten genau diese Heeresteile bald für Augustus noch äußerst wichtig werden.

Mitte März 44 erwarteten Augustus und die Soldaten das baldige Eintreffen des Feldherrn. Statt dessen kam ein Brief von Atia – Caesar war tot, am 15. März 44 von einer Gruppe von Senatoren, darunter Marcus Iunius Brutus und Gaius Cassius Longinus, während einer Sitzung des Gremiums zu Füßen einer Statue des Pompeius erdolcht. Das *tirocinium*, die Rekrutenzeit, in der Mitglieder der Führungsschicht ihren Nachwuchs an politische Aufgaben heranführten, war damit für Augustus ebenso abrupt vorbei wie seine Jugend. Schon bei der Überfahrt nach Italien rechnete er mit einem Mordanschlag. Ende März auf Umwegen dort angelangt, erfuhr er in Lupia (Lecce) von Caesars in einen Tumult ausartenden Bestattung und dem Inhalt seines Testaments (Nik. Dam. 17,48): Neben dem Großteil seines Vermögens hatte ihm der Dictator seinen Namen vermacht. Aus dem am 23. September 63 geborenen Gaius Octavius dem Sohn war jetzt Gaius Iulius Caesar (ILS 75; 76) der Sohn geworden, der von April 44 an daranging, ein mehr als schwieriges Erbe anzutreten.

Zeit der Gewalt – Die Jahre der Bürgerkriege
und Augustus' Anteil an Roms Misere und Rettung

»Bürgerkriege hat er fünf geführt«

Es ist nur allzu berechtigt, die Frage aufzuwerfen, wieso Rom,
ein Staat mit einem hochentwickelten Rechtssystem und einer
Verfassung, die von vielen nicht zuletzt wegen ihrer Stabilität
bewundert wurde, in der Zeit zwischen 88 und 30, also über
gut fünfzig Jahre hinweg, immer wieder von Bürgerkriegen er-
schüttert wurde. Für das Leben des Augustus und ein Urteil
über seine Verdienste und Vergehen ist dieser Punkt gleich in
doppelter Hinsicht relevant. Unser Protagonist ist nämlich
nicht nur derjenige, der in der Phase seines Aufstiegs an einer
weiteren Runde derartiger Kämpfe mitwirkte, sondern auch
der, dessen Sieg den Teufelskreis durchbrach. Fast einhundert
Jahre sollten vergehen, bis sich in der Folge wieder römische
Heere auf dem Schlachtfeld gegenüberstanden. Über die Ursachen der Gewaltexplosion der späten Republik nachzudenken
bedeutet demnach in unserem Kontext einerseits, Aufschluß
darüber zu gewinnen, ob durch Augustus während seiner
Herrschaft als Kaiser jene strukturellen Mängel behoben wurden, die sich vorher so fatal ausgewirkt hatten, oder ob die ein-
kehrende Ruhe schlicht einer schließlich doch raumgreifenden
Erschöpfung geschuldet war. Zum anderen darf man sich davon erhoffen, die Ereignisse zwischen 44 und 30 besser verstehen und Augustus' persönlichen Anteil an der Misere genauer
bestimmen zu können.

Widmet man sich zunächst der Ausgangslage nach Caesars
Tod, so macht der Blick in die Vergangenheit auf einen Sachverhalt aufmerksam, der leicht unbeachtet bleiben könnte,
wenn man das Geschehen strikt nach dem Wechsel der
Hauptakteure auf der Führungsebene untergliedert und etwa

auf die Auseinandersetzung von Caesar und Pompeius eine solche zwischen Antonius/Augustus und den Caesar-Attentätern, sodann von Antonius und Augustus untereinander folgen läßt (vgl. App. praef. 14, eine andere Sicht aber z. B. bell. civ. 3,82,334). Die Situation des Jahres 44 entspricht nämlich nicht jener beim Ausbruch der beiden vorangehenden Bürgerkriege, sondern weit eher der Konstellation der Jahre 78–72 und damit einer Zeit, in welcher der Konflikt zwischen Sulla und seinen Gegnern den dafür verantwortlichen Dictator überlebt hat. Dabei geht es – 78 genau wie 44 – wohlgemerkt nicht einfach um ein Überdauern einer geistig-emotionalen Frontstellung, sondern sehr konkret um fortwährenden bzw. wiederaufflammenden militärischen Widerstand gegen die bisher siegreiche Partei. Im Fall des ersten Bürgerkrieges wurde der Kampf, nach Spanien verlagert, sehr erfolgreich von Quintus Sertorius weiterbetrieben. Erst dessen Ermordung durch einen Rivalen aus dem eigenen Lager ermöglichte nach fast zehn Jahren einen Sieg der Sullaner. Auch 44 fand die erste Schlacht zwischen römischen Heeren in Spanien statt. Der noch von Caesar eingesetzte Gouverneur des Südteils (der Provinz *Hispania ulterior*) vermochte sich nicht gegen einen Angriff des Sextus Pompeius zu behaupten, der, anders als sein Bruder Gnaeus, im Vorjahr Caesar entkommen war und nun neue Streitkräfte gesammelt hatte. Im Juni rechnete nicht nur Cicero fest damit, daß er den Krieg wieder ins Zentrum der römischen Macht, nach Italien, tragen würde und keine Absicht hege, die Waffen niederzulegen (Att. 15,22; vgl. 15,20,3; 15,21,3). Von dem momentan stärksten Mann Roms, dem Consul und langjährigen Caesar-Gehilfen Marcus Antonius, der die vom Senat erteilte Bewilligung einer Leibwache dazu genutzt hatte, bis Ende Mai ganze sechstausend von Caesars ehemaligen Soldaten um sich zu scharen, wurden ebenfalls Kriegsparolen kolportiert: Diesmal bliebe bloß der Sieger am Leben! (Cic. Att. 15,22).

Mit Augustus weist Sextus Pompeius manche Ähnlichkeit auf: Nur drei bis fünf Jahre früher geboren, erfüllte er ebenfalls bei weitem nicht die gesetzlichen Anforderungen an einen Armeekommandanten, der seit Sullas politischen Reformen mindestens 41 Jahre alt zu sein hatte. Vor allem aber war er genau wie Augustus (jetzt: Gaius Iulius Caesar der Jüngere) Sohn eines Mannes, dessen Ehre es wiederherzustellen galt, indem sein gewaltsames Ende offiziell als Unrecht anerkannt wurde. Dieses Gebot der *pietas*, der Pflicht des Kindes gegen Eltern und Ahnen, stand für die römische Gesellschaft außer Frage, so daß über das grundsätzliche Ziel der beiden jungen Männer kein Zweifel herrschen konnte. Das war erheblich mehr, als man über die Pläne anderer Akteure zu diesem Zeitpunkt wußte. Die konkrete Form der Rehabilitation vermochte man freilich durchaus als Verhandlungssache einzustufen: Unter Vermittlung des Statthalters des nördlichen Spanien und der Provence (*Hispania citerior* und *Gallia Narbonnensis/transalpina*), eines weiteren Weggefährten Caesars namens Marcus Aemilius Lepidus, der in dieser Position ebenfalls Streitkräfte im Rücken hatte, zugleich aber mit einer Schwester des Marcus Brutus verheiratet war und als dessen Schwager auch im Lager der Attentäter Zutrauen fand, kamen bereits von Juli an Verhandlungen und im Laufe des Jahres tatsächlich noch ein Abkommen des Senates mit Pompeius zustande. Danach sollte er aus der Staatskasse hinreichend Mittel erhalten, um in der Lage zu sein, den Gesamtbesitz seines Vaters zurückzukaufen, der während Caesars Herrschaft in fremde Hände (unter vielen anderen die des Antonius) übergegangen war. Auch die Rückgewinnung der Würde (*dignitas*) des Geschlechts sollte durch Aufnahme des Sextus unter die *augures*, die wie die *pontifices* Aufgaben im Sakralbereich (hier: die Auslegung von Vorzeichen) zu erledigen hatten, bewerkstelligt werden (Cic. Phil. 13,4,8–5,12).

Diese Offerte läßt im Kleinen manches von den großen Problemen der Zeit erahnen. So war Sextus Pompeius selbstredend nicht der einzige, der durch den Bürgerkrieg Caesars sein Eigentum verlor. Obschon es nicht, wie bei Sulla, zur Ächtung von Nicht-Kombattanten gekommen war und sich der Dictator auch der Begnadigung vieler Gegner rühmte, waren sowohl während der Kampfhandlungen ganze Städte und Landstriche geplündert und zerstört als auch die Güter hartnäckiger Widerständler eingezogen und veräußert oder verschenkt worden. Derart Geschädigte mochten ihre Hoffnung ebenso auf eine Neuauflage der Gefechte setzen wie Personen, die indirekt zu Opfern der Zeitläufte wurden, sei es, daß sie sich vom Sieger zum Verkauf genötigt fühlten, in der Ausnahmesituation dringend Finanzmittel brauchten oder ihre Gehöfte durch Abwesenheit ruinierten. Eine Abhilfe staatlicherseits – auch das illustriert das Angebot an Sextus Pompeius – war schwierig, konnte sie doch nicht in einer Aufhebung aller Regierungshandlungen Caesars bestehen. Denn deren Nutznießer ließen sich kaum pauschal als Schuldige einstufen, die keinen Anspruch auf Wahrung ihrer Rechte hatten, also beispielsweise entschädigungslos enteignet werden durften. Daß die *acta Caesaris* bereits zwei Tage nach dessen Tod bestätigt wurden, war demnach keine reine Folge der Machtverhältnisse. Ebensowenig muß man die dabei mitwirkenden Attentäter primär des Eigeninteresses verdächtigen, wenngleich sie tatsächlich ihrerseits vom Dictator eben die Ämter und Kommando-Stellen erhalten hatten, deren sie sich jetzt bedienten.

Daß eine Generalrevision, über juristische oder moralische Vorbehalte hinaus, praktisch undurchführbar war, läßt sich leicht noch weiter verdeutlichen. Man braucht nur darauf hinzuweisen, daß davon auch jene bedürftigen kinderreichen Familien betroffen gewesen wären, die in Caesars umstrittenem Consulat in Campanien angesiedelt worden waren, des weiteren sämtliche ausgemusterte Soldaten, die der Feldherr für ihren Dienst mit Grund und Boden belohnt hatte. Selbst das rasche und klare Votum für die *acta* vermochte freilich nicht zu verhindern, daß es im Lager der von Caesar Begünstigten Unruhe und in der Folge ebenfalls Mobilisierungspotential gab. Daß ihr Besitzstand nur solange gewahrt blieb, wie die ehemaligen Verlierer nicht militärisch erstarkten, mußte ihnen klar sein. Hinzu kam, daß noch viele von Caesars Soldaten auf das versprochene Landgut warteten. Richtete sich ihr besorgter Wunsch auf die Einlösung der Zusagen, so waren die Ängste mancher Landbesitzer in Italien gegenteiliger Natur. Daß die Neuansiedlung nur die Pontinischen Sümpfe, die Caesar durch Trockenlegung urbar gemacht hatte, beträfe, wird nicht jeder geglaubt haben.

Die Spuren vergangener Konflikte zu tilgen, war die Beseitigung des Dictators mithin ebensowenig geeignet, wie sie die Rückkehr zu einer politischen Normalität bewirken konnte, die schon lange vor den Schlachten nicht mehr existiert hatte. So war sowohl dem Bürgerkrieg der Jahre 88 bis 82 (mit Fortsetzung bis 72) als auch jenem von 49 bis 45 (der 44 dabei war, wiederaufzuleben) eine derart hohe Präsenz von Gewalt im politischen Leben vorausgegangen, daß Appian nicht ganz unrecht damit hat, seine Kapitel über die »inneren Kämpfe der Römer« bereits mit der Tötung des Volkstribunen Tiberius Sempronius Gracchus und von rund zweihundert Bürgern im Herbst 133 zu beginnen und nur die Periode zwischen 70 und 63 auszusparen. Tatsächlich waren in Augustus' Geburtsjahr sogar – letztlich eine Spätfolge der sullanischen Zeit – erneut römische Heere gegeneinander in Stellung gebracht worden und einige Monate später in einem Gefecht aufeinandergeprallt. Aber auch unterhalb der Schwelle der »höchsten Steigerung des Übels« in Gestalt von »offenen Aufständen gegen die Regierung« oder »regelrechten Feldzügen gegen die Heimat«, unternommen von »Verbannten, Verbrechern oder Männern, die miteinander um Ämter und Kommando-Stellen rivalisierten« (App. bell. civ. 1,2,6), war ›Kampf‹ in der Politik der späten Republik nur selten eine Metapher: In einer beträchtlichen Zahl finden sich Morde an politischen Gegnern und der Einsatz von Schlägertrupps bei Wahlen und Abstimmungen. Nach Verkündung des Notstandes durch den Senat setzte ein Consul im Jahr 121 gegen Gaius Sempronius Gracchus und seine Freunde im eigentlich militärfrei zu haltenden Stadtgebiet bewaffnete Einheiten ein und wog die Köpfe der führenden »Staatsfeinde« mit Gold auf. Die Gesamtopferzahl kletterte dabei, auch durch anschließende Hinrichtungen, bereits auf mehrere Tausend. Beinahe Alltag wurden Gefechte einschlägig geschulter Gruppen auf den Straßen der Hauptstadt zwischen 57 und 52, da sich hier zwei Politiker aus gegnerischen Lagern, unter Billigung ihrer jeweiligen Gesinnungsgenossen, privat kampferprobtes Personal zugelegt hatten.

Der ›Bandenkrieg‹ gipfelte in einer kompletten Blockade der Wahlen für das Jahr 52 – als vermeintliche Lösung wurde Pompeius d. Ä. schließlich (und das erst im Februar 52) verfassungswidrig zum »Consul ohne Kollegen« gemacht – sowie in der Ermordung des einen ›gang-leader‹ namens Publius Clodius Pulcher. Da dieser sich über soziale Maßnahmen die Sympathien der einfachen Leute erworben hatte, eskalierte die Situation, als der Tote auf das Forum gebracht wurde: Für die gleich auf dem Platz eingeleitete Verbrennung des Leichnams zerschlug man die Bänke der Senatoren, ehe deren Tagungsgebäude, die *curia*, die Sulla repräsentativ erneuert hatte, in Flammen aufging. Clodius' Witwe Fulvia war an der Entfesselung dieses Aufruhrs maßgeblich beteiligt, 44 aber in dritter Ehe mit Marcus Antonius verheiratet. Daher sind Ähnlichkeiten mit den Tumulten bei der Leichenfeier Caesars, welche die zunächst versöhnliche Stimmung gegenüber den Attentätern

zum Kippen brachte, kaum ein Zufall. Die Menge, von der Rede des Antonius und einer eindrücklichen Inszenierung des
massakrierten Körpers des Dictators aufgestachelt, soll auch
hier den Sitzungssaal, den der Senat als Ersatz für die noch im
Neubau befindliche Forums-Curia genutzt hatte und der diesmal zugleich der Tatort war, angezündet und dasselbe auch mit
den Häusern der Attentäter versucht haben (App. bell. civ.
2,143,598–148,616). Daraufhin erfolgte Caesars Einäscherung
ebenfalls auf dem Forum. Die Stelle avancierte nahezu sofort
zu einem Ort der Verehrung und später zum Platz eines Tempels für den »vergöttlichten Iulius«, dessen Anlage 42 beschlossen und der von Augustus am 18. August 29 eingeweiht
wurde. Die ersten Schritte zur Errichtung eines Altars werden
bei Appian (bell. civ. 3,2,3–3,6) freilich nicht dem noch gar nicht
in Rom befindlichen Großneffen, sondern einem jungen
Mann zugeschrieben, der behauptete, Enkel des Marius, also
ebenfalls mit Caesar verwandt zu sein. Daß Antonius ihn ohne
gerichtliche Untersuchung töten ließ, unterstreicht gleichermaßen eindrücklich die Gefahr, in die Augustus sich mit Akzeptanz des Testaments begab, wie den eisernen Willen des
Consuls, der maßgebliche Sachwalter des Caesar-Erbes zu bleiben, das er sich auch materiell in Gestalt von Geld und Doku-
menten bereits angeeignet hatte. Eine Geschlossenheit der
Front der Caesar-Freunde war mithin von vornherein nicht
vorauszusetzen.

Noch einen Moment länger sollte man dem Impuls, die
Hauptperson unserer Biographie in den Vordergrund zu
rücken, widerstehen und der Schwerpunktsetzung der antiken
Historiographen Appian und Cassius Dio Aufmerksamkeit
schenken. Dann wird nämlich deutlich, daß sich längst sämtliche sonstigen Akteure (vielleicht mit Ausnahme des Marcus
Iunius Brutus) militärisch in Stellung gebracht hatten, ehe Augustus sich seinerseits mit Bewaffneten umgab. Wie bei Sex-

tus Pompeius, Lepidus und Antonius (hinzusetzen kann man noch Publius Cornelius Dolabella, der als Ersatz für Caesar die zweite Consul-Stelle des Jahres 44 erhalten hatte), findet sich die ›Aufrüstung‹ nicht zuletzt bei den Attentätern. Kurz nach der ungünstigen Entwicklung bei Caesars Begräbnis verließen nämlich die besonders exponierten Vertreter dieser Gruppe die Stadt: Direkt an Truppen kam dabei Decimus Iunius Brutus Albinus, für den Caesar die Statthalterschaft Oberitaliens (*Gallia cisalpina*) eingeplant hatte. Die erst seit dem 2. Jahrhundert von Rom kontrollierte Region wurde, obschon der Einwohnerschaft durch eine *lex Roscia* im Jahre 49 der Status römischer Bürger verliehen worden war, weiterhin (aber nur noch bis 42) als Provinz geführt und besaß als Einsatzbereich eines Kommandanten aufgrund ihrer Nähe zu Rom eine besondere Attraktivität. Daß sie an einen der Attentäter fiel, war für die Caesar-nahen Kontrahenten demnach unabhängig davon ärgerlich, daß man dem Toten deshalb keinen Vorwurf machen konnte: Denn Decimus Iunius Brutus Albinus war, anders als Marcus Iunius Brutus – mit dem, trotz verwirrender Namensähnlichkeit, auch kein Verwandtschaftsverhältnis bestand – und Gaius Cassius Longinus, kein begnadigter Bürgerkriegsgegner, vielmehr ein vor dem Anschlag stets loyaler, sogar enger Mitarbeiter des Dictators. Diese politische Herkunft sollte man im Auge behalten, wird sie sich doch bald als höchst bedeutsam erweisen.

Auch indirekt wurde Oberitalien für die Attentäter wichtig. Es dürfte nämlich wesentlich für ihren endgültigen Bruch mit dem Consul Antonius verantwortlich sein. So mochte es ihnen vielleicht im März/April noch plausibel erschienen sein, daß Antonius, für den Caesar noch nichts geregelt hatte, nach dem Consulat eine Provinz benötigte und dazu sich selbst Makedonien, Dolabella Syrien zuweisen ließ, obwohl der Dictator diese Gebiete Marcus Brutus und Cassius zugedacht hatte.

Daß Antonius aber im Juni einen weiteren Beschluß initiierte, der ihm ein außerordentliches Kommando für fünf Jahre über die *Gallia cisalpina* und *transalpina* sowie die Befugnis einräumte, vier Legionen der Partherkriegsarmee dorthin mitzunehmen, war selbst für jene Menschen alarmierend, die nicht daran glaubten, daß er die Stellung Caesars anstrebe. So begnügten sich im August auch Marcus Brutus und Cassius nicht länger damit, in Italien Geld für ihre Sache zu sammeln und die Mobilisierungsbereitschaft verschiedener Bevölkerungsgruppen zu sondieren, respektive mit kleineren bewaffneten Einheiten zu operieren. Sie beanspruchten jetzt die einst von Caesar festgelegten Provinzen und begaben sich, obwohl eigentlich noch Praetoren mit Präsenzpflicht in Rom, vorzeitig in den Osten. Zumindest Cassius, der wohl bereits beim Anschlag auf Caesar die treibende Kraft war, übernahm dabei sofort Syrien, dessen erhebliche Militärmacht eingeschlossen. Daß weder er es kampflos an Dolabella übergeben noch Decimus Brutus Oberitalien für Antonius räumen würde, war abzusehen. Damit aber zeichneten sich mindestens zwei Fronten der kommenden Kämpfe ab.

Man wird daher eindeutig sagen können, daß es nicht Augustus war, der – wie Sulla oder Caesar – einen Bürgerkrieg auslöste, der ohne ihn nicht stattgefunden hätte. Man vermag zudem nachzuvollziehen, weshalb manche Zeitgenossen den Mut des Achtzehnjährigen bewunderten (z. B. Cic. Att. 15,12,2), ihn aber zugleich für eine Randfigur sowie eine ephemere Erscheinung hielten. Auch er selbst schrieb sich bemerkenswerterweise rückblickend erst dann politisches Gewicht zu, als er »aus eigenem Entschluß und eigenen Mitteln ein Heer aufstellte« (RG 1). Zu diesem Zeitpunkt hatte er bereits einen mehrmonatigen Streit hinter sich, der ebenfalls nicht von ihm begonnen wurde. Tatsächlich hätte es im Interesse des Augustus gelegen, wenn Antonius ihn gefördert hätte, so daß man die Überlieferung, die Feindschaft sei von letzterem ausgegangen, nicht anzuzweifeln braucht. Wesentlich Antonius' Werk war es, daß sich die Registrierung des Jungen als Familienmitglied der Iulier verzögerte. Schwerer wog freilich die Weigerung des Consuls, Caesars flüssiges Kapital an den Erben auszuhändigen. Für Augustus stand kaum weniger denn seine Glaubwürdigkeit auf dem Spiel, da er sich der Bürgerschaft gegenüber bereits in einer öffentlichen Rede verpflichtet hatte, jedem einzelnen den in Caesars Testament in Aussicht gestellten Geldbetrag auszuzahlen. Obschon er sich der Kriegskasse des Partherfeldzugs bemächtigt hatte, mußte er nun sowohl eigenen Landbesitz wie den von Caesar veräußern. Letzteres wurde ihm noch durch gerichtliche Klagen vermeintlicher oder realer Bürgerkriegsopfer erschwert, deren Hintermann ebenfalls Antonius war. Diesem lag offenbar die Blockade des Caesar-Sohnes hinreichend am Herzen, um dafür mit dem Feuer zu spielen, indem er Zweifeln an der Fortdauer der *acta Caesaris* Raum gab. Daß es Augustus trotz allem gelang, das Versprechen einzulösen und den Verkauf der persönlichen Habe sogar derart zu inszenieren, daß er ihm viele Sympathien eintrug, war ebenso ein beachtlicher Erfolg wie die sehr gelungene Ausrichtung der unter Caesar gelobten Spiele für Venus als Stammutter des julischen Geschlechts (*Venus Genetrix*). Gleichzeitig aber vertiefte es die Kluft zu Antonius. Kurz darauf konnte allein der Druck von Caesars Soldaten den offenen Bruch vorläufig noch verhindern. Bald aber bezichtigten sich beide gegenseitig der Absicht des Mordes.

Noch eine weitere Herausforderung hatten die Spiele für Augustus bereitgehalten: Daß an ihnen ein Komet erschien, war nämlich per se ein zumindest ambivalentes Geschenk der Natur, da die »Haarsterne« eher als »schreckerregende und nicht leicht zu versöhnende Gestirne« galten und etwa auch den Bürgerkrieg zwischen Pompeius und Caesar angekündigt haben sollen (Plin. nat. hist. 2,23,92). Wie ungewöhnlich die sich durchsetzende Lesart war, läßt der Naturforscher Plinius (der gleichnamige Förderer Suetons war sein Neffe) noch erahnen. Mit ihr war Augustus freilich derart überzeitlich richtungweisend, daß selbst heute Biographien meist nahezu wörtlich seine Memoiren nachschreiben. Die Geistesgegenwart und Kreativität, deren es zu dieser Lösung und der exotischen Erfindung eines *sidus Iulium* (eines Caesar-Sterns) bedurfte, geraten dabei leider etwas aus dem Blick. »Gerade an den Tagen meiner Spiele wurde ein Haarstern sieben Tage lang am nördlichen Teile des Himmels erblickt. Er ging um die elfte Tagesstunde auf, war sehr leuchtend und in allen Ländern sichtbar. Das Volk glaubte, er bedeute die Aufnahme der Seele Caesars unter die Wirkkräfte [*numina*] der unsterblichen Götter, und aus dieser Veranlassung habe ich jenes Zeichen an dem Kopfe des Standbildes, welches ich nachher auf dem Forum einweihte, angebracht« (Plin. nat. hist. 2,23,94).

Im Oktober war es dann soweit: Augustus warb seinerseits Soldaten an, zunächst in Campanien, anschließend in der Toscana (Etrurien). Nach der soeben skizzierten Vorgeschichte konnte das Ziel der Aggression kein anderer denn der Consul Antonius sein. Daß dieser den Caesar-Erben ohne militärischen Druck niemals akzeptieren würde, stand mittlerweile völlig außer Frage. So unähnlich sich die beiden Kontrahenten waren, so waren ihre Chancen doch nicht mehr derart ungleich verteilt wie noch ein halbes Jahr zuvor. Dabei profitierte Augustus nicht ausschließlich von eigenen Leistungen wie der Gewinnung der Gunst der stadtrömischen Bürgerschaft, dem Aufbau von Beziehungen zu Senatoren, generell auch der bewiesenen Umsicht und dem geduldigen Warten auf den rechten Zeitpunkt. Attraktiv mochte er manchem potentiellen Bündnispartner nämlich gerade durch seine (vermeintliche) Schwäche erscheinen: »Ausnutzen und fallenlassen« – so lautete speziell das Motto von Anhängern der Attentäter (Cic. fam. 11,20,1). Vor allem aber kam ihm zugute, daß Antonius sich vielen (und in vielem) verdächtig gemacht hatte. Zu deutlich hatte er mittels Fälschungen eigene (auch banal materielle) Vorteile aus der Tatsache gezogen, daß sich Caesars Papiere in seinem Besitz befanden; zu offen stärkte er mit dem Anspruch auf Oberitalien und die vier makedonischen Legionen seine Macht; zu unzuverlässig agierte er hinsichtlich der Pflege von Caesars Andenken sowie der Gültigkeit von dessen *acta*. Wer Caesar verehrt und unterstützt hatte, mußte mithin nicht automatisch Gefolgsmann des Antonius sein. Obschon der Senat zu nennenswerten Teilen aus ›Caesarianern‹ (als Selbstbezeichnung der Gruppe bezeugt z.B. in Cic. ad Brut. 3(4),5) zusammengesetzt war, konnte es daher geschehen, daß es einerseits der Consul Antonius nicht wagte, vor diesem dafür zuständigen Gremium eine Verurteilung des Privatarmee-Kommandanten Augustus als eines »Feindes aller Römer« zu betreiben (sog. *hostis-iudicatio*), während andererseits eine Allianz zustande kam, die bereits Cassius Dio (45,14) erklärungsbedürftig fand. In dem Konflikt um die *Gallia cisalpina* waren es nämlich Senatoren unterschiedlicher Lager (nicht etwa nur Freunde der Attentäter) ebenso wie Caesars solide Mitarbeiter Aulus Hirtius und Gaius Vibius Pansa, die gleichfalls noch vom Dictator ausgesuchten Consuln des Jahres 43 – und an ihrer Seite mit explizitem Auftrag des Senates Augustus –, die pro Decimus Brutus und contra Antonius Partei ergriffen.

Daß der Versuch, auch Sextus Pompeius in diese Koalition einzubinden, scheiterte, wäre nicht weiter erwähnenswert, erführe man auf diesem Weg nicht, daß die Wahrnehmung der Akteure durch die Zeitgenossen komplexer, der Verlauf der Fronten zwischen den Lagern unklarer war, als man retrospektiv oft annahm. Pompeius beschied nämlich den Senat, guten Willens, aber außerstande zu sein, Brutus zu helfen, weil seine

Soldaten dies kategorisch verweigern würden (Cic. Phil. 13,6,13). Für die Armee der Pompeianer war Decimus Brutus auch Ende 44 / Anfang 43 weiterhin Caesars General, der sie im Bürgerkrieg bekämpft hatte. Nicht anders brauchten ihn jene Männer zu sehen, die ihn tatsächlich unterstützten, zumal er beim eigentlichen Akt der Tötung des Dictators keine exponierte Rolle gespielt hatte und vorrangig als der galt, der Caesar, trotz warnender Vorzeichen, an dem fatalen 15. März zum Besuch des Senates ermunterte. ›Caesarianer‹ konnten sich demnach ihr Vorgehen so zurechtlegen, daß sie, zusammen mit anderen ›Caesarianern‹, einen der Ihren (Decimus Brutus) vor einem Abtrünnigen (Antonius) retteten, der in der zurückliegenden Zeit ihre Sache bestenfalls halbherzig vertreten, mit den Mördern Marcus Brutus und Cassius gekungelt, Caesars Sohn bekämpft und heimlich darauf geschielt hatte, selbst an Caesars Stelle zu treten, wo auch ›Caesarianer‹ ihn nicht haben wollten.

Mit dem »Krieg um Mutina« (*bellum Mutinense*), benannt nach dem Ort, wo Antonius Brutus seit Januar 43 regelrecht belagerte und wo am 21. April 43 eine zweite Schlacht einen Sieg der Koalition unter Hirtius und Augustus (Pansa war in dem vorangehenden Treffen bei Forum Gallorum am 14./15. April verwundet worden) sowie den Abzug des Antonius und die Befreiung des Brutus brachte, beginnt die lange Reihe von Bürgerkriegen – Sueton listet insgesamt fünf auf (Aug. 9) –, an denen Augustus beteiligt war. Sie im einzelnen nachzuerzählen kann (und muß) im Rahmen dieses Buches nicht die Aufgabe sein. Nur die wesentlichen Konstellationen und Resultate sollen kurz betrachtet werden:

Für Nummer eins, den »Krieg um Mutina«, erwies sich die Phase nach den Kämpfen als mindestens ebenso entscheidend wie die Schlachten selbst. Nach dem Tode beider Consuln, von denen Hirtius vor Mutina gefallen, Pansa bald darauf seinen

Verletzungen aus dem früheren Gefecht erlegen war, mußte nämlich die Frage beantwortet werden, wer die Armee der Koalition kommandieren und Antonius verfolgen sollte. Daß der Senat dabei ausschließlich auf Decimus Brutus setzte und die Gelegenheit gekommen währte, den »Knaben« Augustus kaltzustellen (Cass. Dio 46,47,4; Cic. Att. 14,12,2), läßt sich zwar damit erklären, daß der Neunzehnjährige über alle Lager hinweg dadurch Anstoß erregte, daß er den etablierten Vorstellungen hinsichtlich eines Kommandanten eklatant widersprach. Es entpuppte sich aber bald als gravierender Fehler. Der Schaden beschränkte sich noch nicht einmal darauf, daß Augustus seine Truppen, die ihrerseits um zugesagte Belohnungen fürchteten, im August 43 nach Rom führte und sich zugleich nach anderen Koalitionspartnern umsah. Zusätzlich verlor das Unternehmen gegen Antonius dadurch seine eindeutig ›caesarische‹ Note und wurde außerdem verzögert, da Decimus Brutus sich Antonius vorläufig als Gegengewicht zu Augustus erhalten wollte. Nachrichten einer massiven Aufrüstung der Attentäter im Osten taten ein Übriges, um eine neue, im November offiziell werdende Allianz zu schmieden: In ihr fanden Antonius, der bisher nach allen Seiten hin taktierende Lepidus und Augustus zusammen und der zweite Bürgerkrieg in Suetons Liste – der »Krieg von Philippi« (*bellum Philippense*), gerichtet gegen die »Caesarmörder« Marcus Brutus/Cassius – seinen Anfang. Decimus Brutus aber scheiterte mit dem Versuch, sich mit dem Namensvetter in Makedonien zu vereinen. Als er sich klar als Caesar-Gegner bekannte, büßte er, von seinen Soldaten verlassen, sein Leben ein.

Obwohl die Bestrafung der »Caesarmörder« für Augustus einen hohen Stellenwert hatte, gilt es zur Charakterisierung von Krieg Nummer zwei – dem von Philippi, das heißt jenem Ort in Makedonien, nahe welchem am 23. Oktober 42 und nochmals drei Wochen später die Schlachten gegen Brutus/

Cassius stattfanden – etwas anderes zu unterstreichen. Bei genauerer Betrachtung erweist er sich nämlich als nicht mehr denn das vorletzte Glied einer Kette von Kämpfen im Osten. Daß die miteinander verzahnten Auseinandersetzungen in der Region nicht einmal mit dem Tod von Cassius/Brutus endeten, wird später zu besprechen sein. Die Suche nach ihrem Beginn aber verdeutlicht, daß der Ursprung hier, ähnlich wie in Spanien, in der Zeit des Bürgerkrieges zwischen Caesar und Gnaeus Pompeius liegt. So waren es Soldaten eben dieses Pompeius, die seit dessen Niederlage beim thessalischen Pharsalos (9. August 48) auf der Balkanhalbinsel herumstreiften, welche sich im Herbst 44 um Marcus Brutus scharten, der seinerseits im selben Gefecht einer ihrer Offiziere gewesen war (Cass. Dio 47,21,3). Auch in Syrien konnte Cassius, gleichfalls einst Flottenkommandant des Pompeius, Verbände übernehmen, die dort über Jahre hinweg den Widerstand gegen Caesars Statthalter von der Stadt Apameia aus aufrechterhalten hatten (ebd. 47,26,3 ff.). Während Brutus bis März 43, also noch während des Krieges um Mutina, Antonius' Bruder Gaius, dem Ende 44 Makedonien zugewiesen worden war, besiegte und gefangensetzte (im Dezember dann auch töten ließ), behauptete Cassius in der Folge Syrien militärisch gegen Dolabella. Als letzterer sich nach verlorener Schlacht und Rückzug in den Ort Laodikeia selbst das Leben nahm, stand auch die vorher von ihm vereinnahmte Provinz *Asia* unter der Kontrolle der beiden Attentäter. Angesichts ihrer Vergangenheit konnten sie, anders als Decimus Brutus, zudem auf Unterstützung durch Sextus Pompeius hoffen. Er war inzwischen zu einer bedeutsamen Größe geworden, vermochte er doch mit seiner Flotte als Hauptwaffe und Sizilien als einem gesicherten Stützpunkt sowohl die Küste Italiens zu gefährden als auch Truppentransporte und Versorgungslinien der Gegner zu stören bzw. zu unterbrechen. Für den Dreibund Antonius/Lepidus/

Augustus war es daher erforderlich, seine Kräfte aufzuteilen und Lepidus in Italien zurückzulassen, als Antonius und Augustus im Sommer 42 nach Griechenland übersetzten. Daß der Nachschub beeinträchtigt blieb, hatten sie freilich mangels konkurrenzfähiger Seestreitkräfte hinzunehmen.

Die Geschehnisse im Umkreis des *bellum Philippense* sind auch gut dazu geeignet, einem Mißverständnis vorzubeugen, das der Begriff »innerrömische Kämpfe« oder »Kriege zwischen Bürgern« leicht hervorrufen könnte. Nicht nur von diesem speziellen Konflikt, sondern von den meisten Bürgerkriegen der späten Republik (später ebenso der Kaiserzeit), waren nämlich mitnichten bloß Inhaber des römischen Bürgerrechts betroffen. Vielmehr wurde die Einwohnerschaft der von Rom direkt beherrschten Gebiete, der Provinzen, zwangsläufig hineingezogen, obwohl es ihr weitgehend bis völlig gleichgültig sein konnte, wer in Rom herrschte und wer ihr von dort als Statthalter gesandt wurde. Tatsächlich besaß eine Provinzstadt kaum eine realistische Chance, sich den Forderungen des jeweils vor Ort befindlichen Kommandanten zu verweigern oder sich über dessen Legitimität ein fundiertes Urteil zu bilden. Das schloß gelegentliche Versuche einer selbstbestimmten Politik nicht aus. Bei der Parteinahme kamen dann Motive wie Loyalität gegenüber Caesar (alternativ: Pompeius) als »Wohltäter« (*euergetes*) bzw. »Retter« (*soter*) oder traditionelle Rivalitäten mit einer Nachbarkommune zum Tragen. Aber auch Neutralität wurde intendiert, freilich, wie die Bekämpfung von Rhodos und den Lykiern durch Brutus und Cassius zeigt, nicht einmal bei verbündeten Staaten toleriert. Nicht zuletzt mögen gelegentlich Illusionen im Spiel gewesen sein: Wenn man in Griechenland die Attentäter, deren Selbstdarstellung folgend, als »Tyrannentöter« und »Befreier« feierte, daraus aber zugleich ableitete, sie würden der seit 146 indirekt von Rom kontrollierten Region die volle Autonomie zurückgeben (Cass. Dio 47,20,4; 47,21,2/4), so wissen wir freilich nicht, ob die Menschen ernsthaft solche Erwartungen hegten oder nur ihr Möglichstes an diplomatischer Einflußnahme versuchten. Denn zu militärischer Gegenwehr war sogar eine stolze (und einst mächtige) Stadt wie Athen, die sich vierzig Jahre vorher mit Roms gefährlichstem Feind, dem König Mithradates VI., verbündet hatte und am 1. März 86 von Sulla erobert, massiv zerstört und in einem beispiellosen Blutbad Zehntausender Menschen beraubt worden war, nicht mehr in der Lage. Sollten echte Hoffnungen existiert haben, so wurden sie jedenfalls rasch zunichte. Sondersteuern in *Asia*, der Krieg gegen Rhodos als Beutezug, die Versorgung ausgemusterter Soldaten mittels Ansiedlung in den Provinzen machten drastisch klar, daß der Slogan »Freiheit« auch von Brutus und Cassius nicht für die griechische Welt gedacht war.

Für diese Region waren es demnach keine Schicksalstage, als der »Krieg von Philippi« im Spätherbst 42 zugunsten der ›Caesarianer‹ entschieden wurde, woran Augustus, nebenbei gesagt, wegen einer Erkrankung kaum aktiv mitwirkte. Daß zwei teils ambivalent verlaufende Schlachten bereits den Ausschlag gaben, resultierte vor allem daraus, daß Cassius sich nach der ersten, Brutus nach der zweiten selbst tötete. Denkbar ist, daß dabei die Verzweiflung darüber, nun doch nicht alleine den »Tyrannen« Caesar gerechterweise erstochen, sondern wiederholt und ohne Aussicht auf ein baldiges Ende der Kämpfe den Tod unschuldiger Mitbürger verursacht zu haben, eine Rolle spielte (vgl. Cass. Dio 47,38,3; Cic. ad Brut. 5(8),2). Zumindest Brutus gilt der antiken Überlieferung (und weitgehend auch der modernen Forschung) als Idealist, bei dem eher sein realpolitisches Talent denn seine lautere Gesinnung in Frage steht. Wie sein Onkel Cato (und auch in Anlehnung an diesen) hat er postum eine Überhöhung zum letzten Republikaner erfahren. Demgegenüber haben wissenschaftliche Untersuchungen vor allem herausgearbeitet, daß es ihm, wie allen Attentätern, an einem Plan fehlte, der über die Eliminierung Caesars hinausreichte und wenigstens einigen der oben skizzierten Probleme Rechnung trug.

Mit genau diesen mußte speziell Augustus sich direkt nach dem *bellum Philippense* intensiv befassen. Konkret ging es um eine teilweise Rückführung der stetig gewachsenen Streitkräfte in das zivile Leben und die partiell immer noch ausstehende Einlösung diesbezüglicher Versprechen an Caesars Soldaten. Daß diese Aufgabe, die Augustus sich eigens ausbedungen haben soll, nicht ohne Sprengkraft war, vermochte man vorherzusehen. Daß sie aber auch zum Gegenstand von Krieg Nummer drei – dem »Krieg von Perusia« (*bellum Perusinum*) – werden würde, verstand sich nicht von selbst. Die genaue Konstellation der Mächte blieb hier sogar den Zeitgenossen rätselhaft. Was man wußte, war, daß Antonius' Gattin Fulvia und dessen jüngster Bruder Lucius Antonius, der Consul des Jahres 41, gegen Augustus' Landvergabe in Italien nicht nur rhetorisch mobilmachten und dabei einige tatsächlich geschädigte oder vermeintlich bedrohte Städte auf ihre Seite zogen. Daß es den beiden Initiatoren des Konflikts nicht um eine ausgewogenere Verteilung der Lasten, sondern die Vertretung der Interessen des im Osten verbliebenen Antonius zu tun war, zeigt sich bereits daran, daß sie zunächst auch Truppenteile, denen sie eine Benachteiligung bei der Gebietszuweisung suggerierten, für Störmanöver mobilisierten. Zudem verbreiteten sie Münzen mit dem Porträt des Antonius und dem Schlagwort *pietas* (Sydenham RRC 1171–73). Ob Antonius in die Aktionen eingeweiht war, also die Rivalität des *bellum Mutinense* eine Neuauflage erlebte, ist strittig. Allerdings dürfte er das Geld, das er für die Aufkäufe des Bodens im Osten beschaffen sollte, nicht absichtlich zurückgehalten haben. Wenngleich er sich mit diesem Auftrag nicht gerade beeilte und den Winter 42 in

Athen verbrachte, war der Zahlungsaufschub, den er den bereits von Cassius ausgesogenen Provinzstädten gewährte, unvermeidlich.

In der Erinnerung haftete der Krieg, der in der Belagerung von Perusia durch Augustus kulminierte, vor allem durch die sehr aktive Rolle, die Fulvia darin spielte. Könnte man historiographische Erzählungen über Auftritte dieser Frau als Truppenkommandantin noch als Propaganda oder Klatsch abtun, so werden sie durch ungewöhnliches Material erhärtet: Bei Perusia wurden nämlich eichelförmige, aber scharfkantige Gebilde aus Blei (*glandes*) gefunden, die sich als Geschosse für Schleudern bestimmen ließen und alles andere denn Kinderspielzeug waren. Die Reichweite dieser Waffe lag mit dreihundert Metern um das Zehnfache über der eines Pfeils und das Vierfache über der eines leichten Wurfspeers; sie war beim Heranflug nahezu unsichtbar und vermochte sogar Helme zu durchschlagen, auf jeden Fall aber Gehirnerschütterungen hervorzurufen oder bei Treffern am Körper bis in Knochen vorzudringen. Daß die Römer glaubten, ihre Wirkung noch durch Inschriften steigern zu können, kommt der modernen Forschung bei mehreren Funden zugute. Im Fall der *glandes Perusinae* aber bezeugt es, daß die Soldaten des Augustus ihre (teils obszönen) Drohungen nicht nur an Lucius Antonius, sondern dezidiert auch an Fulvia richteten (CIL 11, 6721,5 und 14). Auf einer ähnlichen Ebene angesiedelt ist ein Gedicht des Augustus, das der Poet Martial als Legitimation für die eigenen nicht ganz ›stubenreinen‹ Verse benutzt und dadurch tradiert (epigr. 11,20). Daß es weder literarisch besonders wertvoll noch allzu geistreich ist, dürfte als Grund für Zweifel an seiner Authentizität nicht genügen. Bei der Gegnerin thematisiert wird (Macht-)Gier sowie eine Rolle als Platzhalterin des Antonius, wobei sie nicht weniger männlich als dessen ebenfalls als Hetzer aktiver Vertrauter Manius Manius ist; beim Sprecher geht es um Demonstration von Stärke (und Virilität), wohlwollend interpretiert auch Selbstschutz. Letztendlich aber fragt man sich, ob diese den Handelnden zugeschriebenen schlichten Motive den in besonderem Maße sinnlosen »Krieg von Perusia« nicht ganz treffend erfassen: »Weil Antonius Glaphyra [eine im Osten berühmte Hetäre] fickte, hat mir zur Strafe / Fulvia bestimmt, sie zu ficken. / Fulvia soll ich ficken? Was, wenn mich Manius bäte, / es mit ihm zu treiben, tät' ich's? Ich denk' nicht, wäre ich noch bei Verstand. / ›Entweder fick mich, oder Krieg gibt's zwischen uns beiden‹, sagt sie. Was, wenn mir lieber als mein Leben / der Schwanz ist? Auf geht's zum Kampf.«

Obschon Fulvia und Lucius Antonius die Kapitulation Perusias im Februar 40, anders als manche ihrer Anhänger, überlebten und die Städte Italiens sich »teils unter Zwang, teils freiwillig« (!) (Cass. Dio 48,15,1) nun bemerkenswert rasch mit Augustus' Ansiedlungsprogramm arrangierten, hatte das *bellum Perusinum* insofern erhebliche Folgen, als es dem Mißtrauen zwischen Augustus und Antonius neue Nahrung gab. Das belastete Verhältnis wiederum war nicht allein für direkte Kämpfe in Unteritalien, wo Antonius im Herbst 40 eintraf, verantwortlich, sondern verzögerte (zusammen mit dem Fehlen einer adäquaten Flotte) auch das Vorgehen gegen Sextus Pompeius. Wäre ein solches aufgrund von dessen Haltung zu den Attentätern eigentlich zu erwarten gewesen, so sah jetzt vor allem Antonius in ihm einen potentiellen Verbündeten, zumal zu den Flüchtlingen, denen Sizilien stets Aufnahme gewährte, neuerdings solche des »Kriegs von Perusia« gehörten. Daher sind es zunächst drei Konferenzen, die Aussöhnung von Brundisium (Oktober 40; Antonius – Augustus), der Vertrag von Misenum (August 39; Augustus/Antonius – Sextus Pompeius) und das Bündnis von Tarent (Frühjahr 37; Augustus – Antonius; Billigung des Krieges gegen Sextus Pompeius seitens des Antonius, wobei der Kampf Augustus – Pompeius faktisch schon seit 38 im Gange war), von denen die Historiographie berichtet. Den »Sizilien-Krieg« (Suetons Nr. 4, das *bellum Siculum*) gegen den Herrn des Meeres hat schließlich, nach aufwendigen Vorbereitungen, dem Bau von Schiffen, vor allem aber eines Kriegshafens in Campanien und dem Training maritimer Spezialeinheiten, Augustus bzw. als Admiral Agrippa geführt und, nach etlichen empfindlichen Rückschlägen, in der Schlacht von Naulochoi (3. September 36) für sich entschieden.

Wer an diesem Datum eine klare Zäsur setzen möchte, kann sich auf niemand geringeren denn Augustus selbst berufen. Dieser erklärte nämlich bei seiner Rückkehr nach Rom die Bürgerkriege für beendet und verschaffte dem Gedanken zugleich ein Höchstmaß an Publizität. So äußerte er ihn nicht nur in einer Rede vor Senat und Bürgerschaft, sondern »legte seine Ausführungen auch schriftlich nieder und gab sie als Broschüre heraus«(App. bell. civ. 5,130,539). Eine Ehrensäule, die auf dem Forum seine Statue trug und als sogenannte *columna rostrata* an das Monument für einen Pionier römischer Seesiege, errungen vor Sizilien gegen Karthago im Jahre 260, anknüpfte, erhielt die Inschrift: »Den seit langem durch Bürgerkriege gestörten Frieden hat er zu Wasser und zu Lande wiederhergestellt« (ebd. 5,130,542).

Daß sich mit solchen Tönen Sympathien gewinnen ließen, hatte sich bereits auf Sizilien gezeigt. Selbst Soldaten, etliche davon sogar seit Mutina dabei, verlangten dort ihre Entlassung. Vor allem aber verhinderte die Kriegsmüdigkeit der Truppen eine direkt nach Naulochoi drohende militärische Auseinandersetzung mit Lepidus. Dieser dritte Partner des Bundes von 43, der einen gewissen Anteil am Erfolg gegen Pompeius besaß, suchte seine seit Philippi zunehmend marginale Stellung dadurch zu verbessern, daß er nun gegen Augustus Anspruch auf die Insel erhob. Da freilich weder seine eigenen Kontingente noch Streitkräfte des Pompeius, die sich ihm ergeben hatten, länger kämpfen wollten, erreichte er das genaue Gegenteil und verlor seinen Status als Kommandant vollkommen. Bis an sein natürliches Lebensende im Jahre 12 beließ ihm Augustus jedoch die sakrale Funktion des Vorstehers der *pontifices*, also das Amt des sogenannten *pontifex maximus*, obwohl er sich dieses nach Caesars Tod nicht recht regelkonform angeeignet hatte. Aber auch für Italien, das in den letzten Jahren stark von Einfällen des Pompeius betroffen gewesen war, ist die Sehnsucht nach Frieden gut dokumentiert. Ihren poetischsten, zugleich aber sehr stark verrätselten Ausdruck fand sie sicher in der berühmten vierten Ekloge Vergils, der sich schon nach dem Krieg von Perusia und der Aussöhnung von Brundisium den Segen einer gewaltfreien Zeit erträumte. Daß die moderne Forschung vor diesem Hintergrund Augustus' Botschaft vom Bürgerkriegsende primär als geschickte ›Propaganda‹ rezipiert hat, braucht mithin nicht zu verwundern.

Näher besehen dürfte ihr historischer Gehalt freilich um einiges höher sein. Um diesen herauszuarbeiten, sollte man sich zunächst den Kontrahenten des »letzten Bürgerkriegs« noch etwas eingehender widmen. Daß sie aufeinander in besonderer Weise fixiert waren, tritt in vielen Punkten zutage: Nachdem der Vorgang der Erhebung Caesars zum höheren Wesen Ende 40 mit der Einsetzung eines *flamen* (eines ausschließlich für ihn zuständigen Sakralbeamten) abgeschlossen und Augustus deshalb zum *divi filius*, »Sohn des Vergöttlichten«, avanciert war, präsentierte sich Sextus beispielsweise als Sproß des Meergottes Neptun, unterstrich aber zugleich mit dem Namenszusatz *pius*, daß sich an seiner Sohnespflicht gegenüber Gnaeus Pompeius nichts geändert hatte. Dieselbe Bezogenheit findet sich, als Sextus wie Augustus ihre Namen umgestalten und einen zum Beinamen (*cognomen*) gewordenen individuellen Ehrennamen des Vaters zum eigenen Vornamen (*prae-*

nomen) machen, wodurch sie zu *Magnus Pompeius Pius* und *Imperator Caesar* wurden. Als der »Große Pompeius« und der »Stetige Sieger Caesar« schließlich aufeinandertrafen, bildete dies fraglos den Höhepunkt der Wiederbelebung jenes Bürgerkrieges von 49, der seine ›Helden‹ so hartnäckig überdauerte und hier fast unheimlich auferstehen ließ. Zu bedenken gilt es zudem, daß es Caesar 45 in Spanien nicht gelungen war, Sextus zu eliminieren. Augustus hatte also bei Naulochoi konkret eine Aufgabe gelöst, die Caesar ihm unerledigt hinterlassen hatte. Jetzt – aber erst jetzt – war der am 11. Januar 49 entfesselte Bürgerkrieg, der in verschiedenen Varianten alle bisherigen Konflikte bestimmt hatte, tatsächlich zu Ende. Und so war es gewiß nicht zufällig die *Pietas*, die göttliche Personifikation des Respekts vor Vater und Familie, deren Tempel Augustus nun renovierte.

Diesem Bild eines Abschlusses stand auch die Situation im Osten der römischen Welt nicht länger entgegen. Allerdings waren die Gefechte dort – wie oben angedeutet – nach Philippi keineswegs bereits vorüber gewesen. Zum neuen Hauptakteur der ›Pompeianer‹ wurde Ende 42 mit Quintus Labienus diesmal der Sohn eines Mannes, der unter Pompeius gedient hatte. Sein Vater namens Titus Labienus hatte sich, vorher ein hoher Offizier Caesars, vom Dictator gleich zu Beginn des Bürgerkrieges abgewandt und ihn auf sämtlichen Schlachtfeldern der Zeit, bei Pharsalos, in *Africa* und in Spanien bekämpft. Daß er schließlich bei Munda in führender Position fiel, macht es denkbar, daß Sextus Pompeius ihn selbst sowie seinen Sohn persönlich kannte. In jedem Fall hat sich der einstige Herr des Meeres und Siziliens bei seinen letzten Plänen nach Naulochoi an der Vorgehensweise des Quintus Labienus orientiert:

Noch im Auftrag von Cassius und Brutus hatte Labienus Kontakt zu einer auswärtigen Macht aufgenommen, mit der bereits Pompeius während seiner Kämpfe mit Caesar, damals allerdings erfolglos, verhandelte und die allen Grund besaß, die Erben Caesars viel weniger zu schätzen als die Erben des Pompeius. Es waren nämlich die Parther, das heißt die prospektiven Opfer jenes Feldzugs, den Caesar in seinen letzten Lebensmonaten plante, und zugleich die früheren Alliierten des Pompeius während seines Krieges gegen Mithradates VI. Bedenken hinsichtlich möglicher Verluste römischen Territoriums in Syrien, die Pompeius noch gehindert hatten, dürften nach Philippi nachrangig erschienen sein. So kam es zur Steigerung einer in Bürgerkriegen bereits vertrauten Konstellation. Nahmen an den »inneren Kämpfen« üblicherweise außer Bürgern und provinzialen Untertanen auch solche Kleinstaaten teil, die mit der Tiberstadt fest verbündet und faktisch von ihr kontrolliert waren, so engagierte sich jetzt eine mit Rom zweifelsfrei ranggleiche Großmacht. Vor allem im Jahre 40 verbuchten Labienus in Kleinasien, der parthische Königssohn Pakoros in Syrien große Erfolge. Bis 38 aber gelang es Antonius' Unterfeldherrn Publius Ventidius Bassus, beide Provinzen zurückzugewinnen und als erster Römer wegen eines kriegsentscheidenden Sieges über die Parther die Ehre eines Triumphes bewilligt zu bekommen, das heißt vom Senat die Erlaubnis zu erhalten, zusammen mit seinem Heer und der Beute feierlich nach Rom und auf der »heiligen Straße« über das Forum zum Tempel des *Iuppiter Optimus Maximus* auf dem Kapitolshügel zu ziehen. Als Sextus Pompeius im September 36 nach Osten flüchtete, hatte er ebenfalls weniger die höchst vage Aussicht auf ein Bündnis mit Antonius denn Kleinasien sowie die Parther im Blick. Bei den ausgebeuteten Städten, die genau wie jene in Sizilien die Zeche des *bellum Philippense et Siculum* bezahlten, konnte er 35 noch kurz reüssieren. Die Parther aber waren, nachdem sie 36 eine Konfrontation mit Antonius auf ihrem eigenen Gebiet sehr klar für sich entschieden und dem Gegner erhebliche Verluste zugefügt hatten, ihrerseits mit Rivalitäten im Nahbereich befaßt. Selbst falls sich Pompeius also zu ihnen durchgeschlagen hätte, wäre die Sache der Pompeianer wohl eine verlorene geblieben.

Veranschaulicht bereits die Bekämpfung der Parther nach deren Eintritt in den Bürgerkrieg, wie leicht die Grenze zwischen einem militärischen Konflikt unter Römern und der Abwehr äußerer Feinde fließend werden konnte, so sollte sich eine derartige Melange für den »Krieg von Actium« und die Jahre 32 bis 30 noch als sehr wichtig erweisen. Während Krieg Nummer fünf auf Suetons Liste nämlich vom Biographen und den meisten Geschichtsschreibern klar als innerrömisches Gefecht zwischen Augustus und Antonius deklariert wird, brachte Augustus selbst die Neuauflage der Gewalt mit seinem Anspruch wiederhergestellten inneren Friedens dergestalt in Einklang, daß er die mit Antonius verbündete Macht – das Ptolemaierreich und seine Herrscherin Kleopatra VII. – in den Vordergrund rückte und sein Unternehmen dezidiert als Feldzug gegen einen anderen Staat präsentierte. Daß sich eine solche ›Exit‹-Strategie aus der Proklamation von 36 entwickeln ließ, bedeutet allerdings nicht, daß die Auseinandersetzung mit Antonius darin von Anfang an fest eingeplant war. Mit voreiligen Schlüssen ist auch deshalb Vorsicht geboten, weil sämtliche verfügbaren Quellen die Vorgänge rückblickend betrachten und recht sorglos das Resultat (das in griechischen Augen z. B. auch als Monarchie erscheint) zur Absicht erklären.

Angesichts der aufwendigen Inszenierung des Bürgerkriegsendes wird man immerhin eindeutig verneinen können, daß Augustus im Herbst 36 an ein baldiges militärisches Vorgehen gegen den verbliebenen Partner dachte. Daß er sich nach dem Erreichen des Ziels der ›Mission Caesar‹ überhaupt bereits neu orientiert hat, ist nicht zwingend anzunehmen, zumal als dringliche Aufgabe die Organisation weiterer Ansiedlungen ausscheidender Soldaten sowie generell eine Konsolidierung

Italiens anstand. Welchen Tribut die letzten Jahre hier gefor-
dert hatten, zeigte sich etwa daran, daß in dieser Kernzone des
römischen Reiches die Sicherheit von Reisenden vor Überfäl-
len sozial entwurzelter Räuberbanden nicht mehr gewährleistet war. Auch ein Feldzug gegen Stämme in Dalmatien, den
Augustus von Ende 36 bis 34 (mit abschließenden Regelungen
33) unternahm, muß nicht unbedingt als Training für den neu-
en Bürgerkrieg gedeutet werden. Zum einen war die Kampagne in römischen Augen ebenfalls Teil der Rückkehr zur guten
Ordnung, in welcher Kommandanten die äußeren Feinde,
nicht die eigenen Bürger bekämpften. Zudem schwang auch
hier noch ein wenig Caesar-Erbe mit, da dem Partherzug Caesars, an den wegen der regionalen Ressortteilung nur Antonius
direkt anzuknüpfen vermochte, eine Expedition im nordwest-
lichen Balkanraum vorausgehen sollte. Ein praktischer Nutzen
braucht gleichwohl nicht bestritten zu werden. Es dürfte sich
aber empfehlen, ihn allgemeiner zu formulieren und darauf
hinzuweisen, daß die militärische Aufgabe es für Augustus
wie Antonius bestens legitimierte, ihre Heere nicht komplett
zu demobilisieren. Ob sie daneben schon jetzt einen vorzeiti-
gen Rücktritt von ihrer außerordentlichen politischen Stellung
(dazu Kapitel 3, S. 187) ins Gespräch brachten, ist vorstellbar,
freilich unsicher. Ebenso kann nicht bewiesen, aber überlegt
werden, daß angesichts der unblutigen Ausschaltung des Lepidus ein neuerlicher Krieg zeitimmanent durchaus nicht das
einzige vorstellbare Zukunftsszenario zur Reduzierung der
Zahl der politischen Akteure war.

So wenig sich das Verhältnis zwischen Augustus und Antonius als vertrauensvoll oder gar freundschaftlich charakterisieren läßt – und so nachvollziehbar die beiderseitigen Vorbehalte
sind –, so scheint es nach der Krise von 40 doch eine graduelle
Verbesserung erfahren zu haben. Dies hängt wesentlich damit
zusammen, daß beide sich im Vertrag von Brundisium auch

verwandtschaftlich verbanden. Antonius, dessen Gattin Fulvia Mitte 40 verstorben war, heiratete nämlich die gleichfalls frisch verwitwete Octavia. Die Hochzeit wurde im Oktober 40 in Rom begangen. Aber auch Antonius' Rückkehr in den Osten im Jahr darauf beendete den Kontakt der Eheleute nicht. Denn Octavia begleitete, entgegen der in der Republik noch mehrheitlich geübten Praxis, ihren Gatten und verbrachte die Winter 39/38 und 38/37 in Athen an seiner Seite. Wie sehr der zeitweilige Erfolg der Familiengründung mit diesem Umstand zusammenhing, sollte rasch sichtbar werden.

Daß die römische Gesellschaft einer Verschwägerung tatsächlich eine erhebliche Relevanz für das politische Handeln zuschrieb, ist an vielen Beispielen zu demonstrieren: So irritierte es die Zeitgenossen beträchtlich, daß Scipio Aemilianus, obwohl er mit Tiberius Sempronius Gracchus durch die Ehe mit dessen Schwester Sempronia verschwägert war (und sich nicht scheiden ließ!), diesen in seinem Volkstribunat nicht unterstützte. Auch die Soldaten hatten bereits 43 darauf gesetzt, das durch die Vergangenheit fraglos belastete neue Bündnis Augustus–Antonius mittels einer Heirat stärken zu können. Auf ihr Drängen gab Augustus, der noch keine Gemahlin besaß, allerdings für einen Anhänger Caesars aus der Nobilität als Schwiegersohn ausersehen war, nun Clodia, einer Tochter Fulvias (Vater: Publius Clodius Pulcher), als der einzigen aktuell verfügbaren (Seiten-)Verwandten des Antonius ein Eheversprechen. Das Paar dürfte – wohl wegen zu geringen Alters des Mädchens – eher verlobt denn vermählt gewesen sein. Jedenfalls legte Augustus, als er das Verhältnis aufgrund des »Krieges von Perusia« auflöste, Wert auf die Versicherung, Clodia sexuell nicht berührt zu haben (Suet. Aug. 62,1).

Die ›Fehlschläge‹ Clodia und Sempronia sowie das zeitweilige ›Erfolgsmodell‹ Octavia sind zugleich gut geeignet, dem naheliegenden Irrtum vorzubeugen, daß es alleine die männlichen Beteiligten waren, die über die Wirksamkeit der Allianzen entschieden. Daß die Römer den als Schwestern (bzw. Töchter) und Gattinnen involvierten Frauen vielmehr einen sehr aktiven Part zuwiesen, wird bereits daran deutlich, daß die Quellen nicht bloß einen Normverstoß Scipios, sondern auch ein Versagen Sempronias thematisieren: Ihr sei es (angeblich aufgrund körperlicher Defizite und Kinderlosigkeit, App. bell. civ. 1,20,83) nicht gelungen, die Zuneigung des Gemahls zu gewinnen. Demgegenüber vermochte Octavia sowohl Bruder wie Ehemann emotional so stark unter Druck zu setzen, daß antiken Autoren die Versöhnung von Tarent ganz als ihr Werk erscheint (vgl. vor allem Plut. Ant. 35). Gelingen konnte Derartiges freilich nur einer einigermaßen reifen Frau, da die höchste Kunst wohl in einer Art Äquidistanz zu den beiden anzusprechenden Männern bestand. Clodia war dafür schlicht zu jung und in Augustus' Augen zu eindeutig und ausschließlich Fulvias Kind. Ein weiterer Ehefehlschlag unseres Protagonisten geht demgegenüber auf das Konto eines allzu gewaltsamen Koalitionsversuchs des Jahres 40/39. Als Schwester des Schwiegervaters von Sextus Pompeius war Augustus' Kurzzeit-Gemahlin Nummer zwei namens Scribonia nicht nur erheblich älter als er, sondern stand als Bindeglied zwischen zwei ›Erbfeinden‹ von vornherein auf verlorenem Posten. Eine dauerhafte Spur in Augustus' Leben hinterließ sie jedoch durch die gemeinsame Tochter Iulia, die dessen einziger leiblicher Nachkomme bleiben sollte. Zwar wurde Livia im Verlauf der langen Ehe ebenfalls von ihm schwanger, verlor jedoch das heißersehnte Kind und zugleich wohl ihre Gebärfähigkeit (Suet. Aug. 63,1).

In diesen Rahmen eingebettet, ist es eine klare Botschaft des Zusammenhalts, wenn Augustus – wahrscheinlich im Frühling 35 – ausgerechnet Octavia dazu auswählt, um Antonius Soldaten und Gelder zu überbringen. Das gilt sogar besonders dann, falls, wie etliche Forscher hervorheben, die Lieferung geringer ausfiel als vom Schwager erhofft bzw. mit ihm vereinbart. Über die symbolische Ebene hinaus gab Augustus, der seinerseits in akuten Geldschwierigkeiten steckte, welche die Reduktion der Summen ohne weiteres erklären, auch insoweit ein Signal guten Willens, als seine Zuneigung zur Schwester allgemein bekannt war, diese also potentiell eine wertvolle Geisel darstellte. Daß Antonius zwar die Fracht durch Untergebene übernahm, sich aber weigerte, Octavia persönlich in Athen zu treffen, also an die frühere Zeit anzuknüpfen, läßt sich dementsprechend im allerbesten Fall ungeschickt nennen.

Da dies keineswegs der einzige derart zu klassifizierende Vorfall ist, hat die Frage, was Antonius in seiner letzten Lebensphase antrieb, Antike wie Moderne stark beschäftigt. Eine Antwort fällt der Forschung vor allem deshalb nicht leicht, weil die Überlieferung eine durchgängig kritische Haltung zum Handeln des Generals in dieser Periode bezieht, ohne daß man pauschal von einer Haltlosigkeit der Vorwürfe oder der Übernahme von ›Propaganda‹ des späteren Siegers Augustus ausgehen könnte. Vielmehr zeigen Teile der Historiographie einen bemerkenswerten Wechsel von einer anfangs sehr antoniusfreundlichen Darstellung zu einem negativen Bild. Dies korrespondiert mit der Tatsache, daß sich etliche langjährige Anhänger des Antonius, nach erfolglosen Versuchen, sein Verhalten zu ändern, von ihm abwandten. Leider verloren ist das entsprechende Kapitel im Werk Appians, für den (genau wie für Augustus) die »inneren Kämpfe der Römer« mit 36 enden und der »Krieg von Actium« als »auswärtiger Krieg der Römer gegen Ägypten« firmiert. Da der Autor selbst aus Alexandreia stammte und die Ptolemaier noch zweihundert Jahre nach Erlöschen der Dynastie als »meine Könige« empfand (praef. 10,39), wäre von ihm am ehesten eine alternative Sichtweise und eine Tradierung der Ereignisse aus der Perspektive des hellenistischen Ostens zu erwarten gewesen.

Neu waren nicht alle Elemente der Debatte, die sich um Antonius' Auftreten in der griechischen Welt entspann. Schon lange diskutierten die Römer darüber, wie sich ihre Politiker in diesem Kulturkreis bewegen sollten und ob sie die dort gebräuchlichen Verhaltensweisen tolerieren oder übernehmen konnten. Dabei begannen die Kontroversen weit unterhalb der Ebene von Ehrungen, die einen Feldherrn der Tiberstadt (wie sonst die Könige der Region) als Inkarnation eines Gottes feierten. Daß für (und wohl auch von) Antonius die Rolle des Neuen Dionysos, des Bringers von Wein und Ekstase, bevorzugt wurde, hat das Problem aber noch verschärft, paßte sie doch besonders wenig zu dem gravitätisch-würdevollen Gestus, den die römische Führungsschicht an den Tag legen sollte. Sehr klar wird der Kontrast, wenn man erfährt, daß von den Repräsentanten Roms gerade beim Umgang mit den provinzialen Untertanen oder Angehörigen fremder Staaten verlangt war, die »Majestät des römischen Volkes« (*maiestas populi Romani*) zu veranschaulichen (Val. Max. 2,2,2). Da konnte bereits das Tragen einheimischer Kleidung oder der Gebrauch des Griechischen bei offiziellen Anlässen Kritik auf sich ziehen, galt es doch, Distanz zu jenen Völkern zu wahren, denen man sich politisch überlegen fühlte, denen man jedoch zugleich zutraute, durch ihre »Dekadenz« und zivilisatorische Raffinesse andere zu korrumpieren und damit die römische Vormacht zu erschüttern. Jene Sympathien vor Ort zu erlangen, die manchmal (so auch nach Philippi) unverzichtbar waren, zu Hause aber keinen allzu großen Verdacht zu erregen, erforderte daher einiges Fingerspitzengefühl. Daran ließ es Antonius allerdings nicht nur hier fehlen. War es politisch schon nicht gerade klug, daß er seit Frühjahr 37 Italien nicht mehr aufsuchte und auch das Consulat, das ihm für das Jahr 34 zum zweitenmal zuerkannt war, nicht in Rom antrat, so wurde all dies unschwer von Aktionen in den Schatten gestellt, die sich die Antike bloß noch durch Annahme einer Bewußtseinstrübung erklären konnte. Es ging dabei um die spezifische Ausgestaltung der Beziehung, die Antonius zur Herrscherin des Ptolemaierreiches, Kleopatra VII., unterhielt: Sie war nun in der Tat einzigartig und ohne Vorläufer.

Um die Brisanz des Geschehens nachvollziehen zu können, muß den soeben skizzierten Komponenten der Haltung Roms zur griechischen Welt noch eine weitere hinzugefügt werden. Die politische Kultur, auf die Rom zur Zeit seiner Expansion in den östlichen Mittelmeerraum traf, war vielerorts von Königen (*basileis*) an der Spitze mittlerer bis großer Reiche geprägt, während andersartige Verfassungen (Oligarchien oder Demokratien) maximal bis zur Ebene von Bundesstaaten reichten, oft aber nur in einzelnen Städten existierten und dadurch viel weniger zu Vergleichen einluden. Daß diese Monarchen Rom teils im Krieg unterlagen, teils demütig um ein Bündnis nachsuchten und sich als dessen freigelassene Sklaven darstellten, die von Roms Gnaden ihr Gebiet regierten (vgl. Polyb. 30,19 (16)), erzeugte einerseits Verachtung. Andererseits aber fühlten sich siegreiche Feldherrn dadurch legitimiert, in der Selbstinszenierung den Überwundenen nicht im mindesten nachzustehen. Mit solcher Hervorhebung der eigenen Person verstärkten sie freilich zugleich einen Prozeß, der seit dem späten 3. Jahrhundert eindeutig zu greifen und als Auflösung der früheren Geschlossenheit der politischen Führungsschicht Roms bzw. als Desintegration der Nobilität zu umschreiben ist. Gestalt gewinnt er beispielsweise auch im Verlust eines Konsenses über innenpolitische Spielregeln.

Zeitgenossen erfassen das Problem weniger abstrakt. Sie sehen in den zutage tretenden Defiziten der Republik quasi die Intention einer Umkehr ihrer Gründung, die einst mittels Vertreibung von Königen erfolgt war, und nähren die Sorge, ein einzelner wolle auch in Rom wieder die Macht ergreifen. Bei solchen Gerüchten konnte Verschiedenes zusammenfließen: Da man daran glaubte, die Bürgerschaft habe in der Frühzeit einen heiligen Eid geleistet, niemals wieder Könige zu dulden, taugte ihre Streuung zur Mobilisierung von Widerstand. Wie historische Reminiszenzen sich dabei mit Erfahrungen der Gegenwart, das heißt dem Kontakt zu zeitgenössischen Monarchien verflochten, zeigt sich etwa bei Tiberius Sempronius Gracchus. In seinem Volkstribunat hatte der König von Pergamon das ihm gehörende Land und Vermögen testamentarisch dem römischen Volk vermacht. Daß Tiberius, der vorher einen opponierenden Kollegen in einem singulären Vorgang hatte abwählen lassen, die Nutzung des Geldes für die Erstausstattung neu angesiedelter ärmerer Bürger zur Abstimmung bringen wollte, trug ihm den Vorwurf ein, die hellenistischen Herrscherinsignien, die als »Diadem« bezeichnete Siegerbinde, zu verlangen (und das Exemplar des verstorbenen Attalos schon im Haus zu haben), während seine Ermordung hinwiederum, einem Strang der Überlieferung nach, symbolträchtig zu Füßen der Standbilder der einstmals verjagten Könige Roms erfolgt sein soll. Weniger weit hergeholt war der Verdacht bei Caesar. Konnte man seine lebenslange Dictatur bereits als Alleinherrschaft oder ›Tyrannei« sehen, so mutmaßten doch viele, ihm sei zusätzlich am Diadem oder/und am Titel eines *rex* und der Erneuerung des *regnum* der Frühzeit gelegen.

Von den drei Großreichen des Hellenismus, in welche die Eroberungen Alexanders nach dessen Tod zerfielen, existierte zu Lebzeiten des Augustus nur noch ein einziges. Genau in dessen Geburtsjahr hatte nämlich Gnaeus Pompeius d. Ä. den letzten Seleukidenkönig abgesetzt (ohne daß dieser sich etwas hatte zuschulden kommen lassen, wie Appian, Syr. 49,250, un-

terstreicht) und den kümmerlichen Rest eines sich zeitweise
bis nach Indien erstreckenden Machtgebildes in die Provinz *Syria* verwandelt. Nachdem die Antigoniden Makedoniens schon
seit 168, nach ihrer zweiten Niederlage gegen Rom, von der politischen Landkarte gelöscht waren, ragte allein das Reich der
Ptolemaier in Ägypten noch aus den vielen kleinen Fürstentümern des Ostens heraus. Seine Außenbesitzungen, die temporär sogar Gebiete im südlichen und westlichen Kleinasien sowie der nördlichen Ägäis und Städte wie Milet, Ephesos und
Byzanz einschlossen, hatte es zwar ebenfalls eingebüßt. Allerdings lag der Verlust Libyens bzw. der Landschaft um Kyrene in
Nordafrika sowie Zyperns – beide gingen 74 bzw. 58 an Rom –
so kurz zurück, daß hier eine Revision durchaus noch denkbar
erschien. Speziell die Bürgerschaft der Hauptstadt Alexandreia
war sogar selbstbewußt (oder leichtsinnig) genug, um mehrfach eine militärische Herausforderung der Weltmacht zu riskieren. Auch der beträchtliche Reichtum des Landes machte
aus ihm mehr als einen Vasallenstaat. Wenn sich seine Könige
beispielsweise die Unterstützung römischer Politiker erkauften, hatten sie keinen Grund, in derart gewonnenen Helfern
ihre Herren bzw. Wohltäter und nicht einfach korrupte Mietlinge zu sehen oder im besten Fall eine Partnerschaft zu wechselseitigem Nutzen anzunehmen.

Als letzteres läßt sich in mancher Hinsicht auch die Verbindung zwischen Antonius und Kleopatra deklarieren. So hat die
Forschung herausgearbeitet, daß es für Antonius Sachzwänge
gab, sich der Unterstützung der Königin und damit der Ressourcen Ägyptens zu versichern, zumal er die Verluste des
Partherkrieges in Rom verheimlichen wollte. Ebenso hat sie
nachgezeichnet, wie geschickt Kleopatra die Position ihres
Landes durch diese Allianz verbesserte. Wenngleich ihr der
General keineswegs blind jeden Wunsch erfüllte und im
Raum Palästina etwa ihren Begehrlichkeiten gegenüber dem

Reich des Herodes entgegentrat bzw. ihr davon gerade so viel zugestand, um auch diesen Verbündeten in der Hand zu haben, konnte sie doch auf beachtliche Erfolge verweisen. Ein besonderer Zuwachs an Prestige war es, daß sie genug von den Außenbesitzungen, vor allem Zypern, aber auch die Kyrenaika und Gebiete in Syrien zurückerhielt, um Hoffnungen auf eine Erneuerung der Vergangenheit nicht illusionär erscheinen zu lassen. Zudem sollte sie wahrscheinlich an den Territorialgewinnen künftiger Feldzüge (gegen Armenien, die Meder und Parther sowie Unruhezonen Syriens) beteiligt werden, was angesichts der Teilhabe an den Lasten und Risiken der Kampagnen durchaus vertretbar war.

Mit einer solchen Bilanz ist freilich selbst dann noch nicht alles erfaßt, wenn man nur wirklich gesicherte Sachverhalte weitergeben möchte. Schon gar nicht wäre dadurch die zeitgenössische Aufregung über das Verhalten des Antonius zu erklären. Anders sieht es jedoch bereits aus, wenn man erfährt, daß der Römer von 37 an stets den gesamten Winter nicht in einer der zahlreichen (und hochzivilisierten) Provinzen des Ostens, sondern im Palast der Ptolemaier in Alexandreia verbrachte, was der Hofhaltung eines Königs näher kam denn einem Staatsbesuch, als welcher seine erste Visite im Jahre 41 noch hatte durchgehen können. Wäre der sexuelle Kontakt zur Königin, die schon mit Caesar in dieser Weise verkehrte, per se allenfalls ein Skandal niedrigster Ordnung gewesen, so wich Antonius in mindestens einem Punkt vom Dictator ab. Daß er seinerseits das Gegenteil behauptete, ist historisch unkorrekt, freilich insofern interessant, als es immerhin ein gewisses Bewußtsein für die Bedeutung jener Handlung dokumentiert, für die ein Präzedenzfall so sehr erwünscht war, daß er erfunden wurde. Tatsächlich ist es in mehrfacher Hinsicht folgenreich, daß Antonius drei Kinder Kleopatras, die Zwillinge Alexander Helios und Kleopatra Selene sowie Ptolemaios

Philadelphos, offiziell als die seinen anerkannte. Noch in der harmlosesten Auslegung hieß dies nämlich, daß er der Vater künftiger Könige und Kleopatras Status derart stark aufgewertet war, daß gelegentlich schon von Ehe gesprochen wird. Antonius selbst ordnete die Beziehung jedenfalls noch vor der Scheidung von Octavia (Juni 32), aber wohl erst nach dem Ausbruch eines neuen (zunächst verbalen) Schlagabtausches mit Augustus Anfang 33 in diese Kategorie ein.

Unweigerlich tauchte die Übernahme der Vaterschaft auch eine Maßnahme in ein neues Licht, die für sich besehen nichts Spektakuläres hatte. Grundsätzlich konnte bei Randbezirken des römischen Reiches stets pragmatisch entschieden werden, ob es für Rom größere Vorteile bot, sie direkt als Provinzen oder mittels romtreuer einheimischer Fürsten indirekt zu kontrollieren. Revisionen – die Umwandlung einer Provinz in einen sogenannten Klientelstaat und umgekehrt – waren dabei nicht ausgeschlossen. Wurde es jedoch in der Vergangenheit bereits als problematisch erachtet, wenn sich die eingesetzten Herrscher einem einzelnen römischen General (etwa Pompeius) und nicht dem römischen Staat als Kollektiv zu Dank verpflichtet fühlten, so beginnt man die Wirkung zu erahnen, die Antonius mit der Vergabe von (teils realem, teils prospektivem) Provinzgebiet an seine eigenen Kinder und deren Mutter erzielte. Daß er – wie es zum Klischee eines Tyrannen gehörte – öffentliches Land (*ager publicus Romanus*) wie sein Privateigentum behandelte, war die eine Seite; daß er sich eine verläßliche und von seiner Stellung in Rom gänzlich unabhängige Hausmacht schuf, die andere. Um die schon im Spätherbst 34 in Alexandreia verlautbarten Neuordnungen der römischen Bürgerschaft zur Ratifizierung vorzulegen, schien es selbst Antonius ratsam, auf das Consulat zweier »ihm ganz besonders ergebener« Männer im Jahre 32 zu warten (Cass. Dio 49,41,4). Gerade diese aber hielten es für dringend geboten, sein Schreiben nicht an die Öffentlichkeit gelangen zu lassen. Noch schwerer wog es freilich, daß mit dem Wissen um dessen ›Altersvorsorge‹ jedes Angebot des Antonius, auf seine außerordentlichen Vollmachten zu verzichten, wie Hohn erschien und für Augustus, der nicht zusätzlich über das Militär der Ptolemaier verfügte, unannehmbar war.

Nicht grundlos schenken die antiken Quellen (vor allem Cass. Dio 49,41; Plut. Ant. 54) demnach dem Spätherbst 34 und dem Auftritt des Antonius in Alexandreia besondere Aufmerksamkeit. Hier war es nach Erfolgen gegen Armenien zu einer prächtigen Siegesfeier gekommen. Obschon man dabei kaum gezielt einen Triumphzug kopierte, lag diese Lesung wegen der auffälligen Absenz des Antonius von Rom nahe. Wichtiger jedoch war der Anblick, der sich der Bürgerversammlung der Alexandriner im Theater bot: Antonius und Kleopatra, letztere im Ornat der Göttin Isis, nebeneinander (!) auf identischen (!) Thronen, die Kinder, in Königstrachten, variiert nach den für sie vorgesehenen Regionen, etwas tiefer sitzend, aber im Verlauf der Zeremonie ›ihre Eltern« (!) umarmend und küssend – das war ein Bild, das dem einer Herrscherfamilie so gut wie vollständig entsprach und hier in einem dezidiert politischen Rahmen präsentiert wurde.

Denkwürdig wurde der Tag schließlich noch durch ein weiteres Ereignis. Antonius brachte nämlich Caesar ins Spiel. Kleopatra sei dessen Gemahlin, ihr ältester Sohn Ptolemaios, soeben mit dreizehn (nach römischen Maßstäben also in etwa volljährig) zum Teilhaber an ihrer Königswürde erhoben, sei ein leiblicher Nachkomme des Dictators, den dieser als solchen anerkannt habe. Daß die eigentlichen Adressaten dieser Botschaft die Alexandriner waren, wäre selbst ohne weitere Informationen unwahrscheinlich, hielt sich Caesars Popularität in der Stadt doch aufgrund von Kampfhandlungen des Jahres 47 in engen Grenzen. Eindeutig nach Rom führt die Spur dadurch, daß Antonius seine ›Zeugenaussage‹ auch dem Senat brieflich unterbreitete und dabei (ohne Absprache mit den inzwischen betagten Herren) zwei ehemalige Vertraute des Dictators als weitere Gewährsleute benannte (Suet. Iul. 52,2). Einer von ihnen nahm die Sache persönlich genug, um sich zu einer Flugschrift aufzuraffen, »als bedürfe die Sache eines Dementis oder einer Abwehr« (ebd.). Daß dieses Manöver auf Augustus zielte (und die Auseinandersetzung mit ihm neu eröffnete), ist nicht nur für Cassius Dio (49,41,2) klar; ob es ein geschickter Schachzug war, allerdings weniger. Denn es ließ sich nicht vermeiden, daß, sogar bei optimalem Verlauf der Aktion, nicht nur ein Caesar-Sohn (Augustus) möglicherweise demontiert, sondern ein anderer, Ptolemaios Kaisar Theos (›der Göttliche‹) Philopator Philometor (›der Vater und Mutter Liebende‹), der am Königshof der Ptolemaier aufgewachsen war und mit Kleopatra eine hellenistische Monarchin zur Mutter hatte, als ein Kandidat eingeführt wurde, bei dem es nahelag, ähnliche Ambitionen wie beim Adoptierten zu unterstellen. Mit einer solchen Zukunftsperspektive war freilich keine Gruppe der römischen Gesellschaft zu begeistern.

Obschon also der ›Familienfriede‹ zwischen Augustus und Antonius spätestens Ende 34 offenkundig der Vergangenheit angehörte und Augustus dementsprechend die traditionelle Rede »Zur Lage der Nation« (*de re publica*), die er bei Antritt seines zweiten Consulats am 1. Januar 33 hielt, zu einer Attacke auf Antonius nutzte, verstrich noch mehr als ein Jahr, bis der Konflikt eine weitere Eskalationsstufe erreichte. Daß die Initiative hierzu von Augustus ausging, ist deshalb nicht anzunehmen, weil der Zeitpunkt für ihn kaum ungünstiger hätte sein können. Denn vom regulären Auslaufen der von beiden Rivalen bekleideten Ausnahmeposition zum 31. Dezember 33 war Antonius (sogar ohne Berücksichtigung seines ›zweiten Standbeines‹ Ägypten) schon deshalb viel weniger betroffen,

weil die lange im voraus, nämlich nach dem Vertrag von Misenum, festgelegte Consulatsverteilung für das Jahr 32 zwei seiner loyalsten Anhänger, Gaius Domitius Ahenobarbus und
Gaius Sosius, im höchsten Amte vorsah. Zudem konnte er
dank seiner Abwesenheit von Italien viel leichter behaupten,
seine Aufgaben bis zur Übergabe seiner Truppen an einen
Nachfolger fortführen zu müssen. Augustus blieb dagegen
kaum etwas anderes übrig, als sich ruhig (und von Rom fern)
zu halten und darauf zu hoffen, daß die beiden Consuln ihn
nicht nach Ablauf seines Amtes als Privatmann einstuften und
die Gelegenheit zu einer Anklage nutzten. Genau eine solche
wurde jedoch von Gaius Sosius betrieben und vom Veto des
Volkstribunen Nonius Balbus gerade noch unterbunden (Cass.
Dio 50,2,3).

Nun freilich reagiert der Angegriffene selbst. Mit einigen ei-
lends rekrutierten Soldaten erzwingt er einen Platz neben den
Consuln, um sich zu den gegen ihn erhobenen Vorwürfen zu
äußern (Cass. Dio 50,2,5). Daß er damit zugleich signalisiert,
weiterhin seine Sonderbefugnisse zu beanspruchen, bewegt
die Consuln (und etliche Senatoren), Italien zu verlassen und
sich zu Antonius zu begeben, der nach Abbruch eines Partherfeldzugs in Ephesos steht. Als sich die Hoffnungen mancher,
ihn von Kleopatra trennen zu können, zerschlagen, wechseln
zwei maßlos enttäuschte enge Freunde des Generals die Seiten. Durch sie erhält Augustus Kenntnis von einem vernich-
tenden Beweisstück gegen den Rivalen, dessen Testament, das
er sich widerrechtlich aneignet, indem er es aus dem Tempel
der Vesta entwendet. Das Risiko war das Dokument jedoch
wert: Es stellte außer Frage, daß es Kleopatra und ihre Kinder
waren, die Antonius als seine Familie ansah. Selbst falls er in
Rom sterben sollte, so stand da zu lesen, wollte er nach Alexandreia überführt werden und an Kleopatras Seite begraben
sein (Plut. Ant. 58). Dem Nachwuchs wurden hohe Legate zu-

erkannt (Cass. Dio 50,3,3 ff.). Dieses zweifelsohne echte und äußerst private Schriftstück verschafft uns immerhin die Gewißheit, daß zumindest für Antonius der Bund mit Kleopatra nicht jene reine Geschäftsbeziehung war, zu der ihn ein Teil der Forschung in einer Überkompensation der antiken Vorwürfe von der Liebestrunkenheit gemacht hat. Daß sein Untergang von diesem sehr menschlichen Selbstzeugnis eingeleitet wurde, mag ihm Sympathien einbringen und vielleicht traurig stimmen. Zwei tragische Liebende, die am Unverständnis ihrer Umwelt scheiterten, waren die beiden jedoch nicht. So ändert auch die Existenz von Gefühlen nichts daran, daß die Königin für Antonius einen Machtfaktor darstellte, den er nicht zuletzt in Rom für sich zu nutzen gedachte.

Genau diese Allianz – mit all ihren brisanten Konsequenzen – war durch das Testament nun unwiderlegbar bewiesen. So erübrigte sich tatsächlich jede weitere Diskussion. Was blieb, war die Wahl der Seiten. Alles in allem entschieden sich zwei Drittel der Senatoren für Augustus. Die Rüstungen schritten im Osten rasch weiter voran. Da eine Invasion der Apenninenhalbinsel freilich eine verheerende Optik erzeugt hätte, wurde erneut Griechenland, diesmal die Westküste und das Meer vor Actium, Schauplatz des Kampfes. In ihm siegte am 2. September 31 noch einmal Augustus mittels Agrippa, am 1. August 30 fiel Alexandreia. Der letzte Krieg auf Suetons Liste war vorüber. Und auch das Reich der Ptolemaier gab es nicht mehr. Ägypten und seine Schätze wurden in der Zukunft zu einer wichtigen Stütze einer anderen Macht, nämlich des römischen Kaisertums. Wie hoch man seine Bedeutung einschätzte, wird schlaglichtartig dadurch erhellt, daß das Land Senatoren nicht frei zugänglich war. Kaiser behandelten weite Teile davon vielmehr als eine Art persönlichen Besitzes, eine Domäne, die ein dem Ritterstand angehörender Vertrauensmann unter dem Titel eines *praefectus* leitete. Indem Ägypten sowohl die Versorgung Roms mit Getreide gewährleistete als auch in erheblichem Maß zur persönlichen Kasse der Herrscher beisteuerte, enthob es wenigstens einen sparsamen Mann wie Augustus einiger Sorgen.

Mehr denn Schicksalsmacht und Laune der Fortuna:
Die Wurzeln des Übels und Augustus' Mitwirkung
an dessen Verschwinden

Sich bereits jetzt der neuen Zeit samt ihrer neuen und wesentlich von Augustus mitgestalteten Organisationsformen zuzuwenden wäre jedoch verfrüht. Denn es steht noch aus, die eingangs gestellte Frage zu beantworten und nach Ursachen zu suchen, die für das Gesamtphänomen Bürgerkrieg verantwortlich, also grundsätzlicherer Natur sind als die bisher beleuchteten tagespolitischen Konstellationen und mittelfristigen Entwicklungen bzw. über Jahrzehnte sich anstauenden Probleme. Bei dem dazu erforderlichen Aufspüren struktureller Faktoren bieten die Quellen auf den ersten Blick keine große Hilfe. Zwar sind sie durchaus bemüht, das Unheil zu erklären, das Rom auf dem Höhepunkt seiner außenpolitischen Macht trifft. Zum Teil freilich dokumentieren die offerierten Lösungsansätze in unseren Augen eher die Ratlosigkeit der Mit- und Nachwelt. In diese Kategorie wird man beispielsweise den Hinweis auf die Macht des Zufalls und die launenhafte Glücksgöttin zu setzen haben. Auch die in vielen Varianten wiederkehrende Diagnose eines Sittenverfalls ist von den Standards der heutigen Wissenschaft so weit entfernt, daß sie keiner weiteren Überlegung wert erscheint. Ganz so rasch sollte man diesen Punkt freilich nicht abtun. Unter der Schicht moralischer Emphase werden nämlich einige Sachverhalte deutlich, welche die Analyse sehr wohl weiterbringen.

Deren erster zeigt sich, wenn man als Grund der Krise die

Ausschaltung konkurrenzfähiger feindlicher Staaten benannt findet, aber ebenso, wenn in politischen Reden mittels Normen und der Einforderung von Anstand an Feldherrn appelliert wird. Denn beides spiegelt die Ansicht wieder, Heerführer würden am Mißbrauch der ihnen anvertrauten Ressourcen allenfalls durch Gefährdung vom Ausland her bzw. individuelle Klugheit oder Ehrenhaftigkeit, nicht aber durch Kontrollmechanismen im Verfassungsgefüge gehindert. Mit aller Drastik artikuliert dies gerade eine Rede Ciceros aus dem Jahre 43. In ihr wendet sich der Senator am 20. März, also kurz vor den Schlachten um Mutina, nicht zuletzt gegen eine Initiative des Lepidus, der, vom Senat zum Eintritt in die Koalition für Decimus Brutus aufgefordert, das Gremium zu neuerlichen Verhandlungen mit Antonius veranlassen wollte, nicht ohne seiner Meinung mit Hinweisen auf seine Truppen Nachdruck zu verleihen. Bei Cicero (Phil. 13,6,13 f.) klingt das folgendermaßen: »Wenn er [Lepidus] uns mit seiner Armee einzuschüchtern versucht, vergißt er, daß diese Armee Senat und Volk von Rom und dem gesamten Staate gehört. ›Aber er kann sie verwenden, wie er will!‹ Natürlich. Dürfen aber ehrenhafte Männer alles tun, was sie an sich tun könnten? Auch wenn es schimpflich […] ist und eigentlich überhaupt nicht getan werden dürfte? Was aber ist häßlicher, schändlicher, unziemlicher, als eine Armee gegen den Senat, gegen Mitbürger, gegen das eigene Vaterland zu führen? Was tadelnswerter, als zu tun, was man nicht tun darf? Und niemand darf eine Armee gegen sein Vaterland führen, wenn anders wir ›dürfen‹ nennen, was nach den Gesetzen, nach Sitten und Herkommen der Vorfahren erlaubt ist. Weder steht jedermann frei zu tun, was er kann, noch ist es ihm, wenn niemand ihm in den Weg tritt, deshalb gestattet. Genau wie deinen Vorfahren hat dir, Lepidus, das Vaterland eine Armee gegeben, um es zu schützen. Mit ihr wirst du den Feind abwehren und die Grenzen unseres Reiches erweitern, wirst dem Senat und dem römischen Volk gehorchen, wenn es dich etwa zu einer anderen Aufgabe abkommandiert.«

Ein bestimmter Typus von Kontrolle, der im zivilen politischen Leben, der Zone *domi* (zu Hause) eine wichtige Rolle spielte, nämlich die Interventionsmöglichkeit anderer Amtsträger in Gestalt von hierarchiegleichen oder -höheren Inhabern desselben Postens (*collegae*) und der Volkstribune, war tatsächlich für den Bereich des Heereskommandos von vornherein nicht vorgesehen gewesen. Zum Risikofaktor avancierte dies freilich erst durch eine Reihe von Veränderungen, die wesentlich mit Roms Aufstieg zur Großmacht im 3. und 2. Jahrhundert und dem Erwerb eines Reiches verbunden sind. Die Entstehung von Provinzen ist dabei ebenso von Einfluß wie die zunehmende Entfernung der Einsatzgebiete von der Heimat und die mit der räumlichen einhergehende zeitliche Ausdehnung der Tätigkeit von Kommandanten. Nehmen wir also zunächst diese drei Komponenten etwas genauer in den Blick.

Signifikanterweise kommt den Provinzen in sämtlichen Bürgerkriegen der Römer eine große Bedeutung zu. Dies gilt nicht zuletzt für den einzigen, der nicht nachgerade von dort nach Italien getragen wurde: Denn auch für Sullas Kontrahenten offerierten diese Gebiete (hier vor allem Nordafrika, später Sizilien und Spanien) Rückzugsräume zur Reorganisation ihrer Kräfte bis hin zu eigenen Herrschaftsbereichen, die sich sogar dem Zugriff des Herrn über die Hauptstadt längerfristig entzogen. Ebenso aber hat Sulla selbst sein Unternehmen ganz überwiegend mit Geldern finanziert, die er aus Griechenland als Region seines Krieges gegen Mithradates VI. sowie von den Städten *Asias* gewann. Die Verfügung des Senats über die öffentliche Kasse in Rom stellte demnach kaum ein Druckmittel dar, das der Kommandant einer Armee in der Provinz ernsthaft zu bedenken hatte.

Eine Reduktion an Mitgestaltungsmöglichkeiten, die speziell zu Lasten des Senates geht, läßt sich nicht nur an dieser Stelle verzeichnen. Nicht weniger resultierte sie aus den größer werdenden Distanzen. Sie machten es beispielsweise unabdingbar, den ohnehin beträchtlichen Ermessensspielraum der Generäle noch stärker zu erweitern. Teils wurden letztere dabei ganz offiziell von der Verpflichtung zur Rücksprache mit dem Gremium entbunden und ermächtigt, »zu betreiben und auszuführen, was ihnen dem Wohle der Gemeinschaft zuträglich zu sein scheine« (z. B. Liv. 22,11,2 ff.; 27,10,2). Vor allem aber bedingten die langen Wege zum Einsatzort (bspw. in Spanien, Nordafrika, Griechenland, der Türkei, dem Nahen Osten), daß es sich nicht, wie bei Roms Anfängen in Italien, um Wochen oder wenige Monate handelte, in denen ein Praetor oder Consul eine Armee befehligte. Im 4. Jahrhundert war es noch ein singulärer Fall gewesen, daß die Belagerung Neapels 326 nicht während des Amtsjahres des Consuls abgeschlossen werden konnte und die Bürgerschaft daher seine Kommandogewalt, das consularische *imperium*, verlängerte, damit er »anstelle eines Consuls / ersatzweise für einen Consul« (*pro consule*) diese Aufgabe zu Ende brachte, die unter einem Wechsel der militärischen Führung fraglos gelitten hätte. Daß die sogenannte *prorogatio* im weiteren Verlauf nicht mehr eines Beschlusses des römischen Volkes bedurfte, sondern vom Senat erledigt wurde, deutet bereits darauf hin, daß man in ihr nicht länger etwas Außergewöhnliches sah, das einer Grundsatzentscheidung bedurfte, sondern eine Detailregelung, bei der die Experten gefragt waren. Freilich war damit noch keineswegs der Endpunkt der Entwicklung erreicht. Bereits im 2. Jahrhundert v. Chr. konnten gerade jene Kommandanten fest mit einer Fortdauer ihrer Amtsbefugnis rechnen, die sich mit erhöhter Truppenstärke in Krisengebieten aufhielten oder besonders fern von der Zentrale operierten. Eine Intensivierung der Beziehung zu den Soldaten war eine fast unabdingbare Folge, eine Gewöhnung an Eigenmächtigkeit, Entwöhnung von der Interaktion mit den Senatoren oder ganz allgemein von einem für die Politik angemessenen Auftreten immerhin möglich. Nach insgesamt neun Jahren im Feld scheint schon Publius Cornelius Scipio Africanus, der von 210 bis 201 auf verschiedenen Schlachtfeldern wesentlich für Roms Erfolg über Hannibal verantwortlich war, nicht mehr recht in die Rolle eines hochrangigen Senators zurückgefunden zu haben. So empfand er es als Zumutung, aufgrund seiner Verdienste keine Sonderbehandlung zu erfahren. Dies steigerte sich bis zu dem mehr als bedenklichen Anspruch, über dem Gesetz zu stehen: Ein gegen ihn selbst gerichtetes Gerichtsverfahren hat Scipio ebenso torpediert, wie er, als sein Bruder die Abrechnungen über den Krieg gegen das Seleukidenreich vorlegen sollte, öffentlich die Bücher zerriß. Daß sich solche Männer (im Fall des Scipio freilich verbittert und unfreiwillig) ins Privatleben zurückzogen, dürfte der größte Dienst gewesen sein, den sie der Heimat noch erweisen konnten.

So wenig die veränderte Lage alleine die Generalität betraf, so dringend ist es jetzt geboten, sich eine genauere Vorstellung von jenen Leuten zu bilden, die in den Bürgerkriegen bereit waren, für die jeweiligen Anführer und gegen andere Römer zu kämpfen. Auch über sie lautet das Verdikt der Quellen auf »Sittenverfall«, wobei im allgemeinen freilich die Schuld am Verlust der Disziplin bei der Heeresleitung verortet und dahinter sogar ein Plan vermutet wird: »Um sie sich dadurch treu zu machen«, habe Sulla in *Asia* die Truppe »wider die Art der Vorfahren üppig und allzu großzügig gehalten« und »verweichlicht«. Angeblich zum erstenmal hätten die Soldaten sich dort angewöhnt, »zu huren, zu saufen, Statuen, Gemälde, ziselierte Gefäße zu bewundern, sie auf eigene Faust oder offiziell zu rauben, die Heiligtümer zu plündern, Heiliges und Nichttheiliges zu besudeln«, weshalb sie nach ihrem Sieg in der Heimat »den Besiegten nichts übrigließen« und »bei ihrer verdorbenen Art ihren Sieg« nicht »maßvoll« ausnutzten (Sall. Cat. 11). Auch manchen modernen Interpreten scheint mit dem Hinweis auf die den Armeen gebotenen Summen und Beuteversprechen genug zu deren Motiven gesagt zu sein.

Ganz so leicht darf man sich des Problems, wofür die Soldaten der Bürgerkriege eigentlich kämpften, freilich nicht entledigen. Ehe man sich ihm jedoch zuwenden kann, muß zunächst ein klareres Bild von einigen Charakteristika des römischen Heeres gewonnen werden. Erst diese nämlich machen verständlich, weshalb man sich nicht darauf zurückzuziehen vermag, daß die Truppen schlicht Befehlen folgten und sich in Strukturen befanden, in denen sich die Suche nach ihren Beweggründen deshalb erübrigt, weil ihnen keinerlei Entscheidungsfreiheit zur Verfügung stand. Zusätzlich liefert die Eigenart von Roms Armee uns ganz konkret für Augustus die Antwort auf die Frage, wieso ein Mensch, der auf dem Schlachtfeld weder das Talent zum Soldaten noch zum Heerführer hatte, in der Lage war, über Jahre hinweg ein höchst erfolgreicher Kommandant zu sein.

In ein einziges Wort komprimiert, liegt der Schlüssel zu all diesen Punkten in dem Begriff der *contio*. Im Bereich des zivilen politischen Lebens wird damit eine Versammlung der Bürgerschaft bezeichnet, die unter der Leitung einer dazu befugten Amtsperson (in der Regel eines Consuls, Praetors oder Volkstribunen) steht und einerseits dazu dient, die Anwesenden über das Geschehen im Senat oder Projekte der Amtsinhaber zu informieren, andererseits aber ihre Zustimmung dazu zu gewinnen bzw. ihre Meinung dazu zu erfahren. Wenn in Rom nur sehr wenige Beschlußvorlagen bei Abstimmungen des Volkes scheiterten, so hat dies hauptsächlich damit zu tun, daß ihre Chancen vorher in *contiones* ausgetestet wurden und

Initiatoren nicht vermittelbarer Anliegen solche Pläne rechtzeitig fallenließen. Obwohl auf dem Podium nur Redner, meist Senatoren, zu Wort kamen, denen der Versammlungsleiter dies gestattet hatte, darf man sich die Menge weder ruhig noch ohne eigene Aktivität vorstellen. Durch Beifall oder Protestrufe brachte sie ihre Ansichten höchst vernehmlich zum Ausdruck.

So wichtig die *contiones* auf dem Forum sind, so ist es im gegenwärtigen Kontext doch weit bedeutsamer, sie im Heerlager wiederzufinden. Dort lenken sie die Aufmerksamkeit auf das äußerst bemerkenswerte Faktum, daß von den Römern Soldaten als Bürger verstanden werden, die sich in öffentlichem Auftrag im Bereich *militiae* (im Felde) aufhalten. Wie ihr Kommandant als Praetor oder Consul Inhaber eines Postens mit gleichermaßen zivilen wie militärischen Kompetenzen ist oder es, im Falle einer Verlängerung seines *imperium*, vor kurzem war, so ist auch die Truppe nicht entpolitisiert und auf eine passive Rolle als belebte Waffe reduziert. Sie entsprach, zur *contio* versammelt, einer Zusammenkunft der Bürgerschaft sogar so vollständig, daß es erforderlich war, Amtsträger davon abzuhalten, hier – mittels einer im Zivilbereich gängigen Überführung der *contio* in *comitia* (beschlußfassende Bürgerversammlungen) – regelrecht Abstimmungen über Gesetze durchzuführen (Liv. 7,16). Zustimmung (*adsensus/consensus*) zu erlangen, war demgegenüber nach wie vor das, worauf die *contio* auch im Heerlager zielen durfte – besser noch: sogar zielen sollte – und zielte. Daß die Ausführungen des versammlungsleitenden Heerführers lautstark gebilligt wurden, war derart selbstverständlich, daß es eigens untersagt werden mußte, falls der Lärm eine Kriegslist zu gefährden drohte (Liv. 7,35,2; Tac. ann. 1,67,1). Beim Alternativszenario des Protestes kommen allerdings graduelle Abweichungen zwischen den Sektoren *domi* und *militiae* zum Tragen: Bürgern als Soldaten

Pfiffe, Buhrufe, Schmähungen gegen den Mann zu erlauben, unter dessen Oberbefehl sie standen und dem sie Gehorsam gelobt hatten, schien der Disziplin der Truppe allzu abträglich. Die Ablehnung wurde daher regelkonform im Ausbleiben des Beifalls manifestiert (z. B. Liv. 8,7,14) – einem in der Tat äußerst beredten Schweigen.

Eine solche Warnung zu ignorieren war wenig ratsam. Ganz anders als das Schlagwort der militärischen Zucht und drakonische Strafen für Dienstverstöße vermuten lassen, stellten Meutereien römischer Heere weder eine Seltenheit noch ein Phänomen dar, das erst in der Zeit der Bürgerkriege auftrat oder einzig unfähige Kommandanten betraf. Selbst hervorragende Generäle wie Scipio oder Caesar wurden damit konfrontiert und wegen ihrer Kunst, die Soldaten wieder in den Griff zu bekommen, noch stärker bewundert. Augustus fand sich kurz nach seinem Sieg über Sextus Pompeius und der Ausschaltung des Lepidus in einer solch prekären Situation, in der er weder erpreßbar erscheinen noch eine Eskalation zu offener Gewalt riskieren durfte, mit anderen Worten den in beiden Fällen eintretenden Verlust der Kontrolle zu vermeiden hatte (App. bell. civ. 5,128,528 ff.). Daß er dazu gleichzeitig die Botschaft vermitteln mußte, die Anliegen der Truppe ernst zu nehmen, aber auf der eigenen Führungsrolle zu beharren, verlangte Fähigkeiten, die viel mit Politik zu tun haben, hing der Erfolg doch an Faktoren wie einem Gespür für Stimmungslagen, einfallsreichen Kompromissen und einer gelungenen Inszenierung. Ein überzeugender Redner zu sein half Augustus (wie jedem Feldherrn) freilich auch bei regulär ablaufenden *contiones*. Er zehrte demnach gegenüber der Armee keineswegs einzig vom Renommee Caesars und von Agrippas militärischer Begabung, sondern trug sehr wohl selbst zur Akzeptanz seines Oberbefehls bei.

Die Meuterei mit der größten Bedeutung für Augustus' Leben ereignete sich allerdings bereits recht früh, nämlich im Herbst 44 und nicht in seinem eigenen Heer. Ihren Ausgangspunkt bildet eine *contio*, in welcher der Consul Marcus Antonius wenig geschickt agiert. Als er drei der vier Legionen, die er aus Makedonien zurückbeordert hat, in Brundisium in Empfang nimmt, erwarten diese von ihm eine Erläuterung seiner Politik, an der sie, laut Appian (bell. civ. 3,43,175), besonders die Passivität gegenüber den Attentätern befremdet. Auf dem Weg zur Tribüne wird Antonius daher nicht mit dem üblichen Jubel begrüßt und zunächst schweigend angehört. Statt seinen Mißmut darüber zu verbergen, die Truppe einer Erklärung zu würdigen und ihr das Gefühl zu geben, an seinen Plänen teilzuhaben, verschlechtert er durch seine Ausführungen, die mit Vorwürfen wie Undankbarkeit und Illoyalität gespickt sind, die Stimmung beträchtlich. Schließlich verliert er bei einem Zornesausbruch nicht nur vollends jede Souveränität, sondern auch jeden Zugriff auf seine Zuhörer, die ihm den Rücken kehren und sich zerstreuen, ohne von ihm dazu autorisiert worden zu sein (siehe auch Cic. Att. 16,8,2). Unheilbar wird der Bruch dann durch Antonius' weiteres Vorgehen. So läßt er von seinen Stabsoffizieren Soldaten benennen, die im Rufe (!) von Unruhestiftern stehen, und etliche davon hinrichten. Die Wiederherstellung der Disziplin ist danach bloß noch von kurzer Dauer. Bei ihrer von Unterfeldherrn geleiteten Verlegung nach Oberitalien, wo sie gegen Decimus Brutus kämpfen sollen, sagen sich zwei der drei Legionen von Antonius los und unterstellen sich dem Kommando des Augustus.

Daß damit Teile der regulären römischen Armee, korrekt in Dienst genommene Soldaten unter Eid (den sie allerdings dem jetzt toten Caesar geschworen hatten!) von einem jungen Mann geführt wurden, der reine Privatperson war und über keinerlei rechtliche Grundlage seiner Kommandogewalt verfügte, ist der bei weitem heikelste Punkt bei Augustus' Erwerb einer eigenen Militärmacht. Daher braucht es nicht zu verwundern, daß unser Protagonist in den *Res Gestae* kein Wort über die *legio quarta* und die *legio Martia* verlauten läßt und sich ganz auf jene (zahlenmäßig ungefähr gleich starken) Verbände konzentriert, die er »aus eigenem Entschluß und eigenen Mitteln« (RG 1) in Campanien und Etrurien angeheuert hat. Er konnte dies umso leichter tun, als auch der Senat, der Ende 44 mehrheitlich zum Bruch mit Antonius bereit war, das Dilemma dadurch löste, daß er Augustus sehr wohl die Anwerbung seiner Privatarmee, nicht aber die Desertion der beiden Legionen als Verdienst anrechnete. In einem von Cicero beantragten Beschluß des Gremiums vom 22. Dezember 44 werden Ehre (*honores*) und Dank (*gratia*) zum einen Augustus (der laut Text »mit dem Höchstmaß an Zustimmung der von ihm mobilisierten Veteranen« handelt), zum anderen aber gesondert der Marslegion, »da sie sich für das Ansehen des Senates und die Freiheit des römischen Volkes einsetzt« und der Vierten Legion, die »mit gleichem Ratschluß und derselben Mannhaftigkeit [*pari consilio eademque virtute*] das Ansehen des Senates und die Freiheit des römischen Volkes verteidigt hat und verteidigt« in Aussicht gestellt (Cic. Phil. 3,15,38 f.). Der Realität entspricht dies zumindest insoweit, als der Abfall der beiden Einheiten wohl höchstens partiell durch Augustus' Einflußnahme verursacht wurde. Wichtiger freilich ist etwas anderes: Sollte es noch einen letzten Zweifel daran gegeben haben, daß die Römer ihren Heeren eigene Entscheidungen zutrauten und solche Aktivitäten zumindest nicht grundsätzlich mißbilligten, so vermag dieses offizielle Dokument und die Strategie, die darin zur Beseitigung der Problematik der Legionen unter Augustus' Kommando gewählt wird, ihn vollends auszuräumen.

Damit ist allerdings von neuem die Frage nach den tieferen Ursachen der Bürgerkriege aufgeworfen, geht es doch darum, herauszufinden, weshalb die wohl wirksamste Kontrollinstanz, die den potentiellen Machthunger eines Generals eindämmte, nämlich die römische Bürgerarmee, im 1. Jahrhundert nicht länger funktionierte, da nun Römer bereit waren, gegen andere Römer zu kämpfen und gegebenenfalls einem Marschbefehl gegen Rom Folge zu leisten oder sogar eine eigene Initiative dazu zu entwickeln. Auf eine vielversprechende Spur führt es, wenn man sich Veränderungen hinsichtlich der Integration der Soldaten in die römische Gesellschaft ansieht. Hier wird man nämlich unter mindestens drei Aspekten markante Unterschiede zur Vergangenheit feststellen:

Der erste betrifft die Möglichkeit zur Artikulation von politischen Anliegen im zivilen Raum. Sie ist nicht nur durch langen Dienst in Übersee deutlich gemindert, sondern steht auch den nach Italien geführten Heeren solange nicht offen, wie sie nicht demobilisiert werden. War es ursprünglich eine Grundidee bei der Vergabe der Ämter mit Kommandogewalt, daß Römer als Bürger jenen Mann auswählen konnten, unter dem sie anschließend als Soldaten kämpfen würden, so blieb schon im 2. Jahrhundert nichts mehr von dieser Einflußnahme auf das eigene Geschick übrig: In Briefen mußten die Truppen, die beim Wechsel des Generals im Einsatzgebiet – im überlieferten Fall Nordafrika – belassen wurden, jetzt ihre Verwandten bitten, in der Hauptstadt für einen bestimmten Kandidaten als künftigen Feldherrn zu votieren (z. B. Sall. Jug. 65,4; App. Lib. 17,112). Daß *civis*, das heißt der Bürger mit gerade auch politischen Rechten, nun mehrfach schon im Lateinischen dezidiert für den noch heute davon abgeleiteten Begriff des Zivilisten, die Antithese zum Soldaten, steht, ist symptomatisch. So gesehen kompensierten die Heere durch politische Forderungen und Stellungnahmen für Repräsentanten bestimmter politischer Richtungen ihren Verlust an Mitgestaltungsmöglichkeiten im Zivilsektor.

Nicht nur hinsichtlich ihrer Teilhabe am politischen Leben waren Roms Soldaten freilich im Zuge der Entwicklung ins Abseits geraten. Ein zweites Problemfeld zeigt sich im Bereich ihrer sozialen Stellung. Zwar hielt Rom bis Ende des 2. Jahrhunderts v. Chr. daran fest, Legionen ausschließlich aus Wehrpflichtigen zu bilden und die Wehrpflicht an ein Mindestvermögen – dabei genügte ein Acker in der Größe eines Fußballfeldes oder eine mehrfach abgesenkte Geldsumme – zu koppeln. Ein tragfähiges Konzept war dies jedoch spätestens dann nicht mehr, als sich Feldzüge nicht länger bloß zwischen Aussaat und Ernte abspielten. Durch mehrjährige Abwesenheit des Eigentümers oder des kräftigsten jungen Arbeiters solcher Familienunternehmen wurden kleinere Gehöfte oft schwer bis irreparabel geschädigt. Da im selben Moment Senatoren danach strebten, ihren Reichtum in italischen Grund und Boden zu investieren, war es für Bauern einfach, teilweise auch verlockend, die Landwirtschaft aufzugeben. Die Folgen malt schon Tiberius Sempronius Gracchus in einer Rede für sein Projekt einer Neugründung von Agrarbetrieben *in terra Italia* (angelegt auf Parzellen zu jeweils fünfzehn Fußballfeldern) aus. Dabei setzt er voraus, daß seiner Zuhörerschaft im Jahre 133 die Behauptung, keiner der römischen Soldaten nenne mehr eine einzige Scholle sein eigen, realitätsnah erscheint. Die Zukunft dieser Männer im zivilen Leben ist daher, so das von Tiberius entworfene Bild, unsicher; sinnentleert sind für sie die Ansprachen der Feldherrn, welche die Verteidigung der Heimaterde, der privaten Kapellen und Gräber der Vorfahren beschwören; ihre Wurzeln in der Vergangenheit, der Tradition der Familien, haben sie ebenso verloren wie einen festen Platz, an dem sie sich zu Hause fühlen. Die Gewinne von Roms Weltreich kommen bei ihnen nicht an, so daß sie mit gutem Grund zu dem Eindruck gelangen, für eine fremde, nicht ihre eigene bzw. die gemeinsame Sache aller Römer zu kämpfen und zu sterben. Im Originalton klingt das so: »Die wilden Tiere, die in Italien hausen, haben ihre Höhlen; jedes von ihnen weiß seine Lagerstätte, seinen Schlupfwinkel. Nur die, welche für Italien fechten und sterben, können auf nichts weiter als Luft und Licht rechnen; unstet, ohne Haus und Wohnsitz, müssen sie mit Frauen und Kindern im Lande umherziehen. Die Feldherrn lügen, wenn sie in Schlachten die Soldaten ermuntern, ihre Grabmäler und Heiligtümer gegen die Feinde zu verteidigen; denn von so vielen Römern hat keiner einen väterlichen Herd, keiner eine Grabstätte seiner Vorfahren aufzuweisen. Nur für die Üppigkeit und den Reichtum anderer müssen sie ihr Blut vergießen und sterben. Sie heißen Herren der Welt, in Wirklichkeit aber können sie keine einzige Erdscholle ihr Eigentum nennen« (Plut. Tib. Gracch. 9).

Die Frage, wie es für Soldaten nach der Entlassung aus dem Heer weitergehen soll und womit sie dann ihren Lebensunterhalt verdienen, stellte sich also bereits etliche Jahrzehnte vor jener Reform des Systems, die mit dem Namen des Gaius Marius verbunden ist und von der modernen Forschung nicht selten als fundamentaler Einschnitt, teils sogar als eine der Ursachen der Bürgerkriege gesehen wird. Der Inhalt der Neuerung ist unkontrovers. Neben der Rekrutierung von Wehrpflichtigen wird durch sie die Möglichkeit der Anwerbung von Freiwilligen eröffnet, bei denen sämtliche Hinderungsgründe entfallen, die eine vom Staat initiierte Einziehung zur Armee ausschlössen. Neben Männern unterhalb der Vermögensgrenze kommen dafür vor allem solche Dienstpflichtige in Betracht, die bereits ihre Höchstzahl von zehn Jahren abgeleistet haben, theoretisch auch die über Sechsundvierzigjährigen. Daß nicht gleichzeitig eine Pensionsregelung geschaffen wird, ist leicht zu erklären. Nach wie vor besaß Rom nämlich kein stehendes Heer, sondern bildete seine Streitkräfte jeweils für einen bestimmten militärischen Zweck, also beispielsweise einen Feldzug gegen einen spezifischen Feind. Daher ließ sich weder die Dauer des Einsatzes prognostizieren noch eine Weiterbeschäftigung oder Versorgung pauschal versprechen. Gerade kreative Lösungsversuche verdeutlichen die Komplexität der Materie. So war es denkbar, derzeit nicht benötigte Soldaten auszumustern und unter der Auflage anzusiedeln, für eine Wiedereinberufung zur Verfügung zu stehen. Was in gewisser Weise eine zeitgemäße Variante des früheren Modells wehrpflichtiger Kleinbauern darstellte, hatte freilich leider auch dessen Tücken geerbt. Rief man die sogenannten *veterani* tatsächlich zurück, geriet deren zivile Existenz in Gefahr; verzichtete man darauf und stellte Besitzlose ein, so durfte mit einem gestiegenen Zulauf, zugleich aber mit der Erwartung gerechnet werden, daß die neue Gruppe ebenfalls vom Staat Land erhalten würde.

Das Problem an derartigen Wünschen waren interessanterweise lange Zeit nicht die Kosten. So steigerte allein Pompeius' Feldzug im Osten, abgeschlossen im Jahr 63, laut Plutarch (Pomp. 45) Roms Zolleinnahmen um 35 Millionen Silbermünzen (der Grieche spricht von Drachmen, es handelt sich aber wohl entweder um Sesterze, die gängige Recheneinheit, oder Denare) auf insgesamt 85 Millionen, während als Beute (und das nach großzügigen Geldgeschenken an die Soldaten) Edelmetall im Gewicht von 20 000 Talenten (das sind umgerechnet 408 Tonnen) in den Staatsschatz gelangte. Bei einer Inventur im Jahre 157, das heißt vor der lukrativen Zerstörung von Korinth und Karthago und der Erbschaft des Attalos III. von Pergamon, hatten sich bereits 17 410 (römische) Pfund Gold (5,7 Tonnen), 22 070 Pfund Silber (7,2 Tonnen) und Bargeld im Wert von über sechs Millionen Sesterzen in der Kasse befunden (Plin. nat. hist. 33,17,55). Der heikle Punkt war mithin nicht die Finanzierung, sondern die Knappheit an verfügbarem Land in Italien. Die Ressource von sogenanntem *ager publicus Romanus* (Boden im Kollektiveigentum der römischen Bürgerschaft) war begrenzt und schon im letzten Jahrzehnt des 2. Jahrhunderts praktisch völlig, im Jahr 59 dann gänzlich erschöpft, die Möglichkeit eines Ankaufs von Privateigentum freilich nicht kalkulierbar, wenn man auf Druck oder gar Zwang verzichten wollte. So war es verlockend, sich jeder Verantwortung dadurch zu entledigen, daß es den Ex-Soldaten selbst überlassen wurde, sich den Traum vom eigenen Hof zu erfüllen. Dazu waren sie allerdings, trotz zum Teil recht beträchtlicher Abfindungssummen, nicht in der Lage, da der Markt in Italien von senatorischen Großgrundbesitzern und deren exorbitantem Reichtum dominiert wurde. Ließ sich der bei vielen vorhandene Wunsch nach Land daher in der Tat bloß mit staatlicher Hilfe realisieren, so brachte das Fehlen einer allgemeingültigen Bestimmung, welche zugleich eine rein bürokratische Abwickelung der Angelegenheit erlaubt hätte, das Thema jeweils von Fall zu Fall auf die Tagesordnung, wo es stets von neuem Gegenstand heftiger Debatten, also hochgradig politisiert, mit sachfremden Überlegungen vermischt und sogar stark ideologisch aufgeladen war.

Den größten Schaden richtete diese Verfahrensweise in einem Bereich an, auf den bereits Tiberius Gracchus' Rede den Blick lenkte. So wie in diesem Text davon ausgegangen wird, daß die gewandelte Lebenssituation der Soldaten nicht zuletzt deren Denken und Empfinden verändert, so sollten entsprechende Konsequenzen auch für die Handhabung der Versorgungsfrage in Betracht gezogen werden. Tatsächlich rief sie bei den Truppen den fatalen (aber nicht einmal ganz falschen) Eindruck hervor, die Zuteilung des Landes gehe nicht auf den römischen Staat und seine Organe zurück, sondern sei allein ihrem Feldherrn (und seiner guten Vernetzung) zu verdanken. Nicht eben groß war zudem der Schritt, sich bei einem Ziel, das gegen den Widerstand von Römern und speziell der Senatsmehrheit politisch erkämpft werden mußte, vorzustellen, es notfalls auch durch andere Formen des Kampfes zu erreichen. Jedenfalls entstanden bzw. verfestigten sich, zunächst im Kopfe der Betroffenen, Fronten im Inneren der römischen Gesellschaft. ›Die anderen‹ erregten dabei zusätzlich dadurch Unmut, daß sie im Regelfall die Profiteure jener Entwicklung Roms zur Großmacht waren, welche die Heere erstritten hatten, die ihnen aber nicht in gleichem Maße zugute gekommen war. Entkleidet man die Klage über den Sittenverfall erneut ihrer Moralismen, so wird darin das Streben der Soldaten festgehalten, an der Frucht ihrer Anstrengungen ein wenig teilzuhaben und nicht nur das Leben der politischen Führungsschicht mit unvorstellbarem Luxus zu überschwemmen.

Fehlende Verteilungsgerechtigkeit war im 1. Jahrhundert v. Chr. bereits in Verbindung mit einer anderen gewaltsamen Auseinandersetzung aufgetaucht. Das sogenannte *bellum sociale/Marsicum/Italicum*, zu deutsch meist »der Bundesgenossenkrieg« genannt, ist in unserem Kontext freilich nicht nur wegen dieses Handlungsmotivs oder seiner Verflechtung mit dem ersten römischen Bürgerkrieg von Interesse. Vor allem steht es für eine weitere, das heißt die dritte Form von Integrationsdefizit, das in diesem Fall sogar bis zum völligen Verlust jedweder Zugehörigkeit zu einer staatlichen Gemeinschaft reicht und seinen Ursprung direkt in dem politisch-militärischen Geschehen der Jahre 91 bis 70 hat.

Um das Ereignis, seine Tragweite sowie Augustus' spätere Gegenmaßnahmen zu verstehen, muß man sich wenigstens kurz die Situation im Italien des frühen 1. Jahrhunderts v. Chr. vergegenwärtigen. Es wäre nämlich ein großer Irrtum, sich die Apenninenhalbinsel zu diesem Zeitpunkt als durchgängig römisches Gebiet vorzustellen. Zwar hatte Roms Territorium, der *ager Romanus in terra Italia*, gebildet aus Land im Privateigentum von Bürgern (*ager privatus ex iure Quiritium*) und dem *ager publicus*, vor allem Anfang des 2. Jahrhunderts deutlich zugenommen. Nach wie vor aber existierten neben der expandierenden Tiberstadt zahlreiche Städte und Stämme (die Forschung geht von rund 150 aus), die formal souveräne Gemeinwesen (im heutigen Sprachgebrauch also eigene Staaten) und als solche mit Rom durch bilaterale Verträge verbunden waren. Inhalt und Gestalt der auf Ewigkeit angelegten Abkommen hatten sich seit der Genese des Netzwerks im 4./3. Jahrhundert nicht geändert: Als konkrete Leistung schrieben sie wechselseitig eine Waffenhilfe im Defensivfall vor, wobei jeweils der von einer dritten Partei angegriffene Partner den Oberbefehl führen sollte. Es war mithin keine Verschlechterung der Rechtslage, welche zu wachsendem Unmut der »Bundesgenossen« (zeitgenössisch *socii nomenque Latinum*, wobei der Begriff »Latinergruppe« Verbündete mit einigen – für die uns interessierende Frage jedoch irrelevanten – Privilegien bezeichnet) und schließlich im Herbst 91 zu einem bewaffneten Konflikt führte.

Was im Vorfeld des Krieges vorging, erscheint auch antiken Quellen im Kern als Problem der Verteilungsgerechtigkeit. Die Streitkräfte nämlich, die Rom zwischen 264 und 146 zur konkurrenzlosen Herrscherin im Mittelmeerraum machten, bestanden mindestens zur Hälfte, vielleicht sogar zu zwei Dritteln (Vell. Pat. 2,15,2) aus den Mannschaften der italischen »Bundesgenossen«. Waren letztere demnach an den Lasten eventuell sogar überproportional beteiligt, so konnte von einer adäquaten Teilhabe an den Gewinnen keine Rede sein. Selbst der rein materielle Nutzen lag vorrangig bei Rom, flossen doch die Reparationszahlungen besiegter Gegner und lukrative Beute wie z. B. der Schatz der Makedonenkönige ebenso in dessen Kassen wie als ständige Einnahmequelle die Pachtgebühren, welche die Provinzbevölkerung für die Bestellung jenes Landes zu entrichten hatte, das infolge der Niederlage, aus welcher Provinzen in der Regel hervorgingen, von ihrem eigenen zum Kollektiveigentum der Römer geworden war. Noch schwerer aber wog es wohl, daß Rom die Verbündeten zunehmend weniger ihrer Leistung und ihrem Status entsprechend behandelte, so daß deren Autonomie nicht einfach im Zuge der historischen Entwicklung an Wert verlor, sondern nachgerade aktiv entwertet wurde: Einmischungen in innere Angelegenheiten, respektloser Umgang der Repräsentanten Roms mit hohen Würdenträgern der Städte, der Einsatz der bundesgenössischen Kontingente für die risiko- und verlustreichsten Aktionen bei den gemeinsamen Feldzügen (die jetzt immer von einem römischen Feldherrn geleitet wurden) mögen zur Veranschaulichung konkreten Fehlverhaltens der Großmacht genügen. Wenn Velleius die Sache der italischen Vertragspartner eine im Superlativ gerechte, eine *iustissima causa* nennt (2,15,2), dann wird man ihm umso mehr zustimmen können, als sein biographischer Hintergrund keine einseitige Parteinahme erwarten läßt. Zwar lebte ein Urahn mütterlicherseits in dem Ort Aeclanum in Samnium und damit in jener zentralen Bergregion, die nach Ausbruch des Krieges besonders engagiert gegen Rom kämpfte. Dieser Urahn, Minatus Magius, freilich sammelte just die romtreuen (!) Kräfte aus dem Stamm der Hirpiner um sich und unterstützte die Tiberstadt mit beträchtlichem Erfolg. Zum Dank dafür erhielten er und seine Familie ad personam den Status römischer Bürger verliehen, seine beiden Söhne erlangten bereits in den achtziger Jahren hohe politische Positionen als Praetoren (2,16,2 f.).

Langfristig lief der durch das *bellum sociale* angestoßene Prozeß auch für zahlreiche der in diesem Moment zu Feinden gewordenen Völkerschaften auf die Inkorporierung in den römischen Bürgerverband, am Ende also tatsächlich auf ein römisches Italien (bis 49 v. Chr. noch ohne die Gebiete nördlich des Po) hinaus. Allerdings kann mitnichten die Rede davon sein, daß diese Menschen ebenso rasch und reibungslos in ihrer neuen politischen Heimat ankamen wie die Angehörigen des Minatus Magius. Der Grund dafür lag nicht bei ihnen: Viele, vielleicht sogar die meisten Bewohner Italiens waren vom 2. Jahrhundert an durchaus bereit, sich als Römer zu verstehen. Demgegenüber war die römische Politik von einer einvernehmlichen Haltung zu diesem Thema weit entfernt. Obwohl hellsichtige Consuln und Volkstribune in der Aufnahme der Alliierten in die Bürgerschaft bereits seit längerem eine Antwort auf deren Unzufriedenheit erkannten, vermochten sie entsprechende Vorhaben nie zum Abschluß zu bringen, sei es, daß sie, wie Marcus Fulvius Flaccus im Jahre 125, vom Senat mit einem unnötigen Krieg beauftragt und dadurch an zivilen Maßnahmen gehindert wurden oder, wie Gaius Sempronius Gracchus 122, deshalb ihre Popularität einbüßten, weil die Kontrahenten beim Volk Ängste vor dem Verlust einer privilegierten Stellung schürten, sei es, daß sie, wie Marcus Livius Drusus im Jahre 91, im eigenen Haus von unbekannter Hand ermordet wurden. Den Höhepunkt der Gegenströmung bildete (ebenfalls 91) ein Gesetz, das gegen Römer, die sich für die Belange der Verbündeten einsetzten, eine Klage wegen »Verletzung der Majestät des römischen Volkes« ermöglichte. Indem es für die »Bundesgenossen« jegliche Hoffnung auf eine friedliche Regelung zunichte machte, dürfte es nicht unwesentlich zum Ausbruch des *bellum sociale* beigetragen haben. Der Kausalzusammenhang wurde römischerseits immerhin klar genug erkannt, um eine Ausweitung des Kampfgebiets in letzter Minute zu verhindern. Im Herbst 90 eröffnete eine *lex Iulia* solchen Staaten, welche noch nicht zu den Waffen gegriffen oder diese rasch wieder niedergelegt hatten, die Möglichkeit, sich für den Eintritt in den römischen Bürgerverband – das hieß zugleich für die Selbstauflösung bzw. den Verzicht auf die (faktisch ohnehin kaum noch existierende) staatliche Souveränität – zu entscheiden. Nach den erheblichen militärischen Fehlschlägen des Jahres gelang es dank dieser Offerte, wenigstens eine Einkesselung Roms abzuwenden. Sie wäre dann erfolgt, wenn sich die Städte Etruriens und Umbriens sowie sämtliche Orte des teilweise bereits ›aufständischen‹ Campaniens der Gegenseite angeschlossen hätten, die sich bisher auf den östlichen plus zentralen Bereich Mittelitaliens und den Süden konzentrierte.

Daß weder in diesem Moment noch im Folgejahr, wo eine *lex Plautia Papiria* feindliche Soldaten zur Desertion anstiften wollte, indem sie Individuen den Bürgerstatus zusagte, die sich binnen sechzig Tagen waffenlos beim Praetor in Rom meldeten, ein grundsätzlich neues Kapitel römischer Politik aufgeschlagen wurde, wird beim Blick auf die Umsetzung der Zugeständnisse klar ersichtlich. Der Streit um die massive Erweiterung der Bürgerschaft hatte sich nämlich bloß auf ein anderes Feld verlagert. So arbeiteten Gegner des Projekts nun daran, die ›Neuen‹ auf wenige jener Stimmabteilungen zu konzentrieren, in welche Versammlungen des römischen Volkes stets untergliedert waren. Da pro sogenannter *tribus* die Mehrheitsmeinung der anwesenden Mitglieder (ganz unabhängig von deren Zahl) als eine Stimme in das weitere Verfahren einging, war eine Beschränkung der Neuregistrierten auf acht der fünfunddreißig Einheiten ein probates Mittel, um die politische Dimension ihres Römerstatus faktisch zu tilgen und eine Menschenmenge zu minorisieren, die andernfalls erhebliches Gewicht gehabt hätte. Ein faires Modell konnte demgegenüber nur auf eine möglichst gleichmäßige Verteilung über alle fünfunddreißig *tribus* hinauslaufen.

Spätestens an diesem Punkt verzahnte sich die Debatte in fataler Weise – und nachhaltig – mit den Fronten des ersten römischen Bürgerkrieges. Denn zu den Opponenten zählte als Consul des Jahres 88 nicht zuletzt Lucius Cornelius Sulla, der nach seinem Marsch auf Rom ein Gesetz annullierte, das, ganz im Sinne realisierter Stimmwertgleichheit, den Neubürgern sämtliche *tribus* geöffnet hatte. Der Initiator dieser *lex Sulpicia*, der Volkstribun Publius Sulpicius Rufus, verlor dabei sein Leben. Demgemäß waren es die Kontrahenten Sullas, die von vielen derjenigen Städte unterstützt wurden, die auf die *lex Iulia* positiv reagiert und bisher Kampfhandlungen unterlassen hatten. Zusätzlich gewonnen wurden jene »Italer« (zu dieser Selbstbezeichnung der ›Aufständischen‹: CIL 1,848), die sich mit Rom weiterhin im Krieg befanden. In einem regelrechten Vertrag vereinbarten die Samniten 87 mit den Sulla-Gegnern Marius/Cinna den Eintritt in den römischen Bürgerverband, nicht ohne sich die Rückgabe von Kriegsgefangenen und Deserteuren sowie das Eigentumsrecht an der vorher gemachten Beute zusichern zu lassen. Als Sulla 83 von dem Feldzug gegen Mithradates VI. nach Italien zurückkehrte, leisteten ihm besonders die Samniten, aber auch über die *lex Iulia* eingebürgerte Orte wie Praeneste in Latium und Etruskersiedlungen wie Velathri/Volaterrae und Arretium erbitterten Widerstand. Besonders augenfällig wird das Zusammenfließen all dieser Elemente darin, daß Gaius Marius d. J. (Sohn von Gaius Marius d. Ä. und Caesars Tante Iulia) und der jüngere Bruder des Samnitenführers Pontius Telesinus gemeinsam Praeneste gegen Sullas Truppen zu behaupten suchten und gemeinsam dort starben.

Nicht nur nach der Eroberung Praenestes, wo die männliche Bevölkerung auf Befehl des Dictators ausgelöscht wurde, waren die Konsequenzen für die Neu-Römer auf der Verlierer-Seite gravierend bis verheerend: Für Samnium ordnete Sulla einen regelrechten Genozid an, der die Landschaft beinahe menschenleer zurückließ (vgl. Strab. 5,11). Andernorts (recht gut bezeugt ist dies für Velathri) veranlaßte er eine *lex* zur Wiederaberkennung des Römerstatus, was die Einwohnerschaft solcher Städte nachgerade staatenlos machte und auch dadurch nicht kompensiert wurde, daß Gerichte gelegentlich zugunsten einer Prozeßpartei von der Unrechtmäßigkeit der Maßnahme überzeugt werden konnten. Zahlreiche Kommunen in Etrurien und Campanien waren zumindest mit Landenteignungen und der Ansiedlung von sullanischen Soldaten auf ihrem Gebiet konfrontiert. Darüber hinaus aber dürften sogar italische Kollektive, die von all dem verschont blieben, nicht ohne weiteres in den Genuß ihrer politischen Teilhaberechte gekommen sein, da die Registrierung in den Bürgerlisten weiterhin verschleppt wurde. Nicht einmal das Jahr 70, in welchem die römische Politik vorsichtig aus Sullas Schatten trat, brachte hier einen befriedigenden Abschluß: Zwar wurden programmatisch Münzen geprägt, auf denen sich die Personifikationen Roms und Italiens die Hände reichten und zwischen sich ein Füllhorn hielten, das, aus dieser Union erwachsend, Glück, Frieden und Wohlstand für alle in Aussicht stellte (Sydenham RRC 797; Crawford 403). Auch war, erstmals seit vierzehn Jahren, eine Aktualisierung der Bürgerliste anberaumt, bei der die zuständigen Amtsinhaber, die Censoren, anders als jene beim letzten *census* (im Jahr 84), grundsätzlich willens waren, neue Mitglieder einzuschreiben. Freilich lassen Vergleichszahlen darauf schließen, daß weiterhin nur der geringere Teil der Neu-Römer individuell erfaßt wurde. Daß die Mehrheit nach wie vor nicht im Verzeichnis stand, war keineswegs bloß ein Schönheitsfehler, machte es doch den Besuch des von Praetoren und Consuln geleiteten Volksversammlungstyps unmöglich. Dort nämlich war für die Abstimmung nicht nur die Zugehörigkeit zu einer *tribus* (die jetzt wohl für alle Neubürgerstädte und -regionen festgelegt war), sondern die Eingruppierung des einzelnen in eine Vermögensklasse erforderlich. Letzteres aber konnte ausschließlich der *census* leisten. Die psychologischen Abschreckungseffekte mögen noch über solch konkrete Schwierigkeiten hinausgegangen sein.

Im Gefolge des *bellum sociale* haben wir demnach in Italien mit schwersten Verwerfungen, dem Überleben nach Massakern, mit Heimatverlust, sozialer Schädigung, vor allem aber mit fortdauernder Ausgrenzung durch ein Gemeinwesen, dem viele Betroffene gerne angehören wollten, bis hin zum völligen Entzug jedweder Form politischer Zugehörigkeit zu rechnen. Als Nährboden neuer Gewalt ist dies besonders klar für Etrurien dokumentiert. Verliefen die Fronten in der Region (speziell rund um Faesulae) kurz nach Sullas Tod (78) noch zwischen den Veteranen und den Einheimischen, so konnten in Augustus' Geburtsjahr (63) für einen Feldzug gegen die Machthaber in Rom gleichermaßen Ex-Soldaten, die in ihrer zivilen Existenz gescheitert waren, wie die Altansässigen mobilisiert werden. Letzteren, die im Bericht des Cassius Dio (37,30,2) immer noch (eigentlich anachronistisch) »Bundesgenossen« heißen, wird dabei neben dem »Mangel an Lebensnotwendigem« als Motivation »der Schmerz über das erlittene Unrecht« (!) zugeschrieben (Sall. Cat. 28). Als lokaler Schwerpunkt tritt zusätzlich Arretium hervor, das, zusammen mit Velathri, zugleich veranschaulicht, auf welche Weise Hypotheken der Vergangenheit die Zukunft belasteten und wie weit die römische Politik von einer sensiblen Handhabung der Materie entfernt war: Bestrebungen, zu Lasten dieser Orte in den sechziger Jahren auf Land zuzugreifen, das Sulla einst beschlagnahmt, selbst aber nicht mehr für seine Anhänger benötigt hatte, so daß es über zwanzig Jahre hinweg von den einstigen Eigentümern weiter bewirtschaftet worden war, dürften in den Etruskerstädten den Eindruck von Ohnmacht und Rechtlosigkeit neu belebt und auch dann noch Schaden angerichtet haben, als die Initiatoren ihre Pläne dank der Opposition von Senatoren wie Cicero sowie negativer Reaktionen römischer *contiones* fallenließen.

Trifft in den skizzierten Fällen die Veteranenfrage in unterschiedlichen Spielarten mit der fehlenden Integration der ehemaligen *socii* zusammen, so besitzen die zwei Bereiche auch insofern einen Berührungspunkt, als – wie oben anhand der Versorgung der Soldaten entwickelt – eine Verbesserung der Lage von den Begünstigten gedanklich nicht mit Rom als Staat, sondern bestimmten Personen bzw. Personengruppen verbunden wurde, wodurch sich die Loyalität auf diese Wohltäter ausrichtete. Gerade Caesar ist dabei in vielerlei Hinsicht hervorgetreten: Als Consul des Jahres 59 gab er beispielsweise den Menschen in Velathri endlich das Bürgerrecht zurück, als Dictator öffnete er vielen Neu-Römern eine politische Karriere. Unter ihnen erschien der Mit- und Nachwelt der Lebensweg des Publius Ventidius Bassus am spektakulärsten: Als kleiner Junge (89) bei Roms Siegesfeier über seine Heimat Asculum (einen zentralen Akteur des *bellum sociale* in der Region Picenum) als einer der Unterworfenen zur Schau gestellt, schlug er sich lange als Heereslieferant durch, ehe er dank Caesar aufstieg, im *bellum Mutinense* für Antonius eine wichtige Stütze war, nach dem Zusammenschluß der ›Caesarianer‹ Augustus bei Niederlegung seines ersten Consulats im November 43 ›beerbte‹ und schließlich selbst mit dem Triumph über die Parther geehrt wurde. So wie Caesar bei seinem Einmarsch in Italien vielerorts auf Zustimmung stieß, vermochte Augustus zu Beginn seiner Karriere nicht nur bei den ausgedienten Soldaten des »Vaters«, sondern auch bei der einheimischen Bevölkerung (nicht zuletzt in Etrurien) Sympathien zu erben, wobei zwischen beiden Gruppen keine ganz unbeträchtliche Schnittmenge anzunehmen ist. Gerade aus Velathri ist uns im Herbst 44 ein Mitglied der dort beheimateten Familie Caecina bezeugt, das für den Caesar-Sohn in heikler Mission aktiv war, ihm also vertraute und selbst Vertrauen genoß (Cic. Att. 16,8,2). Er sollte keineswegs der einzige Neu-Römer im engeren Umkreis des Augustus bleiben.

Italien war nämlich noch über die Bürgerkriegsphase hinaus für Augustus ein wichtiges Thema. Ein genauerer Blick darauf (anschließend auf die Neuordnung des Heerwesens) soll uns jetzt dazu dienen, den verbliebenen Teil der Aufgabe dieses Unterkapitels über die Jahre der Bürgerkriege in Angriff zu nehmen: Wurde bisher versucht, die tieferen Ursachen der Probleme Roms im 1. Jahrhundert v. Chr. – den Wegfall einer effektiven (institutionellen oder sozialen) Kontrolle der Generäle sowie einen Mangel an politischer und mentaler Bindung der Soldaten und italischen Neubürger an Rom und Einbindung in seine Gesellschaft – offenzulegen, so gilt es nun zu untersuchen, ob Augustus auf eben diesen Feldern – vorrangig in der Zeit nach dem Jahr 30 – Maßnahmen ergriff, die das Übel Bürgerkrieg tatsächlich an der Wurzel packten und damit für die nächsten einhundert Jahre bannten.

Angesichts der oben beobachteten Kämpfe um die Registrierung der ehemaligen »Bundesgenossen« im Rahmen des Census sticht es ins Auge, daß eine Neufassung der Bürgerliste in den Jahren 29/28 eines der ersten Geschäfte ist, die Augustus nach dem Sieg über Antonius/Kleopatra in Angriff nahm. Dabei sollte vor allem der Zeitpunkt der Aktion zu denken geben. Da die letzte Erhebung, wie Augustus später selbst betont, vor zweiundvierzig Jahren stattgefunden hatte, also mit der vom Jahre 70 identisch ist (RG 8), kann von einem Routinevorgang keine Rede sein. Ein dringender Erklärungsbedarf besteht zudem deshalb, weil Augustus nicht im mindesten daran gelegen sein konnte, die massiven Menschenverluste der Bürgerkriegsepoche zu dokumentieren. Er mußte folglich entweder einem höchst triftigen Grund zu raschem Handeln haben oder/und sich sicher sein, kein Risiko einzugehen. Daß wohl beides zutraf, verrät das von Augustus selbst überlieferte Resultat. Während nun 4 063 000 *cives Romani* im Verzeichnis standen und bei zwei späteren Terminen (und nach einer sehr aktiven Bevölkerungspolitik) in den Jahren 8 v. Chr. und 14 n. Chr. mäßige Zuwächse auf 4 233 000 und 4 937 000 verbucht wurden (RG 8), waren es im Jahr 70 v. Chr. bloß 900 000 gewesen (Liv. epit. 97). Allein auf die Aufnahme der Gebiete nördlich des Po kann eine derartige Steigerung nicht zurückgeführt werden, während andererseits sogar eine hohe Opferzahl im *bellum sociale* und ersten Bürgerkrieg kaum den vorangehenden Tiefstand ausreichend begründet. Alle Probleme freilich löst eine auch von namhaften Spezialisten wie Wiseman, Bruun und Kienast favorisierte Deutung: Es waren wirklich erst Augustus und der Census der Jahre 29/28, bei dem sämtliche Neu-Römer aus Italien in die Listen eingeschrieben wurden. Das großteils schon 90/87 de iure geschaffene Faktum, daß das Staatsvolk Roms, der *populus Romanus*, mit der Einwohnerschaft Italiens identisch war, erfuhr damit erstmals eine offizielle Dokumentation.

Denselben Sachverhalt noch einmal mit anderen Worten auszudrücken, indem man formuliert, ›Rom‹ habe nun nicht mehr eine Stadt mit Umland dargestellt, sondern die gesamte Apenninenhalbinsel umfaßt, ist deshalb hilfreich, weil es ermöglicht, ein grundlegendes Problem der Zeitgenossen zu verstehen. Sämtliche etablierten Verfahrensregeln im Bereich des zivilen politischen Lebens waren nämlich auf die Dimension des Stadt-, nicht des Flächenstaates zugeschnitten. Beim traditionellen Census äußerte sich das beispielsweise in der Erwartung, jeder Bürger werde höchstpersönlich vor den Censoren in Rom erscheinen. Daß Augustus im Jahr 28 einen so durchschlagenden Erfolg erzielte, dürfte demgegenüber nicht unwesentlich darauf zurückzuführen sein, daß er genau diesen Punkt veränderte und die Listen dezentral in den einzelnen Gemeinden erstellen ließ. Unserem Protagonisten bringt uns dies gleichzeitig wieder ein kleines Stück näher: So deklariert Sueton eine vom Grundgedanken her ähnliche Regelung bei den Wahlen für die Magistrate (vor allem wohl Consulat und Praetur) explizit als etwas, das Augustus selbst »ausgetüftelt« (*excogitare*) habe (Suet. Aug. 46). Hier sind es sämtliche von Augustus mit neuen Siedlern (Veteranen) verstärkte Städte in Italien (insgesamt achtundzwanzig sogenannte *coloniae*), deren Ratsherren (*decuriones*) zur politischen Teilhabe nicht mehr in die Weltmetropole reisen müssen, sondern vor Ort ihre Stimme abgeben dürfen. Versiegelt werden die Urnen dann nach Rom transportiert, um am Wahltag dort in das Verfahren eingespeist zu werden.

Wie kreativ und weitreichend diese der Moderne recht naheliegend erscheinenden Lösungen im Kontext des 1. Jahrhunderts waren, verrät uns bereits Sueton, wenn er hinsichtlich der Kolonien irritiert vermerkt, die privilegierten Orte seien der Hauptstadt partiell gewissermaßen an »Recht und Wertschätzung« (*ius ac dignatio*) gleichgestellt worden. Vollauf bestätigt wird dieses erste Indiz durch einige Grundgedanken der Verfassung Roms. Denn Censoren erfüllten bei der Registrierung der *cives Romani* bzw. Consuln bei der Leitung der Wahl ihrer Nachfolger nach römischem Verständnis keineswegs eine Verwaltungsaufgabe, sondern gestalteten Politik, für die sie auch bewußt die Verantwortung übernahmen. Wahlentscheide der Bürgerschaft sahen die Römer dementsprechend ebenfalls nicht einseitig als Willensäußerung des Souveräns, sondern als Resultat eines Zusammenwirkens (!) von Amtsträger und Volk, bei dem der erstere den Vorgang sowohl initiierte als auch ratifizierte, da ein Abstimmungsergebnis erst durch Verkündung von seiner Seite Gültigkeit gewann. Deutet sich hier bereits an, daß man auf einen zentralen Termin in Rom nicht gänzlich zu verzichten vermochte, so war ein solcher zusätzlich durch zwei Merkmale des Systems geboten. Relevant ist dabei zum einen die sakrale Einbettung politischer Handlungen, die am Tag solcher Aktionen eine Einholung und Beobachtung von Vorzeichen als Signalen göttlichen Einverständnisses verlangte, zum anderen das Modell der Machtkontrolle mittels Interventionsmöglichkeit von Kollegen oder Volkstribunen. Man wird daher klar sagen dürfen, daß Augustus' Neuregelung in all ihren Aspekten bis an die äußerste Grenze dessen ging, was im Rahmen dieser Konzepte gerade noch machbar war. Dies gilt sogar für einen in unseren Augen befremdlichen Punkt, nämlich die Beschränkung der ›Briefwahl‹-Option auf die Ratsherrenschicht der Kolonien. Dieser Personenkreis war freilich der einzige, bei dem die in Rom vorzunehmende Zuordnung seiner Voten zu einer Stimmabteilung reibungslos zu vollziehen war, da man dazu neben dem Herkunftsort über die Vermögensverhältnisse des jeweiligen Wählers informiert sein mußte, der Decurionenstatus aber ein Vermögen der Klasse 1 gewährleistete. Zudem garantierte eine Gruppengröße von hundert *decuriones* pro Stadt, daß kein Außenstehender sich einschleichen konnte.

Während manche Fragen zur ›Briefwahl‹ – darunter auch ihr Schicksal nach dem Tode ihres Erfinders – mangels detaillierter Überlieferung leider offenbleiben, ist beim Census bereits unter Augustus eine Entwicklung in Gestalt einer Verbindung mit einem weiteren Element seiner Italienpolitik wahrscheinlich. Zu einem nicht sicher bestimmbaren Zeitpunkt wurde die Apenninenhalbinsel nämlich in elf Regionen (*regiones*) untergliedert und die Lieferung des Datenmaterials für das Bürgerverzeichnis diesen Bezirken übertragen. Vorrangig praktischer Natur war die Schaffung der neuen Binnenstruktur freilich nicht. Vielmehr empfiehlt es sich, ihre Funktion primär auf einer ideellen Ebene zu suchen. Hier aber war ein Italien, das von *regio* II und III an Stiefelabsatz und -spitze zu *regio* X und XI am Fuße der Alpen, von *regio* IX, VII und I in der Westhälfte zu *regio* VIII, VI, V und IV im Osten reichte, ein recht taugliches Symbol einer Einheit, die sich aus Teilen mit Unterschieden in Tradition und Charakter, aber gleichem Rang zusammenfügte. Bloß die Stadt Rom selbst, um deren innere Struktur sich Augustus gesondert kümmerte, war nicht einbezogen, während Latium als Ursprungsgebiet kaum noch in Erscheinung trat, da es mit Campanien zusammengefaßt wurde, so daß selbst die Ordnungsziffer 1 allenfalls beide (und mit Campanien eine kulturell besonders vielgestaltige Region) als Erste unter Gleichen hervorhob.

Erhärtet wird dieser Befund durch die Tatsache, daß »Italien in seiner Gesamtheit« (*tota Italia*, *cuncta Italia*) auch in Augustus' Lebensbilanz, dem »Tatenbericht« eine wichtige – und zwar erneut eine dezidiert politisch aktive – Rolle zugewiesen bekommt. So ist es dem alten Kaiser ein Anliegen zu unterstreichen, zu seiner Wahl auf den Sakralposten des *pontifex maximus*, die in einer sehr speziellen Form von Bürgerversammlung (daher auch ohne ›Briefwahl‹-Option) zu erfolgen hatte, seien im Jahre 12 v. Chr. Männer aus allen Teilen Italiens (*cuncta ex Italia*) in vorher nie dagewesener Zahl in Rom zusammengeströmt (RG 10). Anders als von der Forschung manchmal angenommen, war das prominente Herausstellen Italiens mithin keineswegs eine kurzlebige Erscheinung im Umkreis der letzten Auseinandersetzung mit Antonius oder gar eine Notlösung des Jahres 32 v. Chr., auch wenn es gewiß ein schlauer Einfall unseres Protagonisten zu nennen ist, sich den Umstand zunutze zu machen, daß die Anhängerschaft des Kontrahenten die Apenninenhalbinsel damals verließ. So kompensiert er die ihm in diesem heiklen Augenblick fehlende Amtsposition durch einen freiwilligen (*sua sponte*) Fahneneid der *tota Italia* sowie deren Forderung (!; *depoposcit*) nach ihm als Anführer für den Krieg. »in dem ich bei Actium siegte« (RG 25). Auf Actium bezogen bietet das berühmteste Werk der lateinischen Literatur, die zwischen 30 und 19 geschriebene *Aeneis* Vergils, dieselben Motive. Damit mag sie maßgeblich dafür verantwortlich sein, daß sich das Thema ›Augustus und Italien‹ bei manchen modernen Autoren ganz auf diesen Moment verengt. Auch der Gehalt der Vergil-Passage (Aen. 8,678 ff.) erschöpft sich freilich nicht in der Antithese zwischen Antonius, der an der Spitze einer buntgemischten Armee aus von ihm selbst unterworfenen Völkerschaften der östlichen Hemisphäre steht, und Augustus, der Italer – man darf wohl hinzusetzen: Freiwillige und Freie – ins Gefecht führt. Die Italer nämlich sind hier ebenfalls eindeutig die Bürger des römischen Staates, welcher als SPQR (*senatus populusque Romanus*) gemeinsam mit den himmlischen Schützern der Heimat, den Penaten, und den Hauptgottheiten metaphorisch bei Augustus auf der Kommandobrücke (in antiken Begriffen »dem hohen Vorderdeck«) steht.

Eine besondere Nähe zu Augustus' Italienpolitik ist an etlichen Stellen von Vergils Werk feststellbar, so etwa bereits in den um 29 v. Chr. veröffentlichten und vielleicht von Maecenas angeregten *Georgica* (2, ab 167). Wenn Italien hier als »große Mutter der Feldfrucht und der wahren Männer [*viri*]« gerühmt wird, dürfen neben Helden der römischen Geschichte (darunter den Scipionen und am Ende Augustus) gleichermaßen und unterschiedslos die Marser, Sabeller, Ligurer und Volsker die Kategorie der »echten Kerle« mit Leben erfüllen. Die italischen Völker werden dabei sämtlich mit hohen Werten der römischen Gesellschaft, mit Ausdauer, Leidensfähigkeit, Tapferkeit und Kriegstüchtigkeit verbunden; als Adressatenkreis des dichterischen Bemühens sind, ohne daß Vergil darin einen Widerspruch sähe, »römische Siedlungen« (*oppida Romana*), man könnte genauso sagen: die Kleinstädte Italiens, imaginiert. Aus Andes bei Mantua stammt Publius Vergilius Maro selbst. Er ist wohl ein Neu-Römer mit einer, nach Ausweis seines Namens, etruskischen Familientradition gewesen. Bei aller Unsicherheit seiner Vita steht eine Förderung durch Augustus'

Freund Maecenas außer Frage und reicht jedenfalls bis in die Phase vor 37 zurück. Daß Vergil sich im Umfeld des Maecenas wie des Augustus aufhält, macht eine Beeinflussung durch deren Vorstellungen bzw. einen Austausch der Ideen in seinem Fall wahrscheinlich, ohne daß man ihn deshalb einfach als Sprachrohr des Augustus sehen und seiner Individualität entkleiden sollte. Bei den anderen überlieferten Literaten der Epoche ist sogar noch größere Vorsicht geboten. Hier wird man die Beziehung am ehesten indirekt über das geistige Klima der Zeit herstellen können, zu dem Augustus' Politik freilich keinen geringen Beitrag leistete.

Zum einen gab sie den Menschen den Impuls, sich stolz auf ihre Herkunft aus diversen Gegenden Italiens zu beziehen. Daß intentional dazu ermuntert wurde, wird man umso sicherer sagen dürfen, als das Phänomen im engsten Freundeskreis des Kaisers auftrat. Maecenas nämlich, dessen Familie ihren Ursprung vielleicht in Arretium hatte, im väterlichen Zweig aber bereits vor der *lex Iulia* Bürgerstatus besaß, ließ sich (wiederum von protegierten Dichtern, von denen Sextus Propertius gebürtig aus Umbrien, genauer Assisi war und selbst über Verbindungen nach Etrurien verfügte, 1,22; 4,1,63f./124f.) als Nachfahre etruskischer Könige feiern (Prop. 3,9,1; vgl. Hor. sat. 1,6,1f.). Vor allem aber wirkten Augustus' Maßnahmen daran mit, daß Personen aus allen Lagern, Alt- wie Neu-Römer, den Abschluß der Kämpfe der Vergangenheit als hinreichend befriedigend empfanden, um mit der Geschichte inneritalischer Auseinandersetzungen in einer Weise umzugehen, die Martin Hose an einem späteren Beispiel nämlich bei den Einwohnern der Westprovinzen (z.B. dem Historiographen Florus), die im Verlauf des 1. Jahrhundert n. Chr. ihrerseits das Bürgerrecht erlangten, treffend nachvollzogen hat. So waren die Italer (später dann die Provinzialen des Westens) nun fest genug in der römischen Gesellschaft verankert, daß sie sogar die Erinnerung an ihre Leistungen in Kriegen gegen Rom pflegen konnten, ohne damit Opposition zu markieren: Statt dessen veranschaulichten sie solcherart ihren Wert für jenen Staat, dem sie jetzt, teils mit einem beträchtlichen Maß an innerer Überzeugtheit und emotionaler Bindung, angehörten. In diesem Sinne führt sich ein weiterer Dichter mit italischem Familienhintergrund, Publius Ovidius Naso aus Sulmo, nicht nur prononciert als »paelignischen Landen entsprossen« ein, sondern stellt die Paeligner, denen er künftig selbst zur Ehre zu gereichen hofft, seiner Leserschaft gerade mittels ihrer Taten im *bellum sociale* vor: »Zu der Zeit, als ein ängstliches Rom [*anxia Roma*] die Mannschaften der Bundesgenossen fürchtete [*timuit*]«, habe ihre Freiheitsliebe sie zu einem ehrenvollen Waffengang (*honesta arma*) gezwungen (am. 3,15,9 f.). Ovid ist es auch, der von Augustus' Wirken nach dem Ende der Bürgerkriege speziell die Sicherung der Rechte der Bürger hervorhebt (met. 15,832 f.), was sich dann mit konkretem Inhalt füllt, wenn man an Aktionen wie den Census, also bei »Bürgern« nicht zuletzt an die Neu-Römer denkt.

Italien ist jedoch nicht das einzige Feld, auf dem sich unter (und durch) Augustus ein Verschwinden der oben benannten Risikofaktoren konstatieren läßt. Sogar noch grundlegender ist die Veränderung im Bereich des Militärs, da unser Protagonist hier nicht – wie im Falle der Neu-Römer – eine bereits eingeleitete Entwicklung – wenngleich mit eigenen originellen Akzenten – zum Abschluß bringt, sondern eine gänzliche Neuregelung trifft. Letztere scheint freilich ihrerseits erst schrittweise Gestalt angenommen zu haben. Auch bricht sie nicht mit dem bisherigen Konzept, Heere nur bei militärischem Bedarf zu unterhalten, stuft diesen Bedarf aber als dauerhaft gegeben ein und stationiert Truppen zur inneren Stabilisierung wie zur Verteidigung nach außen in den sogenannten »unbefriedeten« Provinzen. Faktisch läuft das Resultat mithin dennoch auf etwas für Rom Neuartiges, nämlich ein stehendes Heer hinaus. Mit ihm sind gleich mehrere Probleme der Vergangenheit nahezu automatisch gelöst. So verpflichten sich römische Bürger in der Legion für zunächst sechzehn, seit 5 n. Chr. dann zwanzig Jahre und können sowohl in dieser Zeit mit einem festen Gehalt wie danach mit einer genau absehbaren Abfindung rechnen. Daß all dies – der gewährleistete Termin der Entlassung, der feststehende Sold, die zu erwartende Summe bei Ausscheiden, kurz: die umfassende Planungssicherheit – dazu dienlich war, Aufstände zu verhindern, während zu hohes Alter und Notlagen nach der Ausmusterung zu Gewaltakten aufreizten, schlußfolgert bereits Sueton (Aug. 49,2). Da die Soldaten während ihres gesamten Dienstes außerhalb Italiens gelebt und im Umfeld ihrer oft längerfristig belegten Garnisonsorte Beziehungen aufgebaut haben, ist es für sie, anders als früher, zudem kein dringendes Anliegen mehr, bei ihrer Ansiedlung als Veteranen einen Bauernhof auf der Apenninenhalbinsel zu erhalten. Der schwierigen Aufgabe, solche Ländereien zu beschaffen, mußte sich Augustus tatsächlich letztmals gleich nach 30 v. Chr., bei Demobilisierung erheblicher Teile der Bürgerkriegsarmeen, unterziehen. In der Provinz war Grund und Boden dagegen so einfach zu bekommen, daß sich der ›Staat‹ aus dem Aufspüren geeigneter Flächen zurückziehen und den Veteranen bei ›Renteneintritt‹ Geld zum Aufbau ihrer künftigen Existenz auszahlen konnte, was seit 13 v. Chr. geschah.

Daß dazu, nach verschiedenen Experimenten, schließlich 6 n. Chr. eine eigene ›Pensionskasse‹ (*aerarium militare*) kreiert und mit einer »neuartigen Abgabe« (*nova vectigalia*, Suet. Aug. 49,2) gefüllt wurde, nämlich einer fünfprozentigen Erbschaftssteuer auf größere Vermögen römischer Bürger, falls sie außerhalb der engsten Verwandtschaft weitergegeben wurden, ist erneut ein Punkt, dessen außergewöhnlicher Charakter einem Menschen der westlichen Welt des 21. Jahrhunderts leicht entgehen könnte. Umso wichtiger ist es, mit aller Deutlichkeit zu unterstreichen, daß die Zeit, in der Römer materiell in das Heer investiert hatten, damals schon mindestens zwei Jahrhunderte zurücklag. Seither hatte Rom weitgehend auf Kosten anderer, von den Einnahmen aus den Provinzen und der exorbitanten Beute mancher Kriege, daneben von Zöllen gelebt. Steuern und Gebühren waren Nichtrömern und Sklaven bei deren Freilassung auferlegt. Die letztgenannte Abgabe, aus der angeblich schon seit 358 ein Fonds für Notfälle (*aerarium sanctius populi Romani*) bestückt wurde, scheint sogar das unmittelbare Vorbild für das *aerarium militare* gewesen zu sein. Obwohl demnach der Gedanke einer finanziellen Vorsorge Rom nicht gänzlich unvertraut war, stieß Augustus' Lösungsansatz besonders bei den Senatoren dauerhaft auf so wenig Gegenliebe, daß der Kaiser das Gremium 13 n.Chr. zur Erarbeitung von Alternativen aufrief. Dabei wurde ihm zwar signalisiert, jede andere Zahlung werde bevorzugt; sobald freilich die Einführung einer Steuer auf Grund- und Hausbesitz konkrete Gestalt annahm, machten die »Väter« einen Rückzieher. Zweifelt der stark tendenziöse Bericht des Cassius Dio (der bekanntlich selbst Senatsmitglied war und sicher senatorische Quellen benutzte, 56,28,4–6) die Ernsthaftigkeit von Augustus' Diskussionsangebot an, so wird man weit eher in Frage stellen dürfen, daß die reichsten Männer Roms ernsthaft zu finanziellen Opfern bereit waren.

Zugute halten mag man den Opponenten, daß sich die auf Gesetz gründende Verpflichtung fundamental von dem gewohnten Einsatz ihres Geldes für öffentliche Belange unterschied, bestand letzterer doch üblicherweise aus freiwilligen Spenden für Spiele oder Bauten, die zugleich die politische Karriere des Stifters befördern oder zumindest Sozialprestige generieren sollten. Daß die neuen politischen Verhältnisse für solche Investitionen (jedenfalls in der Hauptstadt) kaum noch

Gelegenheit boten, muß jedoch ebenso in das Gesamtbild ein-
fließen wie die Tatsache, daß ausartende Materialschlachten
um die Wählergunst im 2./1. Jahrhundert weit schlimmere
Konsequenzen als den finanziellen Ruin einzelner nach sich
zogen. Recht hoch war nämlich in der Führungsschicht der Republik die Akzeptanz für die Praxis der Politiker, sich all ihren
Aufwand in dem Moment zurückzuholen, in dem sie in Roms
Namen als Praetor, Consul oder mit der Befugnis dieser Ämter
(*pro praetore, pro consule*) eine kaum kontrollierte Macht über
eine Provinz erlangt hatten. Die Absicherung der ›Pensionen‹
stellte für Augustus mithin nur den Bruchteil einer viel größe-
ren Aufgabe dar, sollte ein Desaster in den Provinzen verhindert und ein gerechteres System der Finanzierung des römischen ›Staates‹ erreicht werden.

Eine Konsolidierung des Staatshaushaltes hätte schon seit
langem auf der politischen Agenda stehen müssen. Denn von
den einst überquellenden öffentlichen Kassen hatte bereits der
Dictator Caesar nichts mehr vorgefunden; Kriegsbeute von der
Größenordnung der hellenistischen Königsschätze konnte rea-
listischerweise künftig nicht erwartet werden, auch wenn die
Reichtümer der Ptolemaier kurzfristig halfen und Augustus
30 v. Chr. etwas Luft verschafften. Daß bei Ausgaben jetzt sehr
sorgfältig (und knapp) kalkuliert wurde, hat die Forschung gerade bei dem größten Kostenfaktor, dem stehenden Heer, hervorgehoben. Eine Truppenzahl von achtundzwanzig, seit der
Varus-Katastrophe fünfundzwanzig Legionen, mit Sollstärke
gerechnet folglich maximal 150 000 bis 180 000 Mann, war angesichts der Größe des Weltreichs alles andere denn überdi-
mensioniert. Zum Zeitgeist der augusteischen Epoche paßt es
auch, daß Strabon für die Einrichtung neuer Provinzen (oder
den Verzicht darauf) eine Kosten-Nutzen-Abwägung unterstellt (2,4,8; 4,5,3). Daß sich die Herrschaft über das Untertan-
nenland für Rom (in der Regel auch finanziell) lohnen sollte,

stand demnach nicht zur Debatte, ebensowenig die Abgaben, welche die Bevölkerung solcher Gebiete zu entrichten hatte. Dennoch ist die Altertumswissenschaft nicht grundlos zu dem Resultat gelangt, daß sich unter Augustus für die Provinzialen Wesentliches – und zwar zum Besseren – veränderte.

Verantwortlich für die positive Entwicklung war primär ein Prozeß der Bürokratisierung, sekundär wohl einer der Nivellierung. Den Anfang bildete dabei erneut ein dezentral (hier durch Fachleute, die *censitores*) vorgenommener Census, der die Grundlage für die Steuer auf Personen (*tributum capitis*) und Boden (*tributum solis*), die wichtigste Zahlungsverpflichtung der meisten Provinzen, erarbeitete. Entgegen dem Eindruck, den man aus der Formulierung der Weihnachtsgeschichte des Lukasevangeliums gewinnen könnte (2,1f.: »Es begab sich aber zu der Zeit, daß ein Gebot [*edictum*] von dem Kaiser Augustus ausging, daß alle Welt geschätzt würde. Und diese Schätzung [*descriptio*]war die allererste«), wurde die Registrierung zwar tatsächlich zum erstenmal, freilich auf Provinzebene (und nicht zeitgleich im ganzen Reich) durchgeführt. Eine regelmäßige Aktualisierung war ebenfalls vorgesehen und ist beispielsweise für das von Caesar eroberte Gallien nach fünfzehn Jahren bezeugt. Wirkten bereits solche Maßnahmen der in der Vergangenheit weitverbreiteten Willkür entgegen, so gewährleistete auch der Einsatz spezieller Funktionsträger, der *procuratores*, eine korrekte Handhabung: Diese Männer, anfangs teils ehemalige Sklaven (sogenannte Freigelassene), später stets Angehörige des *ordo equester*, verdankten ihren Posten dem Kaiser, wurden für ihre Tätigkeit besoldet und bei sachgerechter Leistung weiterbeschäftigt oder befördert, während ihr Stand ihnen zugleich höhere politische Ambitionen unmöglich machte. Von ihnen (nicht aber von den Magistraten) kann man daher einigermaßen treffend als »Beamten« sprechen und die Neuregelung insgesamt als Etablierung einer Verwaltung sowie bürokratischer Abläufe (einschließlich umfänglicher Beschwerdemöglichkeiten gegen das Behördenhandeln) deklarieren. Das früher beliebte ›Outsourcing‹ an Privatunternehmen – aufgrund von deren Gewinninteresse eine weitere Belastung der Provinzen – wurde im Bereich der Personen- und Bodensteuer ganz aufgegeben, bei sonstigen Abgaben aber behördlicher Kontrolle unterworfen. Was das zweite Element, die Nivellierung, anbelangt, so ergab sie sich daraus, daß die Frage der Besteuerung in der Provinz nicht nach dem Bürgerrecht einer Person entschieden wurde. So konnten Nicht-Römer steuerfrei sein, falls ihre Gemeinde den privilegierten Status einer *civitas libera ac immunis* hatte, während Römer dann Steuern zahlten, wenn sie nicht in einem Ort mit *ius Italicum* lebten.

Alles in allem läßt sich also in Sachen Stabilitätssicherung ein sehr nennenswerter Beitrag des Augustus festhalten. Auch wenn verschiedene Zusatzfaktoren im Spiel sind, wird man doch stets auf ihn als Individuum zurückverwiesen. Dabei sind es wohl verschiedene Facetten seiner Persönlichkeit, die Rom zugute kommen. Zunächst und vielleicht vorrangig ist da die nahezu absurd anmutende Tatsache, daß der Gewinner der Bürgerkriege diesmal (anders als 32 und 45) ein Mann war, der für den militärischen Teil seiner Position als Heerführer keinerlei Begeisterung entwickelte ja sich noch nicht einmal daran gewöhnen konnte. Damit unterschied er sich nicht bloß markant von allen früheren Siegern, sondern sogar von den meisten sonstigen (und in jedem Fall allen chancenreichen) Akteuren der vierziger und dreißiger Jahre. Man tut dem Dictator Caesar kaum ein Unrecht, wenn man davon ausgeht, daß er gegen Ende seines Lebens aus der Politik, für deren Subtilitäten er schon früher wenig Geduld aufgebracht hatte und die ihm nach dem Jahrzehnt in Gallien gänzlich fremd geworden war, zurück in den Krieg flüchten wollte, in dem er sich auskannte und zuhause fühlte. Konsolidierungsmaßnahmen in Rom wären 45/44 nämlich weit dringlicher gewesen denn ein Feldzug gegen die Parther. Augustus dagegen hatte schon in der Zeit seines Aufstiegs, im Jahr 41 und Ende 36, organisatorische Aufgaben, für die er Talent besaß und an denen er Freude empfand, bewußt gesucht und gemeistert. Zusätzlich veranschlagen sollte man seine spezielle Haltung zur römischen Tradition, die möglicherweise aus der Sozialisation des Kindes und Jugendlichen zu erklären ist: So begegnet Augustus etablierten politischen Spielregeln und Institutionen durchaus – und erneut im Unterschied zu Caesar – mit Achtung, ist freilich nicht ihr Gefangener, dem jeder unkonventionelle Gedanke unmöglich wäre. Einen kreativen Umgang mit den im System der Republik selbst angelegten Möglichkeiten sowie die experimentelle Annäherung an eine tragfähige Neuregelung werden wir bei der Ausgestaltung der persönlichen Stellung des Augustus, dem sog. Kaisertum, wiederfinden (dazu Kapitel 4). Vorher aber sollten wir unser Bild der Bürgerkriegsepoche noch dadurch vervollständigen, daß wir uns die rechtlich-institutionelle Seite der Karriere unseres Protagonisten zwischen 44 und 30 ansehen.

Vom politischen Niemand zum Inhaber der Allgewalt:
Die rechtlich-institutionelle Seite von Augustus'
Bürgerkriegskarriere

Die Geschichte von Augustus' Aufstieg in der Bürgerkriegszeit wäre unvollständig, würde man nicht auch einen Blick auf die politischen Funktionen und Ämter werfen, die er sich in dieser Phase seines Lebens zu verschaffen wußte bzw. zugeteilt bekam. Vor welchen Schwierigkeiten der anfangs bekanntlich Achtzehnjährige auch in dieser Hinsicht stand, läßt sich dann ermessen, wenn man weiß, daß bereits im 2. Jahrhundert –

parallel zum Schwinden des Konsenses in der politischen Führungsschicht und wohl in direkter Reaktion auf Figuren wie Scipio Africanus, die schon als junge Leute (im Falle des Genannten mit etwa vierundzwanzig bzw. dreißig Jahren) ein eigenständiges Heereskommando, dann das Consulat erhielten – ein gesetzliches Mindestalter für die Wahl zur ersten Magistratur ebenso festgelegt wurde wie ein sogenannter *cursus honorum*, eine verbindliche Abfolge solcher Ämter. Nach der noch detaillierteren Regelung der Materie durch Sulla hätte Augustus ganze elf Jahre warten müssen, um dann auch nur für die Anfangsaufgabe, die Quaestur, in Frage zu kommen, die ihm außerdem kaum eine Basis zur Mitgestaltung von Politik, geschweige denn echte politische Macht geboten hätte.

Spielt man die Möglichkeiten des jungen Caesar-Erben im Frühjahr/Sommer 44 unter Berücksichtigung aller Finessen des römischen ›Staatsrechts‹ durch, so stößt man auf zwei theoretische Optionen, von denen freilich nur eine Realisierungschancen besaß. Genau diese ist es, die bei antiken Historiographen/Biographen – ausführlich bei Appian (bell. civ. 3,31,120 f.), knapp bei Plutarch (Ant. 16,5), Sueton (Aug. 10,2) und Cassius Dio (45,6,2 f.) – als zeitweiliges Projekt des Augustus auftaucht. Demnach sei es nach dem Tod eines der zehn Volkstribune im Juni oder Juli 44 betrieben worden, Augustus für den Rest des Jahres als Ersatzmann (*suffectus*) nachzuwählen. Daß er zu diesem Zeitpunkt schon über Popularität bei der stadtrömischen Bürgerschaft, also den potentiellen Wählern, sowie Unterstützung aus dem Kreis der Volkstribune, seiner Kollegen in spe respektive der potentiellen Wahlleiter, verfügte, ist gesichert. Auch die Rechtslage steht dem Plan bei weitem nicht so eindeutig entgegen wie vielfach behauptet: Tatsächlich hatte das Volkstribunat aufgrund seines historischen Ursprungs in vielen Punkten eine Sonderstellung. Da es strenggenommen nicht zu den Magistraturen rechnete, sich diesen aber im Zuge der Entwicklung annäherte, herrschten bereits bei den Zeitgenossen geteilte Ansichten darüber, inwieweit es von Verfügungen betroffen war, die den Terminus ›magistratus‹ gebrauchten (vgl. App. bell. civ. 1,14,60). Hinzu kam, daß Gesetze Sullas, die speziell dieses Amt beeinträchtigt hatten, inzwischen als parteiisch diskreditiert und außer Kraft gesetzt worden waren. Es ließ sich demnach durchaus die Meinung vertreten, daß es keine Einwände gegen einen achtzehnjährigen *tribunus plebis* gebe, zumal möglicherweise analog zum Fall der direkten Wiederwahl verfahren wurde: Für Magistrate verboten, war sie bei Volkstribunen statthaft, allerdings laut Appian (bell. civ. 1,21,90) einzig unter der Bedingung, daß die Bürgerschaft selbst den derzeitigen Amtsinhaber für eine neue Kandidatur nominierte. Daher ist es schwerlich ein Zufall, daß derselbe Autor just eine derartige Initiative der Wähler für Augustus berichtet (3,31,120).

Andere Bedenken erhebt aus dem Kreis antiker Autoren Sueton. Stein des Anstoßes ist hier die ebenfalls auf die Genese des Postens zurückzuführende Bestimmung, daß Erbadlige keine Volkstribune sein durften, die *gens Iulia*, in die Augustus durch die testamentarische Verfügung Caesars gelangte, jedoch eine solch patrizische Familie war. Freilich war gerade dieser Teil des letzten Willens des Dictators im Sommer 44 noch nicht umgesetzt, da Antonius die Einberufung der altertümlichen *comitia curiata*, welche für derartige Belange zuständig waren, verschleppt hatte (Cass. Dio 54,5,3 f. u. a.). Daraus das Beste zu machen und die Verzögerung zur Erlangung des *tribunatus plebis* (und seiner beträchtlichen Möglichkeiten) zu nutzen (oder zumindest mit der entsprechenden Drohung den Adoptionsvorgang zu beschleunigen) war bei dem legalistischen, man mag auch sagen rabulistischen Grundzug der Römer im Umgang mit Rechtsfragen ein Verfahren, das auf Akzeptanz hoffen konnte. Für Antonius freilich erschien die

Aussicht eines Tribunats des Rivalen beunruhigend genug, um erstmals sehr offen gegen Augustus Stellung zu beziehen und die Initiative schließlich erfolgreich zu torpedieren.

Trotz dieses Scheiterns verdient die Episode des Sommers 44 Aufmerksamkeit. Dabei geht es um mehr als eine schlichte Chronistenpflicht mittels Registrierung der ersten politischen Stelle, die unser Protagonist ins Auge faßte. Der Sachverhalt beeinflußt vielmehr recht markant das Bild von Augustus' Start in sein neues Leben. Daher sollte noch einmal unterstrichen werden, daß die Stimmigkeit der Details, welche Appian, selbst mit der römischen Verfassung wenig vertraut, fraglos seiner Vorlage entnommen hat, ein starkes Indiz für die Historizität des Erzählten liefert. Wenn Augustus freilich tatsächlich angestrebt hat, für die zweite Hälfte des Jahres 44 Volkstribun zu werden, so bedeutet das nichts geringeres, als daß er einem Kampf mit Mitteln der Politik eindeutig den Vorzug vor einer militärischen Lösung gab. Beides waren nämlich keine miteinander zu vereinbarenden, daher keine parallel zu verfolgenden Strategien, da es Volkstribunen strikt untersagt war, die Hauptstadt zu verlassen. Statt der Anwerbung der Veteranen wäre mithin nach dem Wahlsieg ein anderes Szenario zum Tragen gekommen: In zivilen *contiones* hätte sich der Kontakt zu den Römern in der Stadt ausbauen lassen; unerwünschte politische Initiativen des Consuls oder der sonstigen Volkstribune konnten unterbunden werden; zudem genossen die Inhaber des Amtes einen besonderen Schutz vor Verletzung oder Tötung (sogenannte *sacrosanctitas*), der dem zumindest latent bedrohten Caesar-Erben gewiß willkommen gewesen wäre. Vor allem aber scheint man damit gerechnet zu haben, daß Augustus vor der Bürgerschaft (und mit ihr als Gericht) einen Prozeß gegen die Attentäter anstreben würde (App. bell. civ. 3,31,121). Auch dies hätte Lucius Antonius, der jüngste Bruder des Consuls, der 44 ebenfalls Volkstribun war, nicht unter

Nutzung seines kollegialen Interventionsrechtes zu verhindern vermocht, ohne sich selbst und seine ganze Familie irreparabel zu beschädigen. Von einem Sieg des Anklägers in diesem Strafverfahren ist sicher auszugehen. Darüber hinaus freilich ist eine fundierte Prognose über den alternativen Verlauf der Geschichte nicht mehr möglich, so daß man sich darauf beschränken sollte, die Aussagekraft der Idee für Augustus' Persönlichkeit festzuhalten.

Für Plan B, der gemäß Appian (bell. civ. 3,31,123) unmittelbar nach dem Scheitern des ›Projekts Tribunenwahl‹ in Gestalt von Sondierungsgesprächen in campanischen Städten anlief, besaß Augustus (auch nach eigenem Bekunden, siehe RG 1) keine öffentliche Autorisierung. Daß er jetzt bzw. mit der Umsetzung ab Oktober den Boden der Legalität verließ, ist damit freilich noch nicht automatisch gesagt. Solange er keine Bewaffneten nach Rom führte und dadurch das strikte Gebot der Entmilitarisierung in dieser Kernzone politischen Lebens verletzte, hing in dieser Frage alles davon ab, ob der Senat die Anwerbung der Privatarmee als »dem Gemeinwohl abträglich« (*contra rem publicam*) oder gar als Aktion eines Aufrührers (*seditio*) oder Staatsfeindes (*bellum*) einstufte und den Kommandanten der Truppe zum Umstürzler oder »Gegner Roms« erklärte. Schritte in diese Richtung zu unternehmen hat der Consul Antonius bekanntlich, wohl in richtiger Einschätzung der Stimmungslage des Gremiums, nicht riskiert. Statt dessen war dort im Dezember 44 sogar eine Billigung der vom Caesar-Erben *privato consilio et privata impensa* getätigten ›Aufrüstung‹ sowie der Desertion der zwei regulären Legionen mehrheitsfähig.

Das *senatus consultum*, das am 22. Dezember 44 auf Antrag Ciceros in einer Sitzung zustande kam, welche die am 10. Dezember ganz regelgerecht neu ins Amt getretenen Volkstribune einberiefen, ist – zusammen mit jenem des 3./4. Januar 43 –

ein Paradebeispiel für ein spezifisches Merkmal römischer Politik, nämlich die Fähigkeit, höchst außergewöhnliche Situationen mit ganz gewöhnlichen Verfahren zu bewältigen. Die Möglichkeit dazu ergab sich durch ein weiteres Charakteristikum der antiken Republik: Es existierte dort kein Dokument, in dem die Kompetenzen der einzelnen Institutionen genau geregelt waren, also nichts, was beispielsweise dem Grundgesetz der Bundesrepublik Deutschland entspräche oder auch nur vergleichbar wäre. Roms System basierte statt dessen darauf, daß mit jedem der drei Verfassungsorgane – (1) der Bürgerschaft und ihren Versammlungen, (2) dem Senat sowie (3) den politischen Funktionsträgern, das heißt Magistraten und Volkstribunen – ein sehr basales Konzept von seiner Rolle im politischen Leben und damit von seinem genuinen Beitrag zur »gemeinsamen Sache« (*res publica*) verbunden wurde. Anders als eine verschriftlichte Konstitution bewirkte dies, daß die drei »Gewalten« (Polyb. 6,11) selbständig neue Aufgaben zu übernehmen und ihr Ressort auszuweiten vermochten, falls – aber ausschließlich falls! – sich das zusätzlich beanspruchte Geschäft aus dem Kern der Vorstellung, welche über ihren Platz im Verfassungsgefüge herrschte, herleiten ließ.

Vielfach konkret genutzt hat diese Option vor allem der Senat. Der Nukleus, an den sich bei ihm alle weiteren Aktivitäten anlagerten, war die Idee eines *publicum consilium*, einer Beratungsinstitution mit Erfahrung und Qualifikationen auf dem Politiksektor sowie vorzüglichen charakterlichen Eigenschaften der Mitglieder, die fachlich, moralisch und intellektuell als Elite gefaßt wurden. Zusammengesetzt war er aus Personen, die bereits Magistraturen (von Sulla an genügte die Quaestur) ohne Beanstandung bekleidet hatten, wobei sich seine strenge interne Hierarchie aus dem jeweils höchsten absolvierten Posten ergab und auch von den versammlungsleitenden ›ratsuchenden‹ Volkstribunen, Praetoren oder Consuln im allgemeinen beachtet wurde. In Debatten kamen daher vorrangig die sogenannten Consulare (gewesene Consuln) zu Wort, denen zumindest das Prädikat von politischen Routiniers ohne weiteres zuzuerkennen ist. Tätig werden konnte das als »versammelte Väter« (*patres conscripti*) angeredete Gremium mithin überall dort, wo sich behaupten ließ, es werde (a) keine Grundsatzentscheidung (die war Sache des Volkes), sondern (b) eine Detailregelung getroffen, die Insiderwissen voraussetze. Schlug sich der Unterschied zwischen (a) und (b) etwa darin nieder, daß nach einem Kriegsbeschluß der Bürgerschaft das *publicum consilium* die Zahl der zu rekrutierenden Soldaten sowie das Budget des Feldherrn bestimmte, so brachte eine Umdefinierung von prinzipiell zu akzidentiell die *prorogatio* (die Verlängerung der Kommandogewalt eines Praetors oder Consuls über dessen Amtsjahr hinaus) in die Verfügung der »Väter«. Einen ähnlichen Ansatzpunkt zum Ausbau der Einflußnahme bot auch die anerkannte Senatskompetenz, Ehrungen für politische Verdienste verleihen oder allgemeiner das Handeln der Inhaber politischer Posten und Imperien bewerten und als ›e re publica‹ oder ›contra rem publicam‹ (dem Gemeinwohl zu- bzw. abträglich) klassifizieren zu dürfen. Von hier aus ist nämlich zu erklären, weshalb es gerade dieses Gremium war, das eine *hostis-iudicatio* aussprach, in einem solchen Extremfall also die Taten eines beliebigen Römers den Akten einer feindlichen Macht gleichstellte, was für den Verurteilten automatisch (und ohne Gerichtsverfahren) die Aberkennung jeder öffentlichen Stellung und jedes Rechtsschutzes bedeutete.

Daß auch »Ehrungen« ein ungeahntes Potential hatten, wird bereits am 20. Dezember 44 sichtbar. Hier wird unter anderem »Gaius Caesar« (Augustus) zugesagt, der Senat werde sich gegenwärtig und künftig um »Ehrungen« (*honores*) und »Dankesbezeugungen« (*gratia*) für ihn kümmern, und zwar wegen seiner »Verdienste um das Gemeinwohl« in Gestalt der bereits geleisteten und noch andauernden Bewahrung des *populus Romanus* vor größten Gefahren (Cic. Phil. 3,15,38 f.). Wenngleich Cicero als Urheber des Antrags einen gänzlichen Bruch mit Antonius, der bereits gegen Decimus Brutus marschierte, in seiner Rede zwar vorbereitete, aber noch nicht in die Beschlußvorlage aufnahm, waren die diversen Widerstandsakte gegen den Noch-Consul – so die Verweigerung der Übergabe der *Gallia Cisalpina*, die Desertion der *legiones quarta et Martia* und last but not least Augustus' Bildung einer Privatarmee – mit diesem Statement der »Väter« doch autorisiert, die bisher fehlende Billigung seitens einer staatlichen Institution, die *publica auctoritas*, mithin nachgeholt. Um einiges schwieriger gestaltete sich freilich die Aufgabe in den vom 1. bis 4. Januar laufenden Sitzungen. Denn unter der Leitung der neuen Consuln des Jahres 43 war es nicht länger aufschiebbar, für den faktisch bereits existierenden Feldherrnstatus des Augustus eine offizielle Grundlage zu schaffen, da sein Heer zum Aufbau einer Front gegen Antonius dringend gebraucht wurde, aber, wie die Soldaten unmißverständlich klarmachten, nur zusammen mit seinem derzeitigen Anführer bzw. Arbeitgeber zu haben war. Die Vergabe von Kommandogewalt (*imperium*) an Privatpersonen, die vorher noch kein Mandat der Bürgerschaft erhalten hatten, gehörte allerdings eindeutig nicht zu den Befugnissen des Senates.

Wie es den »Vätern« gelang, ihr Ziel zu erreichen, ohne aus der verfassungsgemäßen Rolle zu fallen, ist aller Achtung und Beachtung wert. Vordergründig vollzogen sie am 3./4. Januar nämlich nichts anderes denn eine Einlösung der Versprechen vom Dezember. Wiederum liefern die äußerste Notlage des Staates, die Befreiung des römischen Volkes bzw. Verteidigung seiner Freiheit sowie die Sicherung von dessen Wohlergehen und Würde in schwierigsten Zeiten die Begründung für die Auszeichnung. Die »Ehrungen« für die ›Retter‹ werden nun aber konkretisiert und im Falle des Augustus seine Aufnahme in den Senat beschlossen (Cic. Phil. 5,17,46). In den Debatten des Gremiums wird er in der Endfassung des *senatus consultum*, die an diesem Punkt über Ciceros Antrag hinausgeht (App. bell. civ. 3,51,209), auf der Stufe der gewesenen Consuln, hinsichtlich einer künftigen Bewerbung um Ämter jedoch so verortet, als habe er im Vorjahr die Quaestur innegehabt. Sein *cursus* wäre damit um eine gute Dekade beschleunigt worden, auf eine reguläre Bewerbung um Praetur oder Consulat hätte er dennoch fast ein weiteres Jahrzehnt warten müssen. Auch die senatsinterne Einreihung unter die Consulare klingt bedeutsamer als sie ist, war die Gruppe doch wiederum nach Alterskriterien gegliedert, welche jedes einzelne andere Mitglied (Cicero gehörte z. B. seit zwanzig Jahren dazu und war dreiundsechzig Jahre alt) dem neunzehnjährigen ›Newcomer‹ voraushatte. Einen Praxistest mußte die Regelung aufgrund der weiteren Entwicklung nicht mehr bestehen, da Augustus bald Ämter bekleidete und während einer solchen Tätigkeit die Senatsmitgliedschaft stets ruhte.

Worum es im Kern tatsächlich ging, besagen in der exakt überlieferten und an dieser Stelle beibehaltenen Beschlußvorlage Ciceros von über hundert Wörtern ganze zwei: Die »Ehren« werden dekretiert für »*C. Caesar, C.f., pontifex, pro praetore*«, also für »Gaius Caesar, den Sohn des Gaius, den *pontifex*, den Inhaber eines propraetorischen *imperium*« (Cic. Phil. 5,17,46). Mittels des ihm unbestreitbar zustehenden Kompetenzbereichs Ehrung »gibt« der Senat Augustus insoweit »ein imperium« (*demus igitur imperium Caesari*), »läßt ihn Inhaber propraetorischer Gewalt sein bzw. werden« (*sit pro praetore*), wie Cicero selbst die Intention unmittelbar vor seinem Antrag formuliert (5,16,45), als er ihn in einem offiziellen Dokument als Imperiumsträger adressiert. Ausdrücklich von »*decreta ho-norifica*« (Ehrenbeschlüssen) sprechen auch die *Res Gestae*, als sie den Senatorenstatus und das *imperium* erwähnen (RG 1). Den *patres* glückte an diesem Tag freilich noch mehr, als sich wieder einmal das gewünschte, für sie eigentlich kaum zu-gängliche Betätigungsfeld ohne formalen Regelverstoß zu er-schließen. Der Situation angemessen, in der mit Antonius weiter verhandelt wurde, konnten sie sich Augustus und sein Heer zur Verfügung halten, ohne bereits deren Verwendungs-zweck bestimmen zu müssen, was sie dann im Februar 43 mittels der Erklärung des Staatsnotstandes, des *senatus con-sultum ultimum* nachholten (RG 1). Zugleich war der junge Kommandant zwar im Besitz eigenständiger Befehlshoheit, bei gemeinsamen Einsätzen aber den beiden Consuln als *pro praetore* fraglos untergeordnet. Vor allem wurde jedoch ver-mieden, sein Kommando auf eine allzu solide Grundlage zu stellen, wie es ein Mandat der römischen Bürgerschaft in Ge-stalt einer *lex* zweifelsohne gewesen wäre. Erzeugt war viel-mehr ein für die »Väter« idealer Schwebezustand, der es ihnen ermöglichte, selbst darüber zu befinden, wann das *imperium* des Caesar-Erben für die Rettung Roms nicht länger vonnöten wäre. Von einer gesicherten Zukunft war Augustus daher selbst im Falle militärischer Erfolge weit entfernt. Gleichwohl bedeutete der Januar 43 auch für ihn einen wichtigen ersten Schritt, dessen sich der Kaiser später gerne erinnerte. So taucht im Festkalender von Cumae (*Feriale Cumanum*) der 7. Januar als Gedenktag auf, weil an diesem Datum Augustus »erstmals die *fasces* führte« (ILS 108 = CIL 1,1, 229). Diese durch den modernen Faschismus zu trauriger Berühmtheit gelang-ten Rutenbündel (im Bereich *militiae* zusätzlich mit einge-steckten Beilen) bildeten die Insignien eines Imperiums-trägers und waren dem jungen General infolge des *senatus consultum*, zusammen mit dem erforderlichen Personal, den

Liktoren, in der korrekten Zahl von sechs Exemplaren aus Rom ins Heerlager gesandt worden.

Noch ein weiterer Eintrag des Festkalenders leitet sich aus dem *bellum Mutinense* her. So wird der Tag nach dem Gefecht bei Forum Gallorum (das sich länger hinzog und daher teils für den 14., teils den 15. April verbucht ist), also der 15. respektive 16. April, vermerkt als Termin, an dem Augustus »*primus imperator appellatus est*« (vgl. CIL 1,1, S. 315). Was man sich unter einem derartigen Vorgang vorzustellen hat, wissen wir sehr genau. Seit dem späten 3. Jahrhundert v. Chr. begrüßten Soldaten in jener Heeresversammlung, die einer gewonnenen Schlacht folgte, ihren Kommandanten dann mit dem Zuruf »*imperator*«, wenn sie ihm bescheinigen wollten, ein »wahrhafter/echter Feldherr« (vgl. App. bell. civ. 2,44,177) zu sein und den Krieg mit diesem Treffen entschieden, letztlich sogar ein Anrecht auf einen Triumph erworben zu haben. Durch diese Praxis gewann ein Begriff, der dem Wortsinn nach eigentlich bloß den Inhaber eigenständiger Befehlsgewalt in seiner Rolle als General meinte, den Charakter eines Ehrennamens. *Imperator*, jetzt also »siegreicher Feldherr«, zu heißen wurde begehrt, war aber, anders als früher, an Vorbedingungen, nämlich die Verleihung des Prädikats im Rahmen besagter *contio* gekoppelt. Ganz besonders Männern, die über keine eindrucksvolle Amtsbezeichnung verfügten, die also als *pro consule* (»Consul-Ersatz«) oder gar *pro praetore* (!), aber auch als niedriger Magistrat (*praetor* oder *quaestor pro praetore*) fungierten, war daran gelegen, möglichst rasch – und dann ausschließlich – als *imperatores* auftreten zu können, während einzig Consuln die Bezeichnung gegebenenfalls zusammen mit dem Namen dieser höchsten Magistratur führten. Derartiges zu wissen lohnt sich. Dann nämlich kann man erkennen, daß der überlieferte Text von Ciceros Antrag, den er in Reaktion auf die am Vortag eingetroffene Siegesmeldung in der Senatssitzung des 21. Aprils stellte, völlig korrekt ist und keineswegs einer sogenannten Konjektur, das heißt einer von modernen Herausgeber/innen vorgenommenen Ergänzung oder Änderung des (von mittelalterlichen Handschriften tradierten) Wortlauts bedarf. Während Pansa und Hirtius darin jeweils als »*consul imperator*« betitelt sind, ist die Bezeichnung *pro praetore*, welche die Forschung manchmal im Lateinischen vermißte, bei Augustus im Einklang mit den römischen Gepflogenheiten weggelassen: Es ist nun »Gaius Caesar, der *Imperator*, durch dessen Entschluß und Sorgfalt das Lager glücklich verteidigt und die Menge der Feinde, die sich ihm näherte, versprengt und getötet wurde« (Cic. Phil. 14,14,37).

Die Möglichkeit einer methodischen Randbemerkung, nämlich der Hinweis darauf, daß es sich auch für Historiker/innen nicht erübrigt, den sogenannten textkritischen Apparat von Quelleneditionen zu Rate zu ziehen, in welchem man dokumentiert findet, welche Vokabel auf der Handschriftentradition, welche auf Konjekturen beruht, ist selbstredend bloß ein erfreulicher Nebeneffekt bei der Erörterung dieser Vorkommnisse. Inhaltlich ist die Imperator-Appellatio des 15./16. April deshalb wichtig, weil sie Augustus' Position erheblich stärkt. Realpolitisch betrachtet unterstrichen seine Truppen damit ihre Loyalität; ideell hatte der Vertrauensvorschuß, als welchen man den Einsatz des Neunzehnjährigen *pro praetore* fast unausweichlich sehen mußte (vgl. Cic. Phil. 14,10,28), da sogar die Wahl zum Consul so interpretiert werden konnte (14,9,25), auf diesem Wege seine Rechtfertigung erhalten. Besonders aber wurde das fragliche *imperium* dadurch de iure deutlich weniger prekär, war es jetzt doch durch ein regelkonform ergangenes Votum der ›Bürgerschaft im Felde‹ untermauert und in der zeitlichen Perspektive auf die Siegesfeier hin ausgerichtet. Hinzu kam, daß die hierarchische Abstufung des zu »Gaius Caesar *imperator*« Transformierten gegenüber den Consuln in geringerem Maße, gegenüber jedem anderen mit einer Imperator-Appellatio Geehrten aber gar nicht mehr zutage trat. Es ist daher äußerst wahrscheinlich, daß die Aktion, der hinsichtlich der Kriegslage eine gewisse Voreiligkeit nicht abzusprechen ist, von Augustus' Heer ausging, hinter welchem die Armeen der Consuln dann nicht zurückstehen wollten. Unwillkommen war freilich auch Hirtius die Ehrung keineswegs, vielleicht weil sie die bisher unterbliebene Verurteilung des Antonius als *hostis* beschleunigen konnte. Jedenfalls ließ er es sich nicht nehmen, sie im Namen aller drei Kommandanten dem Senat in der dafür üblichen Form eines mit Lorbeerzweigen umwundenen Briefes anzuzeigen und Augustus darin als *adulescens maximi animi* (jungen Nachwuchs von größtem Mute) zu würdigen (Cic. Phil. 14,10,28).

Mit welch rasanter Geschwindigkeit, aber auch unvorhersehbarer Sprunghaftigkeit sich Augustus' Karriere binnen weniger Monate entwickelte, realisiert man vielleicht am besten, wenn man im *Feriale Cumanum* (CIL 1,1, 229) auf einen weiteren, den dritten Gedenktag mit Wurzeln im Jahre 43 stößt. An dessen 19. August ist der noch immer Neunzehnjährige nämlich tatsächlich zum erstenmal Consul geworden (*primum consulatum iniit*). Daß es sich nicht um die Funktion eines »ordentlichen Consuls« (*consul ordinarius*), sondern um den Ersatz für einen im Amt Verstorbenen (*consul suffectus*) handelte, konnte den Skandal nicht mindern. Damit war zwar vermieden, daß Augustus als sogenannter Eponym diente, das heißt, daß jede offizielle Datumsangabe unweigerlich die Namen »Gaius Caesar und Quintus Pedius (sein Kollege im Suffectconsulat)« enthielt und diese auch in die *fasti consulares*, die ewige Liste der Inhaber der höchsten regulären Magistratur, Eingang fanden. Das vermochte allerdings die Vorgeschichte der Wahl nicht wettzumachen. Augustus hatte nämlich Anfang August sein Heer nach Rom in Bewegung gesetzt und damit Befürchtungen geweckt, er werde, wie Sulla im Jahre 88, die Hauptstadt gewaltsam stürmen und verwüsten. Auch Parallelen zu Caesars Eröffnung des Bürgerkrieges 49 mittels seines Einmarsches in Italien wurden gezogen (App. bell. civ. 3,88,365). Wenngleich es zu keinerlei physischen Übergriffen kam, ist die Drohkulisse unbestreitbar, ebenso der offene Rechtsbruch. Damit freilich stellt sich sehr dringlich die Frage, warum unser Protagonist all dies für einen Posten in Kauf nahm, den er im Maximalfall gut vier Monate innegehabt hätte (und realiter sogar etwas früher, nämlich am 26. November, aufgab). In verschiedenen Varianten begegnet diesbezügliche Ratlosigkeit schon in der Antike. So berichtet etwa Appian, in Rom sei beim Herannahen der Armee Panik ausgebrochen. Man habe ja nicht gewußt, daß es Augustus einzig und allein, das heißt auch: daß es ihm nur (!) um das Consulat gehe (3,89,367).

Eine Antwort auf dieses Rätsel wird dadurch erschwert, daß jeder einzelne der Berichte über das Geschehen zwischen April und August 43 tendenziös eingefärbt, also als Ent- oder Beschuldigung für die jeweiligen Hauptakteure gestaltet ist. Nicht immer läßt sich etwas so klar ins Reich der Phantasie verweisen wie die Behauptung, Augustus habe selbst für die Vakanz des Consulats gesorgt und Hirtius hinterrücks in der Schlacht, den verwundeten Pansa mittels seines Arztes und Gift getötet (Tac. ann. 1,10,1; Suet. Aug. 11; Cass. Dio 46,39,1). Obwohl die bis Ende Juli reichende postum veröffentlichte Korrespondenz Ciceros gleichfalls nicht neutral ist, besitzt sie doch hohen dokumentarischen Wert. Leider sind freilich manche Schreiben – so auch dasjenige, das erstmals die Idee eines Consulats des Caesar-Erben als »schurkische Einflüsterung« erwähnt und angibt, sie sei ihm aus Rom durch »höchst schändliche Briefe«, voller falscher Ausdeutungen des dortigen

Geschehens, als realisierbar dargestellt worden (ad Brut. 12 (8),3) – nicht sicher datiert, so daß sie bei der wichtigen Entscheidung über die Abfolge der Ereignisse, Aktion und Reaktion nicht immer weiterhelfen. Dennoch tragen sie wesentlich dazu bei, daß uns Augustus' Haltung nicht ganz so schleierhaft bleiben muß wie dem Briefpartner Ciceros, Lucius Munatius Plancus, der damals für das von Caesar eroberte Gallien zuständig war: Es sei ihm vollkommen unerfindlich, schreibt der überzeugte ›Caesarianer‹ am 28. Juli 43 aus dem Feldlager, wieso Augustus – »zum allgemeinen Entsetzen und äußerst überheblich« – nach einem »Zweimonatsconsulat« (er rechnete offenbar mit einem Wahltermin im September oder Oktober) trachte, statt an der Bekämpfung der sich in Gallien neu formierenden Kräfte des Antonius und des seit 29. Mai mit ihm vereinten Lepidus mitzuwirken und dabei »gewaltigen Ruhm« zu erringen, den »er doch auch persönlich dringend benötige und der seine Sicherheit stark erhöhen würde« (Cic. fam. 10,24,6 f.).

Ob der Tod der beiden Consuln die weitere Entwicklung bloß beschleunigte oder ihr eine ganz neue Richtung verlieh, gehört zu den Punkten, für die sich keine stichhaltigen Indizien finden lassen, so daß man auf Aussagen darüber besser verzichten sollte. Sicher ist dagegen, daß der Senat auf das Unglück völlig falsch reagierte und damit Probleme, die sich vorher bereits angebahnt hatten, zum Ausbruch brachte. Zugute halten muß man dem Gremium, daß in ihm viel zu viele Interessen und Richtungen (die der Anhänger des Antonius; die der Attentäter; die der übrigen ›Caesarianer‹ usw.) gegeneinanderwirkten, um eine klare politische Linie finden zu können. Das schlug sich nicht zuletzt darin nieder, daß es bis zu Augustus' Initiative, die wohl frühestens im Juni begann, keinerlei Resultate in Sachen Wiederbesetzung des Consulats gab. Vielmehr hatten die »Väter« sich offenbar schon nach wenigen Wochen entschlossen, das Problem dilatorisch zu behandeln, also mit einer Vakanz des Postens bis zum 1. Januar 42 zu leben, wo nach den Festlegungen des toten Dictators Caesar (und daher ohne Diskussion) Lucius Munatius Plancus und Decimus Iunius Brutus Albinus als *ordinarii* ins Amt treten würden und damit sogar ein gewisser Proporz zwischen ›Caesarianern‹ und Attentätern gewahrt wäre. Daß die Allianz der zwei unterschiedlichen Gruppen auf einem höchst labilen Gleichgewicht beruhte und letztlich auf den früheren Kameraden der ›caesarischen‹ Akteure, Decimus Brutus, beschränkt war, hat gerade Cicero schon im Februar 43 nicht richtig eingeschätzt. Er mußte daher erleben, daß Pansa weitreichende Senatsbeschlüsse zugunsten der Attentäter Marcus Brutus und Gaius Cassius, die damals im Osten erste Erfolge feierten, unterband. Wenn sie nach der Abreise des Consuls in den mutinensischen Krieg – sozusagen hinter seinem Rücken – dennoch ebenso erfolgten wie eine Legalisierung des Kommandos von Sextus Pompeius, so ließ dies für die Zukunft der Entente nichts allzu Gutes erhoffen.

Fehler mit gravierenden Konsequenzen beging die Senatsmehrheit nach der Schlacht von Mutina. Daß die Kontingente des belagerten Decimus Brutus bei Geldgeschenken und Vergünstigungen ihren Befreiern, die dabei zahlreiche Männer verloren hatten, gleichgestellt wurden, ist zumindest als unsensibel zu werten. Ganz unbedacht war es jedoch, Decimus Brutus sozusagen an die Stelle der gefallenen Consuln zu rücken: Auf ihn allein wurde das Triumphrecht und die Patronage für das obligatorische Dankfest an die Götter (*supplicatio*) übertragen; zu ihm sollten die Truppen der Verstorbenen überführt werden, von denen die *legiones Martia et quarta* ausschließlich dank Augustus überhaupt dabei und nach dem Tod der Oberkommandanten wieder zu ihm zurückgekehrt waren. Vor allem aber sollte Decimus Brutus die weiteren Unternehmungen gegen Antonius leiten, obwohl zwischen ihm und Augustus bloß dann ein Hierarchiegefälle existierte, falls man Augustus' Status als *pro praetore* und *imperator* nicht ernst nahm. Auch Decimus Brutus war nämlich bisher nicht mehr denn Praetor gewesen, weshalb Cicero nichts Besseres tun konnte, als ihn stets »*imperator* und designierten (vorherbestimmten) Consul« zu nennen. Es war mithin kein Akt schlichter Insubordination, wenn sich Augustus wie die beiden am 20. Dezember 44 und 3./4. Januar 43 für ihre Desertion gelobten Legionen weigerten, dieser Anordnung Folge zu leisten. Sollten die Gesandten des Senats tatsächlich versucht haben, ihre Botschaft in einer *contio* zu verlautbaren, in welcher Augustus der Vorsitz verwehrt wurde, so hätten sie (und im Hintergrund ihre Auftraggeber) das Kommandorecht des jungen Imperators (jedenfalls jenes über die aktuell zusammengerufenen Einheiten, eventuell die strittigen Legionen) vor aller Augen negiert (Vell. Pat. 2,62,5). Zur Entschärfung der Lage trugen auch die nachfolgenden Aktionen nicht bei: Entgegen der Tradition (und entgegen Ciceros Rat) wurden Augustus und Brutus nicht in die Zehnerkommission berufen, die Land an ihre Mannschaften vergeben sollte; zugleich wurde eine Revision früherer Verteilungen ins Gespräch gebracht, was die Befürchtung weckte, die *acta Caesaris* könnten als Ganzes angetastet werden. Die wiederholte Aufforderung an Marcus Brutus, mit Truppen nach Italien zu kommen, und die Einschiffung zweier Legionen aus *Africa* waren ebenfalls zwar verständliche, aber nicht gerade vertrauensbildende Maßnahmen.

Bei diesem Stand der Dinge ist schwer auszumachen, wo für Augustus noch Verhandlungsspielräume existiert hätten, wollte er nicht sich selbst, aber auch die ihm anvertrauten Soldaten einem sehr ungewissen Schicksal überantworten. Daß das Consulat sogar eine gewisse Vorsorge für die Zukunft darstellte, war nicht der geringste seiner Vorzüge. Denn es galt schon lange als selbstverständlich, daß ein Consul nach dem Ende seines Amtes ein weiteres Jahr *pro consule* wirken durfte. Damit ließ sich auch dem 1. Januar 42 (und den neuen Inhabern der höchsten Magistratur) gelassener entgegenblicken. Einmal Consul geworden, hat Augustus dann weitere Provokationen vermieden und sich im Hintergrund gehalten. Vor den Augen der Öffentlichkeit in Rom war das Collegium der *suffecti* nur noch in Gestalt des Quintus Pedius aktiv, der als gewesener Praetor (48) und Triumphator (45) keinen formalen Anstoß erregte. Er brachte vor den Curiatcomitien den Adoptionsvorgang zum Abschluß, initiierte vor allem aber die Genehmigung des Volkes für ein außerordentliches Richtergremium (*quaestio extraordinaria*), wo Verfahren gegen die Attentäter verhandelt werden sollten. Gaius Cassius wurde dabei beispielsweise von Agrippa angeklagt (Vell. Pat. 2,69,5). Daß auch hier penibel auf Vorschriften geachtet wurde, war in diesem Fall besonders ratsam. Denn das Gesetz, das dabei ins Spiel kam, die auf Gaius Sempronius Gracchus zurückgehende *lex Sempronia de capite civium*, lag den Römern so sehr am Herzen, daß nicht einmal Sulla gewagt hatte, es anzutasten: Ohne Autorisierung durch das Volk (*iniussu populi*) dürfe über einen römischen Bürger kein Todesurteil gefällt werden, hieß es da. Quintus Pedius, ein Nachkomme der älteren Schwester Caesars, dem der Dictator ein Viertel seines materiellen Erbes zugedacht, der es aber Augustus überlassen hatte, ist zugleich ein gutes Beispiel für die Randfiguren aus dem Leben unseres Protagonisten, denen wir mangels genauerer Überlieferung nicht gerecht werden können. Welche Tragödie sich dahinter verbarg, daß er im November 43 plötzlich verstarb, läßt sich leider nicht ermitteln. Laut Appian (bell. civ. 4,6,25f.) sollen Streß und Aufregung der letzten Tage vor seinem Rücktritt zuviel für ihn gewesen sein.

Für Augustus selbst war der Verzicht auf den restlichen Monat als hoher Magistrat jedenfalls ein geringer Preis für die dafür eingetauschte neue Amtsposition, die zur andauerndsten und wichtigsten seiner Bürgerkriegskarriere werden sollte. Keineswegs den einzigen, aber einen guten Dienst hat ihm sein Aufstieg ins Consulat nämlich auch insofern geleistet, als er nun eine politische Größe war, die sich nicht länger als kurzlebig oder zweitrangig ignorieren oder als »das Kind« verspotten ließ. In der sich formierenden neuen Allianz der ›Caesarianer‹ konnte er daher den Anspruch auf einen Platz neben Antonius und Lepidus nicht bloß erheben, sondern durchsetzen. Sich Ende Oktober mit den beiden zusammenzutun dürfte Augustus nicht allzu schwer gefallen sein. Die Notwendigkeit der Einigkeit im Lager der Freunde des getöteten Dictators leuchtete angesichts des Erstarkens der Attentäter im Osten immer mehr Personen ein. Zu Antonius übergetreten war inzwischen beispielsweise auch jener Munatius Plancus, der sich noch Ende Juli moralisch aufgeplustert hatte. Daß die Soldaten schon beim Seitenwechsel des Lepidus ein Wort mitredeten, muß keine Schutzbehauptung sein (Cic. fam. 10,35,1). Was die Bilanz zwischen Augustus und dem Senat anbelangt, so wird man sie ausgeglichen finden: Er hatte dem Gremium ebenso geholfen wie die *patres* ihm; ›Undank‹ und ›Verrat‹ aber waren Vokabeln, für die beide Parteien Argumente anführen konnten. Ein Charaktertest wäre die Geschichte nach Mutina für Augustus erst dann geworden, hätten die Consuln überlebt oder er selbst, geehrt und eigenständig, weiterkämpfen dürfen.

Was das Trio Antonius/Lepidus/Augustus bei seinem Treffen auf einer Flußinsel in der Gegend von Bononia vereinbart hatte, wurde am 27. November, bei Anwesenheit der Truppen aller Begünstigten in oder nahe der Hauptstadt, zu einem Beschluß der Bürgerschaft verwandelt. Ob man die Römer über-

rumpeln zu müssen meinte oder sich unter Zeitdruck fühlte –
jedenfalls wurde der Antrag ohne die vorgeschriebenen drei
Lesungen in *contiones* und Beachtung der Frist von einundzwanzig Tagen (*trinundinum*) von einem ansonsten unbe-
kannten *tribunus plebis* namens Publius Titius eingebracht
und wies daher im Verfahren Formfehler auf. Inhaltlich war
man jedoch bemüht, korrekt zu bleiben. Durch das römische
Volk wurde mittels einer *lex* eine Ausnahmemagistratur ins
Leben gerufen. Da drei Personen sie innehatten, wurde sie als
»Amt der drei Männer«, *triumviratus*, die Inhaber als *IIIviri*
(*tresviri* = *triumviri*) bezeichnet. Für sich genommen, gab diese
Benennung noch keinerlei Hinweis auf etwas Exzeptionelles.
So existierte als ständige Einrichtung ein solches Dreimänner-
amt »zum Gießen und Prägen von Erz, Silber und Gold«, führte also Oberaufsicht über die Verfertigung neuer Münzen;
temporär wurden Siedlungsprojekte ebenfalls mehrfach von
tresviri »zur Anweisung von Ländereien« betreut. Seine Aufga-
benbeschreibung machte, wie in diesen Beispielen, auch den
entscheidenden Teil des am 27. November kreierten Postens
aus: »Zur (Neu-)Ordnung der öffentlichen Angelegenheiten /
des römischen ›Staates‹« lautete der Auftrag für die Dreibunds-
mitglieder, *IIIviri rei publicae constituendae* ihr voller Titel.
Daß damit alle bisherigen Spielregeln und Institutionen der
Politik zur Disposition gestellt waren, es etwa ganz im Belieben des Trios lag, Magistrate wählen zu lassen, einzusetzen
oder völlig auf sie zu verzichten, war nun in der Tat äußerst
spektakulär – ein singulärer Vorgang war es jedoch nicht. Denn
genau dieselbe Formulierung – erweitert um den Zusatz, er
solle »Gesetze verfassen und damit den ›Staat‹ (um)gestalten«
– hatte man im November 82 gebraucht, um Sulla nach seinem
Bürgerkriegssieg (ebenfalls durch Volksbeschluß) eine rechtliche Basis zu geben: Er wurde *dictator legibus scribundis et rei
publicae constituendae*.

Die Parallele zu Sulla hat bereits die Zeitgenossen, darunter die Triumvirn selbst, sodann die antike Nachwelt beschäftigt. Eine unproblematische Reminiszenz war diese Erinnerung nämlich ganz besonders für Freunde Caesars nicht (vgl. dazu S. 78). So bemühte die *lex Titia* sich wohl auch um die Hervorhebung von Unterschieden: Die unbegrenzten Handlungsmöglichkeiten der Triumvirn wurden wenigstens zeitlich auf fünf Jahre limitiert, das Ende ihrer Tätigkeit also nicht (wie bei Sulla) in ihr Ermessen gestellt. Eine lange Lebensdauer war diesem Argument allerdings deshalb nicht beschieden, weil Antonius/Lepidus/Augustus das Zeitfenster so völlig aus den Augen verloren, daß sie sich die Kompetenz nicht einmal fristgerecht, das heißt im Spätherbst 38, verlängern ließen. Dies geschah erst im Winter 37 – dann freilich wohl erneut mittels Volksbeschluß und auch rückwirkend –, so daß der nächste Fünfjahresturnus gegen Ende 33 auslief. Die graduellen Abweichungen der Titel von Sulla als *dictator legibus scribundis et rei publicae constituendae* auf der einen, den *IIIviri rei publicae constituendae* auf der anderen Seite sind dagegen nicht mit der Distanzierung letzterer von ersterem zu erklären. Die Abfassung von Gesetzen als einziges oder vorrangiges Mittel politischer Neugestaltung herauszustellen paßte einfach nicht zu einer Situation, in welcher absehbar war, daß der Krieg gegen die Attentäter eine der ›Ordnungsmaßnahmen‹ sein würde. Interessanter ist der Wechsel von *dictatura* zu *triumviratus* – jedoch nicht deshalb, weil er schwer zu deuten wäre. Dieser Teil von Sullas Amtsbezeichnung griff nämlich seinerseits auf den Namen einer Magistratur zurück, die in der Frühphase der römischen Republik bei (vorrangig außenpolitischen) Notlagen zum Einsatz gekommen war und sich neben einer verkürzten Amtsperiode von maximal sechs Monaten vor allem dadurch ausgezeichnet hatte, daß sie die Kompetenzen der beiden Consuln bündelte. Die Römer verbanden demnach die

Vokabel ›Dictatur‹ assoziativ stets mit der Konzentration umfänglicher Macht auf eine einzige (!) Person. Obschon dies bereits hinreicht, um sie als Etikett einer Dreiergruppe ungeeignet zu machen, mag in dem Verzicht noch eine weitere Botschaft enthalten gewesen sein. Denn ein Dictator – und zwar keiner zur Bewältigung eines vorübergehenden Ausnahmezustandes, sondern ein permanenter (*dictator perpetuo*) – war auch Caesar vor seinem Tod gewesen. Als *Triumviri* dementierten die neuen starken Männer Roms mithin zugleich, Caesars Stellung anzustreben, was als ihr Ziel schon mehrfach kolportiert worden war. Da Antonius in den ersten versöhnlichen Wochen nach den Iden des März zudem in einer consularischen Verlautbarung erklärt hatte, die Bezeichnung ›Dictator‹ solle für immer aus dem öffentlichen Leben Roms verschwinden und der Senat dies seinerseits in einem *senatus consultum* begeistert unterstützte (Cic. Phil. 1,3), hätte ein Rückgriff auf den verfemten Namen zumindest im Kreis der »Väter« (ganz unnötig) Furore gemacht.

In eine sehr ungute Nähe zu Sulla rückten die Triumvirn freilich primär durch eine Maßnahme, die in der antiken Historiographie breitesten Raum einnimmt. Wie diese Erzählstruktur die Quellengattung Geschichtsschreibung charakterisiert (und der modernen Geschichtswissenschaft Probleme bereitet), haben wir uns bereits in Kapitel 2 angesehen. Bei aller Ausmalung bleibt das Faktum, daß das Trio jene Proskriptionen wieder aufleben ließ, durch deren ›Erfindung‹ der Dictator berühmt-berüchtigt geworden war. Daß die Triumvirn das Vermögen der durch die Aushänge Markierten für die ›Staats‹kasse beschlagnahmten, erregte den Verdacht, die Aktion sei überwiegend durch ihre unbestreitbaren Finanzprobleme – die Attentäter schöpften derzeit alle Steuern der Ostprovinzen ab – motiviert. Auf diesem Sektor legte man 43 immerhin erneut Wert darauf, sich von Sulla abzugrenzen: So wurde dem Sohn eines Proskribierten im Erbfall (also nach dessen Tötung) ein Zehntel des väterlichen Vermögens, der Tochter ein Zwanzigstel zugesagt, der Witwe zudem alles, was sie als Mitgift in die Ehe gebracht hatte. Auch eine Nachahmung der 82/81 praktizierten ›Sippenhaft‹ (in Gestalt eines Verbots der Übernahme politischer Posten durch Nachkommen der Geächteten) war schon deshalb undenkbar, weil Antonius selbst als Volkstribun des Jahres 49 den Gesetzesvorschlag zur Abschaffung der bis dahin fortbestehenden Einschränkung gestellt und damit z. B. Hirtius' Consulat überhaupt erst ermöglicht hatte. Daß sich durch derartige Modifikationen die Akzeptanz für die Todes-Listen erhöhen ließe, hat allerdings schwerlich jemand geglaubt.

Was die Triumvirn bewog, ein Instrument einzusetzen, über dessen negative Wirkung für ihr Ansehen sie sich keine Illusionen machen konnten, ist daher sehr ernsthaft zu überlegen. Gesichert ist nur, daß das Projekt nicht von Augustus ausging. Sogar der ihm kritisch gegenüberstehende Zweig der Überlieferung räumt unumwunden ein, er habe den Kollegen eine Weile Widerstand geleistet, um eine Proskription zu verhindern. Vorgehalten wird ihm ausschließlich, die Maßnahme nach deren Beginn rigoroser als seine Partner betrieben zu haben (Suet. Aug. 27,1). Daß die Pro-Augustus-Tradition demgegenüber seine Milde unterstreicht, ist wenig überraschend. Richtig kann je nach Fallbeispiel beides sein, da unser Protagonist einerseits keine Neigung zu Willkür oder Launenhaftigkeit erkennen läßt, andererseits aber Argumenten zugänglich und um Gerechtigkeit bemüht war. Seine anfangs relativ schwache Position innerhalb des Trios wird auch bei einem ganz anderen Thema, nämlich der ersten Verteilung der territorialen Zuständigkeiten, bestätigt. Daß diesem eher geringen Gewicht des jüngsten Triumvirn zudem das prominenteste Opfer der Proskriptionen, Marcus Tullius Cicero, geschuldet ist, ist ebenfalls unstrittig. Dessen Aufnahme in den Katalog war für Antonius ein zentrales Anliegen. Dennoch erweckt sogar der Tod des berühmten Consulars (7. Dezember 43) nicht den Eindruck, als sei die Ermordung zielgerichtet betrieben worden. Verfolgt man Ciceros letzte Wege, so wird man jenem Teil der Forschung, etwa John M. Carter, zustimmen, der selbst diesem von Antonius fraglos gehaßten Mann gute Chancen gibt, sich zu Sextus Pompeius nach Sizilien oder zu Brutus/Cassius in den Osten zu retten, hätte er die im Winter allerdings zweifelsohne gefährliche Seereise weniger gescheut. Vielen anderen ist die Flucht gelungen, darunter den beiden Personen, die in jedem der Berichte neben Cicero die Unmenschlichkeit der Triumvirn illustrieren: Es entkamen der Onkel des Antonius und der Bruder des Lepidus. Damit ist keineswegs die Ungeheuerlichkeit der Tatsache revidiert, daß Männer mit dem Tod bedroht wurden, die – anders als die von der *quaestio extraordinaria* in Abwesenheit verurteilten Attentäter – keine justitiablen Verbrechen begangen hatten, und daß nicht Schuld oder Unschuld, sondern oft der Zufall über ihr Schicksal entschied. Dennoch trägt es zum Verständnis des Ereignisses bei, wenn man auf eine Übereinstimmung und einen Unterschied zu Sulla hinweist: Was erstere betrifft, so ist es wohl kein Zufall, daß Proskriptionen jeweils von Männern (Sulla, Antonius, Lepidus) angestoßen wurden, die vorher als *hostes* (»Feind aller Römer«) verurteilt worden waren. Daß nicht nur sie selbst – und nach einer Frist ihre Soldaten – dadurch jeden Rechtsschutz einbüßten, sondern auch ihre Angehörigen, besonders ihre Kinder zumindest sozial und materiell alles verloren, ja sogar in Lebensgefahr gerieten, ist nicht mehr allzuweit von den potentiellen Todes-Listen entfernt. Andererseits aber wird man festhalten müssen, daß das von Sulla kreierte Instrument der Proskription nun unter ganz anderen Umständen auch zu ganz anderen Zwecken verwendet wurde:

Vor Beginn des Krieges gegen die Attentäter sollten alle wichtigen Gegner der Triumvirn damit aus Rom und Italien (oder zumindest aus der politischen Öffentlichkeit) entfernt werden. Daß sie physisch eliminiert wurden, war nicht zwangsläufig, aber billigend in Kauf genommen. Die Proskriptionen von 43 entpuppen sich damit zugleich keineswegs als Symbol für die Stärke, sondern für die sehr unsichere Stellung der neuen Machthaber.

Die größten Forschungsdiskussionen entfacht das Triumvirat jedoch nicht bei seinen Anfängen, sondern bei seinem Ende. Dabei sind die durch die verspätete Verlängerung verursachten chronologischen Unsicherheiten noch unsere geringste Sorge, sprechen doch die meisten Indizien dafür, daß im Jahre 32 weder Augustus noch Antonius weiterhin als *IIIviri rei publicae constituendae* gelten konnten. Für sich genommen, wäre dies kaum überraschend: Eine Ausnahmemagistratur mit dem Auftrag einer (Neu-)Ordnung des ›Staates‹ ließ sich, ohne zur Farce zu werden, nicht beliebig ausdehnen; ein Dreimännerbund von (seit Ende 36 nur mehr) zwei Personen konnte ebenfalls bloß als Auslaufmodell noch glaubwürdig erscheinen. Kopfzerbrechen bereiten allerdings zwei Fragen, nämlich (a) auf welcher alternativen rechtlichen Grundlage Antonius und Augustus 32 agierten und (b) weshalb sie, als sie laut Cass. Dio (48,35,1) acht Jahre im voraus, das heißt 39, die künftigen Inhaber aller Ämter festlegten, sich als letztes Paar der damals vorherbestimmten Reihe erst für 31 (erstmals gemeinsam) als Consuln vorsahen, also – man darf annehmen: bewußt – eine Lücke zwischen ihrem Triumvirat und einer neuerlichen Stellung als Magistrat erzeugten. Punkt b ist kaum anders denn als Signal an die römische Öffentlichkeit zu interpretieren. So hatte Sulla nach seiner Abdankung sich ausdrücklich bereit erklärt, sich freiwillig für seine Amtshandlungen als ›Neugestalter‹ zur Rechenschaft ziehen zu lassen (z. B. App. bell. civ.

1,3,10), während es Caesar heftige Kritik eintrug, daß er direkt im Anschluß an sein zehnjähriges außerordentliches Kommando in Gallien ein zweitesmal Consul werden und damit eine potentielle Anklage unterbinden wollte. Kurz nach den Verträgen von Brundisium (Herbst 40) und Misenum (August 39) sowie der Verschwägerung Augustus – Antonius schien es offenbar auch nicht besorgniserregend, daß gemäß dem Grundsatz, »die Freunde der beiden sollten wechselweise [!] das Consulat verwalten, wenn sie nicht selbst es anzunehmen für gut befänden« (Plut. Ant. 30), im äußerst sensiblen Jahr 32 zwei Gefolgsleute des Antonius in die dann wieder hochrangigste Magistratur einrückten. Zusätzlich beruhigend mag gewirkt haben, daß der eine, Gnaeus Domitius Ahenobarbus, deshalb eine gewisse Mittelstellung einnahm, weil sein Sohn (wohl just anläßlich seiner Nominierung) mit der neugeborenen Tochter von Antonius und Octavia (!) verlobt worden war. Anders als Gaius Sosius ist er tatsächlich Anfang 32 nicht mit dem Versuch einer Anklage gegen Augustus hervorgetreten.

In jedem Fall unterstreichen die Vorgänge recht eindrucksvoll, daß sich nicht einmal mittelfristige Planungen verläßlich vornehmen ließen. Als sie sich aufgrund des Zerwürfnisses zwischen Antonius und Augustus erledigt hatten, waren die daraus resultierenden Schwierigkeiten für die beiden Triumvirn a. D. nicht völlig identisch – und für Augustus eindeutig größer. So ist es auch, aber nicht ausschließlich eine Frage des Menschentyps, daß Antonius sich im Krisenjahr 32 keine nachweisbaren Gedanken darüber macht, daß das Triumvirat als Basis seines Heereskommandos ausgelaufen war, und sich weiterhin unverdrossen *IIIvir rpc* nennt, während sein junger Ex-Partner das Defizit derart intensiv empfindet, daß er statt der dürftigen rechtlichen Notlösung später lieber den Fahneneid Italiens und die Forderung des Volkes nach ihm als General in den Vordergrund rückt (RG 25). Wie die Stellung beider de iure zu fassen ist, kann die Forschung daher allein über Indizien erschließen, so daß jedem Vorschlag ein Rest von Hypothese anhaftet. Nach wie vor am plausibelsten ist jener, der im Kern auf Theodor Mommsen zurückgeht: Danach hätten Augustus und Antonius nicht das Amt, aber die Amtsgewalt, die *potestas*, von *triumviri rei publicae constituendae* weiter beansprucht (Näheres zu dieser Unterscheidung siehe Kapitel 4). Antonius konnte dies gut damit rechtfertigen, daß auch Praetoren, Consuln oder Männer, die seit Sulla *pro praetore* oder *pro consule* auf ein Jahr einer Provinz vorstanden, ihre Befugnisse gegebenenfalls über den Endtermin hinaus bis zum Eintreffen eines Nachfolgers beibehielten, dem sie die Truppen zu übergeben vermochten. Augustus dürfte seinerseits darauf gepocht haben, daß er bloß zusammen mit dem Kollegen die formelle Abdankung (*abdicatio*) durchführen könne, und sich zudem anfangs bewußt von Rom ferngehalten haben. Nach den Attacken des Sosius, der ihn als reine Privatperson behandelt, signalisiert sein Auftritt im Senat, daß er, wie Antonius, davon ausgeht, noch Inhaber der Sonderrechte der Triumvirn zu sein. Die Consuln, solcherart wieder auf den zweiten Rang zurückverwiesen, sind danach bekanntlich zu Antonius abgereist.

Weitgehend unsichtbar bleibt die *triumviralis potestas* auch während des Krieges der ehemaligen Kollegen sowie in den Jahren zwischen 30 und 27. Erleichtert wird das gewiß dadurch, daß Augustus ab 31 jeweils einen der beiden Consul-Posten innehat. Vor allem aber akzentuiert die Überlieferung zwei sehr unterschiedliche Sachverhalte. Der eine (speziell im »Tatenbericht« herausgestellt) ist die faktisch unbegrenzte Macht, die der Sieg unserem Protagonisten einbringt: »Im Besitz der Allgewalt«, »mit umfassender Kontrolle«, *potitus rerum omnium*, startet er in den neuen Abschnitt seines Lebens. Während damit allein die realpolitischen Kräfteverhältnisse in den Blick genommen sind, kommt ein ideeller Aspekt darüber ins Spiel, daß dieser Zustand laut den *Res Gestae* (34) auf allgemeines Einverständnis stößt, sich im Einklang mit den Wünschen der Bürgerschaft befindet. Mit *consensus* wird dabei ein zentraler Begriff des politischen Denkens der Römer bemüht. Da der ›Staat‹ in deren Verständnis als »Sache der Gemeinschaft«, »Sache des Volkes« (*res publica*) gefaßt wird, ist es für alle öffentlichen Akteure essentiell, auf Zustimmung zu ihren Handlungen, Übereinstimmung mit dem *populus Romanus* verweisen zu können. Eine solche konkret zu belegen wäre Augustus in der Nachkriegszeit kaum schwergefallen. Selbst wenn man der berechtigten Skepsis antiker Autoren (z. B. Suet. Aug. 57,1) folgt und den Ehrungen seitens des Senates diesbezüglich wenig Aussagekraft zuerkennt, entspringt der freudige Empfang, der Augustus 29 v. Chr. in Italien und Rom bereitet wurde, nicht der Phantasie regimetreuer Geschichtsschreiber (Vell. Pat. 2,89,1), sondern kann sogar von einer eher kritischen Überlieferung nicht geleugnet werden (Cass. Dio 51,21,4). Obschon diese Stimmung Attentatspläne wie den des Sohnes von Lepidus und Iunia (der Schwester des Marcus Brutus), den Maecenas vereitelte, nicht ausschloß, war offener Widerstand aktuell kaum noch zu erwarten. Punkt 1 ließe sich demnach auch dergestalt resümieren, daß sowohl von den Machtmitteln als auch von der Ideologie her die Möglichkeit vorhanden war, daß Augustus länger als bloß einen kurzen Moment im Besitz der Allgewalt blieb.

Was man auf diesem Wege gewinnt, ist zunächst ein besseres Verständnis der Komposition einer der berühmtesten Passagen der *Res Gestae* – und des Tatenberichts insgesamt. Indem nämlich Augustus aussagt, die öffentlichen Angelegenheiten mit dem Einverständnis der Römer komplett in Händen gehabt zu haben, ist es von seiner Seite eine freiwillige (!), keine zwingend gebotene Aktion, sie den Verfassungsorganen zu übertragen, womit die Situation der des Jahres 44 entspricht, in dem von ihm als Neunzehnjährigen nicht zu fordern war, eine Armee aufzustellen und damit den Staat aus der Unterdrückung zu erlösen. In dem bemerkenswert symmetrisch konstruierten ersten und letzten Abschnitt der Lebensbilanz (zum Text siehe S. 41) wird neben Parallelsetzungen auch mit Antithesen gearbeitet: Vom Jungen ohne Amt zum sechs- und siebenfachen Consul (diesen Rekord hielt bislang einzig Gaius Marius), von der Rettung Roms durch eine militärische Aktion zur Rettung Roms durch völlige Auslöschung der Bürgerkriege, von einem Staat, der deshalb befreit werden muß, weil er von einer Clique wie deren Privateigentum beansprucht und dadurch versklavt wird, zu einem Staat, der mit dem Machthaber Augustus zufrieden wäre, wo dieser aber die freie Entscheidung von Senat und Bürgerschaft wiederherstellt, spannt sich der Bogen. Dem/der aufmerksamen Leser/in entgeht auch eine andere interessante Aussage nicht. Der Transfer der politischen Verantwortung erscheint bei Augustus nämlich als ein zweijähriger Prozeß (»in meinem sechsten und siebten Consulat«, das heißt 28 und 27) und nicht konzentriert auf einen Augenblick, etwa die Senatssitzungen vom 13. bis 16. Januar 27, die uns gleich noch zu beschäftigen haben.

Tatsächlich ist der zweite Sachverhalt, den die Quellen prominent hervorheben (und hinter dem die *triumviralis potestas* so gut wie völlig verschwindet), das Faktum, daß besonders nach der Feier eines dreifachen Triumphes am 13.–15. August 29 (aufgrund der Feldzüge im Donauraum 35 bis 33, des Sieges von Actium und der Eroberung Ägyptens) eine schrittweise Rückkehr zur Normalität betrieben bzw. inszeniert wird. So lag Cassius Dio (53,1,1) offenbar eine Quelle vor, die eigens vermerkt, wie ein Stück des Verfassungsalltags zu neuem Leben erwacht, indem Augustus als Consul von 28 sich die *fasces* mit seinem Kollegen Agrippa teilt und am Ende vor dem Volk, dem Brauch entsprechend, eidlich versichert, sein Amt korrekt geführt zu haben. In dieselbe Richtung zielt es, daß der Census sowie eine *lectio senatus*, eine Bereinigung der Mitgliederliste des Gremiums, die beiden anderen politischen Institutionen, Volksversammlung und Senat, auf die Wiederaufnahme ihrer regulären Tätigkeit vorbereiten und quasi neuerlich voll funktionsfähig machen. Ein weiterer Baustein ist eine, freilich recht verzerrt überlieferte (Cass. Dio 53,2,5, Tac. ann. 3,28), magistratische Verlautbarung (*edictum*), in der Augustus (hier wohl wirklich als Träger der *triumviralis potestas*) seine Haltung zur eigenen Vergangenheit in Gestalt des Regierungshandelns des Dreibundes bestimmt und, trotz der Ratifizierung all seiner Akte durch den Senat am 1. Januar 29 (Cass. Dio 51,20,1), die Bereitschaft verkündet, Klagen gegen Rechtsverstöße zu gestatten.

Wenngleich das Geschehen in der Senatssitzung des 13. Januar 27 mithin nur ein letzter, zudem der logisch gebotene Schritt war, hat es nicht grundlos besondere Aufmerksamkeit auf sich gezogen. Vorrangig hängt dies sicher damit zusammen, daß es nicht bloß einen Abschluß, sondern ebenso einen Neubeginn markiert. Daß unsere Quellen sich überwiegend auf den Blick in die Zukunft konzentrieren, ist insoweit mißlich, als dadurch ein exakter Bericht zu Augustus' Machtverzicht fehlt. Eine breite Schilderung bei Cassius Dio (53,3–11) kann dies nicht kompensieren, ist doch die dort auf heute acht Buchseiten präsentierte Ansprache des späteren Kaisers pure Phantasie, welche die Sachlage eher verunklärt denn erhellt. Nichts deutet nämlich darauf hin, daß, wie der Historiograph suggeriert, ein völliger Rückzug aus der Politik, also auch eine Niederlegung des Consulats geplant war. Was bereits eingeleitet und jetzt zu vollenden war, lief vielmehr darauf hinaus, daß Augustus vor den »Vätern« erklärte, er werde im weiteren weder jene weitreichenden Möglichkeiten nutzen, die ihm faktisch aus dem Bürgerkriegssieg erwuchsen, noch Sonder-vollmachten, d.h. die *triumviralis potestas* beanspruchen (vgl. auch Tac. ann. 1,2,1: *posito triumviri nomine consulem se ferens*). Im Klartext hieß das nicht zuletzt, er wolle für sich selbst keine Entbindung von den Normen der Verfassung mehr reklamie-ren. Nachdem er in den vergangenen anderthalb Jahren regulä-re politische Abläufe reaktiviert hatte, gliederte er jetzt die eigene Person in diese ein. Ob er damit, wie von Cassius Dio behauptet, Ratlosigkeit bei den Senatoren auslöste, darf be-zweifelt werden, wenngleich die Zahl der Sitzungen, die sich bis zum 16.Januar hinzogen, für einen längeren Entschei-dungsfindungs- bzw. Diskussionsprozeß und gegen eine reine Inszenierung mit vorher vereinbartem Resultat spricht. Bei Augustus als ›einfachem‹ Consul ist es – so viel sei noch vor Ka-pitel 4 verraten – nicht geblieben. Dennoch änderten auch sei-ne zusätzlichen Befugnisse nichts daran, daß seit dem 13.Janu-ar 27 (erstmals seit dem 26.November 43) die Verfassung Roms wieder der Maßstab war, an dem sich jede Neuregelung messen lassen mußte. Die Begeisterung vieler Senatoren braucht dem-nach nicht erheuchelt gewesen zu sein. Sie verhalf unserem Protagonisten jedenfalls zu seinem endgültigen (und dem spä-ter vorrangig mit ihm verbundenen) Namen: Am 16.Januar stellte Lucius Munatius Plancus den Antrag, ihm die Bezeich-nung »Augustus«, der »Gesegnete«, »von höheren Mächten Be-günstigte«, »vom Schicksal Gewollte« beizulegen. Damit war er von Gaius Octavius über Gaius (Iulius) Caesar und Impera-tor Caesar zu Imperator Caesar Augustus geworden.

Wie frei der immer noch junge Gewinner der Bürgerkriege bei der Entscheidung Allgewalt versus Verfassungskonformi-tät, die weit über sein eigenes Leben hinaus wichtig werden sollte, in Wirklichkeit war, ist ausgesprochen schwer abzumes-sen. Dem Zwang äußerer Umstände war sie jedoch keineswegs geschuldet, so daß wir sie ihm in jedem Fall als persönliche

Leistung anrechnen können. Denn vom Senat, bei dem man Opposition am ehesten verorten würde, gingen in den fraglichen Jahren 31 bis 28 weder innovative Impulse noch Protestsignale aus. Seine Ehrenbeschlüsse für Augustus erinnern vielmehr in zahlreichen Punkten verdächtig an jene für Caesar. Daß der vielerorts umjubelte, gefeierte und in sakrale Sphären entrückte Sieger darüber nicht die Bodenhaftung verlor, ist bereits bemerkenswert. Vor allem jedoch zeugt es von politischem Weitblick, daß er sich im folgenden auf die Suche nach einer neuen rechtlich-ideologischen Grundlage seiner Stellung begab. Das System, das sich dadurch in mehreren experimentellen Anläufen ausformte, pflegen wir das römische Kaisertum zu nennen. Es sollte, modifiziert, aber nicht fundamental verändert, bis zum Ende des römischen Reiches, also über mehr als vier Jahrhunderte, gültig bleiben und ist fraglos jene Errungenschaft gewesen, die Augustus zu einer der bedeutendsten Figuren der antiken Geschichte macht.

4 Imperator Caesar Augustus

oder: Was ist ein römischer Kaiser?

Das politische System, das mit Augustus und den Jahren 27 und 23 seinen Anfang nimmt, würde in einem Wettbewerb um den Titel der raffiniertesten Verfassungskonstruktion der gesamten Weltgeschichte auf jeden Fall zum engsten Favoritenkreis zählen. Es wird ihm daher kaum gerecht, wenn man es einfach ohne genauere Analyse in die Schublade ›Monarchien‹ steckt, auch wenn ihm ein solches Etikett bereits in der Antike von griechisch schreibenden Autoren gerne angeheftet wurde. Für das Verständnis weit hilfreicher ist es jedoch, entsprechend der historischen Genese von der römischen Verfassung (vorrangig des 1. Jahrhunderts v. Chr.) und ihren Spielregeln auszugehen und zu untersuchen, in welcher Weise die neue Machtstellung, die zunächst ganz auf die Person des Augustus bezogen war, in diesen Rahmen eingefügt wurde. Intellektuelles Vergnügen ist dabei garantiert ...

Als nützlich erweist sich ein solcher Blickwinkel bereits für das tragende Element der Konstruktion ›Kaisertum‹. Gearbeitet wird nämlich mit einem für Rom ebenso typischen wie der griechischen Welt unverständlichen Gedanken, den auch die Moderne sich erst erschließen muß: Das Zauberwort lautet »Trennung von Amt und Amtsgewalt«. Als Konzept ist sie in Rom stets vorhanden, spätestens seit 326 v. Chr. wurde sie aber auch praktisch eingesetzt. Daß die Idee zum Urbestand der politischen Ordnung der Tiberstadt gehört, zeigt sich daran, daß die älteste Form der Volksversammlung, die nach Geschlechterverbänden (*gentes*) und deren Obereinheiten (*curiae*) gegliederten *comitia curiata* damit befaßt waren. Mittels eines Beschlusses, der *lex curiata de imperio*, verliehen sie dem bereits als Amtsinhaber bestellten Obermagistrat (andere Posten existierten in dieser Kategorie damals, das heißt im frühen

5. Jahrhundert noch nicht) sein *imperium*, mithin jene Befehlsgewalt (*imperare:* ›befehlen‹). die anfangs auch im Zivilbereich
ein weitreichendes Zugriffsrecht auf die Bürger beinhaltete.
Wenngleich es später ein rein ritueller Akt war, der gestiegenen Zahl von Magistraten nach deren Wahl und Amtsantritt
gesondert ihre Handlungskompetenz zu übertragen, wurde
die Zweistufigkeit des Verfahrens niemals abgeschafft. Den
Part des Volkes, dem Cicero in der Frühzeit eine doppelte Entscheidung und mithin doppelte Kontrolle zuschreibt (leg. agr.
2,11,26), übernahmen nach Wandlung des Vorgangs zur – allerdings unverzichtbaren – Formalie die dreißig Curienlictoren
(ebd. 2,12,31), welche ansonsten den Inhabern sakraler Stellen
zugeordnet waren. Daß sie jemals auf diesem Weg noch politisch Einfluß genommen haben, ist nicht bezeugt.

In anderer Weise aber wurde die Trennung von Amt und
Amtsgewalt sehr wohl ganz konkret wirksam und äußerst
wichtig. Sie erlaubte nämlich, trotz Expansion, längerer Dauer
von Feldzügen und gestiegenem Bedarf an Funktionsträgern,
an einer Reihe von Charakteristika der römischen Verfassung
festzuhalten: Dies meint (a) die kleine Zahl von Magistraturen,
(b) das Prinzip der Jährigkeit (Annuität), das für das Amt – aber
ausschließlich für das Amt! – galt, sowie (c) den Grundsatz,
daß eine sofortige Wiederwahl zur selben Magistratur (deren
Kontinuierung) unerwünscht oder sogar verboten war. Statt
Veränderung dieser Faktoren wurde – zunächst durch die Bürgerschaft, später durch den Senat – erforderlichenfalls das *imperium* eines Consuls oder Praetors verlängert, der dann *pro
consule* oder *pro praetore* (anstelle von Consul oder Praetor
und als deren Ersatz) als Privatmann mit amtlicher Befugnis
(*privatus cum imperio*) die in seiner Amtszeit begonnene Mi-
litäraktion zu Ende führte oder zur Ausübung der Kontrolle in
eines der direkt von Rom beherrschten Gebiete (Provinzen)
entsandt wurde, während gleichzeitig die neuen Inhaber des

Amtes andere Aufgaben erledigten. Seit Sulla konnten Praetoren mit einer automatischen Verlängerung ihrer Amtsgewalt und dem Anrecht auf ein Jahr *pro praetore* als Provinzstatthalter rechnen, womit sie dafür entschädigt wurden, daß eine *lex Cornelia* des Dictators ihnen untersagte, sich schon während ihres Amtsjahres als Feldherrn oder Gouverneure zu betätigen, sondern sie zur Präsenz in Rom und Organisation der Rechtspflege verpflichtete. Bei Consuln verfuhr man analog, ohne daß dies gesetzlich fixiert gewesen wäre.

Mit der *prorogatio*, der Verlängerung der Amtsgewalt über das Ende des Amtes hinaus, war das Potential des Konzepts freilich noch lange nicht ausgeschöpft. Wie gerne und selbstverständlich die Römer mit ihm experimentierten und wie sich dabei die Amtsgewalt immer stärker verselbständigte und von der Verbindung mit einem bestimmten Amt löste, mögen exemplarisch die *praetores pro consule* und *quaestores pro praetore* veranschaulichen: Hier wurde Magistraten mit einem geringeren *imperium* ein höheres zugeordnet oder solchen ohne die Kompetenz zum Heereskommando ebendieses gewährt. Eine letzte Steigerung ist es dann, Privatleuten, die nicht unmittelbar vorher, ja sogar denen, die überhaupt noch niemals Magistrate waren, ein *imperium* zu verleihen.

Daß es auch bei Augustus als erstes ein *imperium* war, mit dem die rechtliche Neuregelung seiner Stellung im Verfassungsgefüge bereits im Januar 27 v. Chr. begann, ergibt daher Sinn. Noch stimmiger wird es dadurch, daß sich im 1. Jahrhundert v. Chr. Vorbilder aufspüren lassen, die den nun benutzten Formeln nicht einfach nur ähneln, sondern bis ins letzte Detail entsprechen. Bei diesen jetzt kopierten ›Schnittmustern‹ handelt es sich um eine weitere Spielart der Vergabe von Amtsgewalten, die sich von der Folie des durch Sulla erzeugten Normalfalls (einjährige Verlängerung zum Einsatz in jener einen Provinz, die bei den Consuln schon vor deren Wahl festgelegt werden mußte) abhebt und daher umgangssprachlich »außerordentlich«, »außergewöhnlich« (vgl. Cic. dom. 8,18 ff.; leg. agr. 2,3,8) genannt wird. Wie berechtigt dieses Prädikat war, wird rasch deutlich, sobald man sich die verliehenen Vollmachten betrachtet. Das *imperium* selbst erscheint dabei noch unspektakulär als das eines Consuls, das im Militärsektor (*militiae*, außerhalb Roms) eingesetzt wird, so daß sein Träger *pro consule* agiert und über proconsularische Befehlsgewalt verfügt. Was jedoch jenseits des Üblichen liegt, läßt sich am besten gleich konkret am Fall der diesbezüglichen Befugnisse des Augustus und von deren Entsprechungen bei den früheren *imperia extraordinaria* des Gnaeus Pompeius (67, 66 und 55), Gaius Iulius Caesar (59 und 55) und Marcus Licinius Crassus (55) veranschaulichen:

Ein erster Punkt betrifft deren exzeptionelle zeitliche und räumliche Erstreckung. »Für zehn Jahre« habe Augustus »die Leitung der ihm zugewiesenen Provinzen« übernommen, und »als seine zehnjährige Periode auslief«, sei sie »ihm weitere fünf Jahre, dann nochmals fünf, hierauf zehn und erneut zehn und wieder zehn Jahre – fünfmal also – zugebilligt« worden, notiert Cassius Dio (53,13,1 und 16,2). Beginnend mit 27 kommt man mithin auf die Daten 18, 13, 8 v. Chr., 3 und 13 n. Chr. für die Laufzeitverlängerungen. Durch die Gesamtsumme von einundvierzig Jahren sollten wir uns momentan nicht allzusehr ablenken lassen, aber kurz notieren, daß sie das *imperium proconsulare* als Erfolgsmodell ausweist und die Wertung, es sei zu einem zentralen Pfeiler von Augustus' Stellung, generell des Kaisertums geworden, vollauf bestätigt. Aus der Anfangssituation heraus besehen, war es im Januar 27 v. Chr. freilich nicht mehr als eine angemessene Zeitplanung, Augustus für zehn Jahre mit der Reorganisation von Provinzen sowie implizit dem Kommando über die dorthin verbrachten Teile des Heeres, einschließlich der Aufgabe zur weiteren ›Abwicklung‹

der gigantischen Bürgerkriegsarmee (die tatsächlich nicht vor 19 v. Chr. abgeschlossen wurde), zu beauftragen. Als Vorläufer ließe sich Caesar anführen, der sein außerordentliches *imperium*, auf dessen Grundlage er Gallien eroberte, faktisch genauso lange bewilligt bekam. Drei oder fünf Jahre sind mehrfach bezeugt. Ebenso kennzeichnend wie die Dauer ist das, was sich im Plural »Provinzen« andeutet. Für Pompeius' Seeräuberkrieg sind es gleich »sämtliche Meere [diesseits der Enge von Gibraltar] und Küsten bis vierhundert Stadien / fünfzig Meilen [75 km] landeinwärts« (Vell. Pat. 2,31,2; Plut. Pomp. 25,4; App. Mithr. 94,428), für sein Unternehmen gegen Mithradates beispielsweise *Asia, Bithynia* und *Cilicia* sowie alle Truppen jenseits der Adria (Cass. Dio 36,42,4; App. Mithr. 97,447). Auch letzteres darf als typisch gelten. Rekrutierungen nach freiem Ermessen (App. Mithr. 429) bis zu einer Obergrenze von zwanzig Legionen und fünfhundert Schiffen bzw. 120 000 Mann Infanterie und 5000 Kavallerie werden Pompeius im Kampf gegen die Piraten gestattet (Plut. Pomp. 26). Er steht damit den achtundzwanzig/fünfundzwanzig Legionen und 150 000 bis 180 000 Soldaten, auf die später das Heer der Kaiser kommen sollte, unvergleichlich viel näher denn den zwei (!) Legionen, die sich die Römer als Regelfall einer consularischen Armee vorstellen.

Der territoriale Umfang von Augustus' Ressort hat in den Quellen deshalb besondere Aufmerksamkeit gefunden, weil er das Postulat, der Inhaber der Allgewalt habe Senat und Volk die öffentlichen Angelegenheiten übertragen, mit einem konkreten Inhalt füllt. Tatsächlich hatten die Triumvirn nämlich die Gesamtheit des römischen Untertanengebiets beansprucht und ihre Zuständigkeiten dafür mehrfach neu aufgeteilt. Das war und blieb jetzt sogar dann noch anders, als die Entscheidung zugunsten eines außerordentlichen *imperium* des Augustus gefallen und dieses auf Spanien, Gallien und Syrien mit

Kilikien erstreckt worden war. Unter den zahlreichen Provinzen, die danach weiterhin und, berücksichtigt man noch die Dictatur Caesars, erstmals seit über zwanzig Jahren zur freien Verfügung des Senats standen, befanden sich auch solch lukrative wie Sizilien und *Asia* oder strategisch wichtige (und mit Militär ausgestattete) wie *Macedonia, Illyricum* oder *Africa*. Es ist also eine von einer viel späteren Entwicklung inspirierte Wertung, wenn Sueton (Aug 47) oder Cassius Dio (53,12,2) so tun, als habe Augustus sich die ›Sahnestückchen‹ des römischen Reiches reserviert. Daß die ihm zugewiesenen Gegenden »unbefriedet« waren und dadurch ein außerordentliches Kommando rechtfertigten, mußte nicht künstlich konstruiert werden. So konnte bei Gallien keine Rede davon sein, daß der nach Caesars Eroberungskrieg erforderliche Wiederaufbau abgeschlossen war, auch wenn man bereits 43 Lyon als Zentrum des Gebiets gegründet, Agrippa 39/38 sich um die Region gekümmert und die Rheingrenze zu sichern gesucht hatte. Ebenso trat Spanien nicht nur in den Bürgerkriegen als Bastion der ›Pompeianer‹ hervor, sondern erwarb sich seit fast zweihundert Jahren Ruhm durch hartnäckigen Widerstand. Der Norden wurde ohnehin erst jetzt, teils mit persönlicher Beteiligung des Augustus, unterworfen. Daß damit »viele und wechselvolle Kriege« ihr Ende fanden, ist Velleius Paterculus einen längeren Exkurs wert (2,90,2–4). Um die Gefährdung Syriens zu illustrieren, brauchen wir uns bloß an das ungeklärte Verhältnis zum Partherreich zu erinnern. Es ist daher mitnichten ein Zufall, daß wir an allen drei Schauplätzen zeitweise Augustus selbst vor Ort finden, in Südfrankreich und Spanien von Juni 27 bis 25 sowie zum Abschluß der Konsolidierung 15/14, im Osten 22–19, in Gallien 16–13 und nochmals 11/10.

Gerade die verschiedenen potentiellen Fronten lassen freilich neben einem künftigen Problem aller Kaiser ein weiteres Merkmal von Augustus' *imperium* erahnen. Auftrag des Ausnahmekommandanten war nicht, wie 67/66, ein spezifischer Krieg, sondern etwas, das in Cassius Dios Bericht wohl noch durchscheint: Augustus sollte sich um verschiedene instabile Gebiete kümmern, »fürsorglich Aufsicht führen über die unsicheren und gefährdeten, die entweder Feinde zu Nachbarn hätten oder von sich aus einen ernsten Umsturz versuchen könnten,« und »sie in Ordnung bringen« (53,12,1f. und 13,1). Vorgebildet findet sich auch dies und zwar von den Imperien der fünfziger Jahre, die nicht wie die der sechziger von einer klaren Bedrohungslage motiviert waren. Strukturell wiesen sie gegenüber letzteren die Eigenheit auf, daß sie jeweils an Männer gingen, die zum Zeitpunkt des Beschlusses noch Consuln waren und nun nach ihrem Amt statt der regulären Ein-Jahres-Tätigkeit *pro consule* in einer einzigen Provinz eine zunächst fünfjährige ›Superstatthalterschaft‹ über ein großes Gebiet in Aussicht hatten. Genau als solche läßt sich freilich auch Augustus' *imperium proconsulare* einschätzen. Was ihn selbst betraf, so entsprach sein Status ebenfalls weit besser den Beispielen der Jahre 59/55 als denen von 67/66, vereinte er doch in seiner Person den Consul des Vorjahres bzw. der Vorjahre und den aktuellen Inhaber der Magistratur. Daß er in der zweiten Funktion qua Amt die zivile und militärische Befehlsgewalt eines Consuls besaß, hat in der Forschung eine bis heute fortgesetzte Debatte darüber entfacht, ob 27 überhaupt eine gesonderte Zuteilung eines proconsularischen *imperium* erforderlich war oder eine solche (entgegen der Überlieferung) erst mit dem Verzicht auf das Consulat im Juni 23 anzusetzen ist. In diesem Streitfall kann man sich jedoch für das Doppel Consulat plus proconsularisches *imperium* mit guten Argumenten aussprechen. Zwei davon haben ein besonderes Gewicht. Zum einen ist es undenkbar, für einen gewöhnlichen Consul mehr festzulegen als eine einzige Provinz für die reguläre Ein-Jahres-Periode *pro consule*; zum anderen stellt auch die auf den ersten Blick irritierende Kombination von Consulat (mit zugehöriger Amtsgewalt) und außerordentlichem *imperium proconsulare* kein Novum dar. Pompeius ist nämlich wohl schon 55, in jedem Fall aber 52 sowohl Consul als auch Inhaber der 55 beschlossenen und vor 52 bereits weiter verlängerten ›Superstatthalterschaft‹ über ganz Spanien gewesen.

Derselbe Pompeius liefert in diesen Jahren zugleich den Präzedenzfall für eine Sonderbestimmung, die aufgrund der Zusammenführung von zivilen Tätigkeiten (vor allem als Consul) und solchen in der Zone *militiae* benötigt wird. Eine Einschränkung war nämlich üblicherweise allen Imperien, den regulären wie außerordentlichen, denen der Männer *pro praetore* wie *pro consule*, gemeinsam. Sie erloschen, sobald ihr Träger die Linie zum Bereich *domi* überschritt, also an den Ort des zivilen politischen Lebens, in den Kern der Stadt Rom zurückkehrte. Da genau ein solcher Verlust der Kommandobefugnis bei Pompeius wie Augustus verhindert werden mußte, wurde verfügt, daß sie sich – ohne Beeinträchtigung ihres Rechts als ›Superstatthalter‹ – in Rom aufhalten dürften. Als Folge davon ist auch die Feldherrngarde der Praetorianer in die Metropole gelangt.

Eine weitere Regelung resultierte dagegen nicht allein aus dieser Konstellation. Bereits das erste Experiment mit einem *imperium extra ordinem* hatte der Tatsache Rechnung getragen, daß dessen Inhaber Unterstützung benötigte. Daher gestand man ihm zu, seine Stellvertreter im Kommando (*legati*) selbst auszuwählen. Einer Art Blankoscheck entspricht es, daß die Bürgerschaft in Unkenntnis der Person diesen Männern eine eigenständige, wenngleich hierarchisch abgestufte Befehlsgewalt, ein *imperium pro praetore* zusprach (z.B. App. Mithr. 94,429). Exakt solche *legati pro praetore* finden sich von Augustus an als Statthalter der einzelnen Provinzen, die im Gesamtpaket dem Kaiser unterstehen und nach Verfestigung der

Strukturen als *provinciae Caesaris* (»kaiserliche Provinzen«) von den weiterhin im Modus der Proconsulate regierten *provinciae populi Romani* (in der Forschung meist »senatorische Provinzen« genannt) unterschieden werden (Gai. 1,6). Schon die Tatsache, daß die mit voller Funktionsbezeichnung als *legati Augusti pro praetore viri consulares* Geführten über ein *imperium* verfügten, läßt erahnen, daß sie aus der Gruppe höherrangiger Senatoren rekrutiert wurden. Im Sozialprofil unterschieden sie sich allenfalls graduell von den Statthaltern der vom Senat jährlich neu vergebenen Provinzen. Untersuchungen mittels der Methode der »Personenkunde«, der sogenannten Prosopographie, die alle verfügbaren Daten über Individuen vergangener Epochen (nicht nur berühmte oder historisch einflußreich gewordene Personen) sammelt und auswertet, haben als Trend ermittelt, daß es Familien mit einem langen Stammbaum sowie Erbadlige als unter ihrer Würde ansahen, ›nur‹ Stellvertreter zu sein. Wie sie die renommierten Proconsulate von *Asia* und *Africa* bevorzugten, blieben sie auch bloß kurz von Rom fern, wo sie sich in Debatten des Senats oder/und in Rechtssachen engagierten. Im Dienst des Kaisers standen mithin tendenziell eher ›Newcomer‹, die Dauer ihres Einsatzes lag ganz in dessen Belieben. Unter Augustus' Nachfolger Tiberius, der seinerseits unbefristet ›Superstatthalter‹ war, sind dabei Rekorde von einundzwanzig Jahren bezeugt. Den Snobismus mancher Senatoren konnten die Träger des *imperium proconsulare extra ordinem* eindeutig als Glücksfall empfinden, da er es ihnen ersparte, Männer, die gesellschaftlich das Potential zum Konkurrenten hatten, von den höchst sensiblen Posten fernhalten zu müssen. Von einer geschickten Personalpolitik entband sie das selbstredend nicht.

Während eine letzte Analogie zu den früheren Imperien erst 23 zum Tragen kommt, spricht nichts dagegen, eine andere Befugnis, die sich ebenso bei den Vergleichsobjekten findet, schon 27 anzusetzen. Sie ist sogar für Augustus – neben vielen den Zivilbereich betreffenden Vollmachten – in einer ganz besonderen Weise dokumentiert. Im antiken Original erhalten hat sich nämlich der zweite Teil eines im Dezember 68 n. Chr. verabschiedeten Beschlusses, mit dem die römische Bürgerschaft dem neuen Kaiser Vespasian die akribisch aufgelisteten Rechte früherer Kaiser gleichfalls zugesteht. Daß von dieser *lex* eine der beiden Bronzetafeln, die zur Veröffentlichung dienten, überlebt hat (CIL 6,930; ILS 1,244), verdankt die Nachwelt dem Umstand, daß sie als Altarplatte im Lateran genutzt wurde. »... oder einen Vertrag schließen, mit wem er wolle, soll er ebenso dürfen, wie es der vergöttlichte Augustus [!], Tiberius Iulius Caesar Augustus [Kaiser Tiberius], Tiberius Claudius Caesar Augustus Germanicus [Kaiser Claudius] durften«, beginnt offenkundig mitten im Satz der gerettete Text. Er läßt sich ohne Zweifel um die Bestimmung »Krieg beginnen oder ...« ergänzen, ist doch genau diese Befugnis sowohl für den Feldherrn Pompeius im Kampf gegen Mithradates (ab 66 v. Chr.; App. Mithr. 97,446) als auch für die ›Superstatthalter‹ Pompeius/Crassus (ab 55 v. Chr.) bezeugt (Plut. Cat. min. 43,1; Cass. Dio 39,33,2) und für Caesar (ab 59 v. Chr.) anzunehmen. Soweit es sich im Zuge ihrer Aufgabe ergibt, können die Inhaber der außerordentlichen Imperien demnach ohne Rückfrage in Rom Konflikte mit neuen Gegnern sowohl eröffnen als auch solche Kämpfe rechtsgültig beenden.

Das Dokument aus dem Winter 68 n. Chr., in der Forschung als »lex de imperio Vespasiani« geführt, lenkt den Blick zugleich auf jenes Verfassungsorgan, durch das Augustus und den späteren Kaisern ihre Befugnisse verliehen wurden. Dabei ist die Sachlage zu Anfang leider nicht so eindeutig wie im Fall Vespasians, wo man der Quelle selbst entnehmen kann, daß es sich um eine *lex*, das heißt einen Beschluß der römischen Bürgerschaft handelt. Speziell für das *imperium proconsulare* unseres Protagonisten fehlt ein solch expliziter Beleg, so daß man hier mit – freilich sehr starken – Indizien arbeiten muß. Eines davon ist die Tatsache, daß die fraglos als Muster dienenden *imperia extraordinaria* stets Gegenstand von *leges* waren. Aber auch zwei weitere klar bezeugte Sachverhalte weisen in Richtung des *populus Romanus*. Weder ist das außerordentliche Kommandorecht die einzige Amtsgewalt des Augustus geblieben noch blieb er die einzige Person, der damals derselbe Grundtyp von Befehlsgewalt zuerkannt wurde. Sowohl für die gleich vorzustellende *tribunicia potestas* als auch für die später zu erörternden *imperia extraordinaria*, die auf Augustus' Wunsch an Agrippa und Tiberius gingen, werden *leges* in der Überlieferung freilich ausdrücklich erwähnt (RG 10; Vell. Pat. 2,121,1; Suet. Tib. 21,1 u.a.). Allenfalls könnte überlegt werden, ob die wiederholten Verlängerungen von Augustus' *imperium* hinreichend zur Routine wurden, um vom Senat alleine erledigt zu werden.

So gut sich die außerordentlichen Imperien der sechziger und fünfziger Jahre im allgemeinen und die ›Superstatthalterschaften‹ im besonderen zur Nachahmung eigneten und so relativ einfach daher eine verfassungskonforme Einkleidung von Augustus' Stellung im Bereich *militiae* zu finden war, so wenig Anregung hatte die Vergangenheit für dessen Rolle im zivilen politischen Leben zu bieten. Stets waren es bisher nämlich *imperia* und Tätigkeiten außerhalb Roms gewesen, für welche man das Konzept der Trennung von Amt und Amtsgewalt nutzte. Daher sollte man sich davor hüten, das Resultat, das im Juni 23 v. Chr. erzielt wurde, für banal oder naheliegend zu halten. Die Lösung bedurfte vielmehr ganz offensichtlich längeren Nachdenkens und kann im Vergleich zum *imperium proconsulare* bei weitem als die größere Leistung gelten. Letztendlich lief sie auf einen innovativen Transfer des im Außenbereich etablierten Modells auf die Politik im Inneren hinaus. Aber auch das geeignete Amt mußte erst aufgespürt werden. Die einzige potentiell interessante Magistratur, das Consulat, war ja schon für die Zone *militiae* ›verbraucht‹ und eine Person *pro consule* im Denken fest mit Provinz und Heer verbunden. Inspirierend wirkte jedoch möglicherweise die Tatsache, daß Augustus (wie vorher Caesar) bereits 36 ein besonderer Rechtsschutz verliehen worden war, welcher der *sacrosanctitas* der Volkstribune entsprach und Übergriffe auf ihn neben einem Straftatbestand (*iniuria*) zu einem Frevel gegen die Götter (*nefas*) machte. Jedenfalls fiel seine Wahl im Juni 23 auf die Amtsgewalt eines *tribunus plebis*, die ihm nun per Gesetz dekretiert wurde. Da die Kompetenz keinerlei militärische Komponente beinhaltete, wurde dafür der allgemeine Begriff *potestas*, der jede Art von Befugnis (*posse:* ›können/vermögen‹) bezeichnete, verwendet.

Weshalb überhaupt Handlungsbedarf im Zivilsektor bestand, läßt sich im Theoretischen wie im Praktischen demonstrieren. So dürfte (erneut ist die Chronologie nicht völlig gesichert) im Vorfeld der Reform ein Mordkomplott aufgedeckt worden sein, das deshalb besonders erschreckend war, weil nicht nur Bürgerkriegsgegner daran beteiligt waren. Vielmehr scheint Augustus' Kollege im Consulat von 23, ein Mann namens Aulus Terentius Varro Murena, involviert gewesen zu sein, der als Bruder von Maecenas' Gattin Terentia sogar zum weiteren Freundeskreis unseres Protagonisten gehörte. Das Erlebnis mag durchaus den Anstoß zu dem Bemühen gegeben haben, Kontrahenten künftig weniger Angriffsflächen zu bieten. Dabei ließ sich der bisherige Schwachpunkt von Augustus' Stellung, die Jahr für Jahr erfolgende Wiederwahl als Consul, nicht ignorieren. Politisch und für das Image der Verfassungskonformität war diese sogar dann schädlich, wenn man sich sicher sein kann, daß für formalrechtliche Korrektheit gesorgt war. Der Senat dürfte nämlich vor jeder Kandidatur von seiner

Möglichkeit der sogenannten *legum solutio* Gebrauch gemacht haben. Bei einem solchen Akt blieb das fragliche Gesetz – hier das Verbot der Kontinuierung einer Magistratur – grundsätzlich in Kraft; die »Väter« als Experten erklärten es jedoch als »dem Gemeinwohl zuträglich«, wenn in einer konkreten Situation eine konkrete Person von der Einhaltung der Bestimmung entbunden würde. Auf diesem Weg waren beispielsweise Gaius Marius beim Einfall der Kimbern und Teutonen mehrfach Wiederwahlen zum Consulat gestattet worden. Wieso es Augustus längerfristig wenig nützte, daß der in der Forschung gelegentlich geäußerte Vorwurf eines Verfassungsverstoßes strenggenommen ins Leere läuft, ist leicht einzusehen. Indem die Ausnahmegenehmigung in diesem Fall nicht einmalig erteilt werden konnte, sondern im Jahresrhythmus erneuert werden mußte, wurde automatisch das Faktum der Abweichung von einer zentralen Verfassungsnorm immer wieder offengelegt. Nach der Rekordzahl von elf Consulaten bis 23 hat Augustus das Amt dann nur noch – nach langer Pause – im Jahre 5 und im Jahre 2 v. Chr. bekleidet, um seine Adoptivsöhne Gaius und Lucius Iulius Caesar der politischen Öffentlichkeit vorzustellen. Rein zeremonieller Natur waren im Jahr 19 v. Chr. verliehene consularische Ehrenrechte (Amtsstuhl und *fasces* in der Stadt). Der zweite Pfeiler des Kaisertums aber, sein Standbein in der inneren Politik, ist die *tribunicia potestas* geworden.

Sehen wir uns also an, was die Amtsgewalt eines Volkstribunen Augustus und seinen Nachfolgern zu bieten hatte. Zum besseren Verständnis empfiehlt es sich, zunächst einen kurzen Blick auf die Geschichte des Volkstribunats zu werfen, erklären sich doch aus ihr die besonderen Merkmale des Postens. Seinen Ursprung hat er in einer Organisation, welche der nichtadelige Teil der Bevölkerung Roms (*plebs, plebei*) etwa vom Jahre 470 v. Chr. an sich selbst gibt, um gegen seine politische und zivilrechtliche Benachteiligung in der frühen Republik anzukämpfen. Bei den Strukturen inspiriert man sich dabei an der offiziellen Verfassung, so daß auch der plebeische ›Separatstaat‹ eine (freilich egalitär nach Wohnbezirken, nicht Familienclans oder Vermögensklassen gegliederte) Volksversammlung aufweist. Als Äquivalent zu den Consuln als Leitern der *comitia curiata* und (von etwa 460 an) *comitia centuriata* betreten in solchen Zusammenkünften (*concilia plebis*) die *tribuni plebis* die historische Bühne. Dauerhaft bedeutsam wird dies spätestens dann, als 287 die Konfrontation Patrizier–Plebeier dadurch ihren Abschluß findet, daß die Beschlüsse der PlebsVersammlungen (*plebiscita*) den Beschlüssen der etablierten *comitia* (*leges*) gleichgestellt werden. Die Volkstribune sind damit nicht bloß allgemein anerkannter Bestandteil der politischen Ordnung Roms geworden, sondern in der Lage, über einen nur ihnen zugänglichen Typ von Bürgerversammlung politische Initiative zu entfalten und, genau wie die Consuln, Gesetze zu beantragen. Daß sie dabei vom Senat beraten werden, ist für das Gremium selbst so wünschenswert, daß man ihnen das Recht der Einberufung der »Väter« ebenfalls zugesteht.

Nicht weniger wichtig ist ein weiteres Erbe der Zeit der Auseinandersetzungen. War es damals eine wesentliche Aufgabe der *tribuni plebis*, die nichtadeligen Männer vor den anfangs stets dem Adel entstammenden Magistraten zu beschützen und sich gegebenenfalls in eigener Person vor einen bedrohten Plebeier zu stellen, so wurde dieses »Recht, Hilfe zu bringen« (*ius auxilii ferendi*) nach dem Ausgleich zu einem generellen »Recht, dazwischenzutreten« (*ius intercedendi*) ausgebaut. Mit der standardisierten Formel »*veto*« (»ich verbiete«) konnten Volkstribune jede magistratische Handlung im Zivilbereich, auch solche der Consuln, unterbinden. Dabei gab es keine Reziprozität dieser Blockademöglichkeit, das heißt, ein Consul war nicht in der Lage, Volkstribune an politischer Aktivität zu hindern. Ihnen gegenüber wirksam wurde nur das für sämtliche regulären Ämter, daher von 287 an auch für den *tribunatus plebis*, gültige Prinzip, daß allen Inhabern desselben Postens exakt die gleiche Amtsgewalt zukam und eine Machtkontrolle als Intraorgankontrolle gestaltet war, daß also bei einem offenen Konflikt unter Kollegen eine Maßnahme zu unterbleiben hatte. Dieses vom »tribunizischen Veto« als »kollegiales Veto« zu unterscheidende Konzept befähigte folglich jeden der zehn *tribuni plebis*, aber ausschließlich diesen, sich einem Vorhaben der anderen Volkstribune entgegenzustellen. Dabei verdeutlicht gerade diese Konstellation das Spezifikum eines politischen Instruments, das wir heute beispielsweise im Sicherheitsrat der Vereinten Nationen finden. Das Veto unter *collegae* unterlag nämlich nicht der Mehrheitsregel. Im Extremfall wäre der Protest eines einzigen Volkstribunen demnach auch gegenüber dem erklärten Willen der neun anderen wirksam gewesen.

An diesem Punkt setzt die Trennung von Amt und Amtsgewalt noch einmal einen eigenen Akzent. Augustus als Träger der *tribunicia potestas* bekam darüber, genau wie die Volkstribune, die Möglichkeit, jedes beliebige Thema auf die Agenda zu befördern, *contiones* abzuhalten und in Interaktion mit Senat oder/und Bürgerschaft politisch etwas (konkret: *senatus consulta* und *plebiscita/leges* zu jedem beliebigen Thema) zu bewerkstelligen (*ius agendi cum senatu / ius agendi cum plebe*). Neben diesem konstruktiven Teil seiner Befugnisse konnte er mittels des Vetos in seinen beiden Spielarten jede ihm mißfallende Initiative zum Erliegen bringen. Selbst freilich war er keinerlei derartigen Restriktionen ausgesetzt, da er Inhaber der *tribunicia potestas* und all ihrer Rechte, jedoch kein Volkstribun, folglich kein Kollege der Volkstribune war. Aus demselben Grund bildete auch seine inzwischen (anders als Juni/Juli

44; dazu S. 170) längst vollzogene Aufnahme in das Adelsgeschlecht der Iulier kein Hindernis.

Wie perfekt die im Juni 23 erzielte Lösung war, können wir von Augustus selbst erfahren. Eine Passage aus den *Res Gestae* stellt nämlich außer Zweifel, daß die Römer die *tribunicia potestas* als absolut verfassungskonform ansahen, womit der diesbezüglich am 13. Januar 27 erhobene Anspruch nun verwirklicht war. So kann es Augustus in Paragraph 6 seines *index* riskieren, diese Amtsgewalt ganz unmittelbar einer Magistratur entgegenzuhalten, die er nach eigenem Bekunden deshalb ablehnte, weil sie nicht in Einklang mit den »Sitten der Vorfahren« (*mos maiorum*), den etablierten (hier: politischen) Gepflogenheiten stand.

Was ihn an dem projektierten Posten eines »Oberaufsehers über Gesetze und Gewohnheitsrecht mit höchster Machtbefugnis« (*curator legum et morum summa potestate*) störte, ist gut nachvollziehbar. Auch bei uns weckt er Erinnerungen an die Ausnahmemagistraturen der Krisenzeit, besonders die *dictatura legibus scribundis et rei publicae constituendae* Sullas. Daß der Titel tatsächlich Kosmetik für ein vergleichbares Amt sein sollte, wird davon untermauert, daß Augustus das direkte Angebot einer Dictatur 22 bereits zurückgewiesen hatte und daß für die Neuschöpfung vom Prinzip der Kollegialität abgewichen wurde: Alleine sollte Augustus dazu gewählt werden. Weniger klar ist, was die Initiativen, die Senat wie Bürgerschaft gleich dreimal, in den Jahren 19, 18 und 11, starteten, zu bedeuten haben. Übereifrige Anhänger wurden von der Forschung ebenso ins Gespräch gebracht wie eine geheime Opposition, die den verkappten ›Tyrannen‹ darüber entlarven wollte, daß sie ihn zu einem anstößigen Amt verführte. In jedem Fall wird man sagen können, daß Augustus nicht der Verlockung all der (vermeintlich) ehrenvollen Offerten, zu denen man noch das 22 ebenfalls angeregte jährlich erneuerte Consulat auf Lebenszeit hinzunehmen darf, erlegen ist. Das Potential der *tribunicia potestas* dürfte er daher klarer als manch anderer gesehen haben.

Daß vor allem viele Senatsmitglieder das neue politische Instrument vermutlich unterschätzten, mag damit zusammenhängen, daß das Volkstribunat in der Hierarchie der Ämter nicht nur unter dem Consulat, sondern auch der Praetur rangierte und leicht für eine Billigvariante der zur Ausrichtung von Spielen verpflichteten Aedilität gehalten werden konnte. Ihre eigene Politik haben sogar in der späten Republik nur wenige Männer in dieser Funktion gestaltet. Stets waren es Außenseiter, die alles riskieren mußten, Idealisten oder Hasardeure. So sind die berühmten *tribuni plebis* der Zeit, die Brüder Gracchus, Marcus Livius Drusus, Publius Sulpicius Rufus, Publius Clodius Pulcher nicht als repräsentativ zu erachten, wenngleich sie bereits die Möglichkeiten des Postens verdeutlichen. Das Gros der Volkstribune tritt freilich entweder gar nicht oder als Handlanger mächtiger Männer hervor, in deren Sinn sie *leges* beantragen. Wieder einmal wird man unserem Protagonisten mithin attestieren können, von solch eingefahrenen Denkmustern, aber auch von übermäßiger Geltungssucht und einer Fixierung auf äußeren Glanz frei zu sein. Ob er bei seiner Entscheidung für die *tribunicia potestas* bewußt einkalkulierte, daß sie als vermeintlich geringfügiges Zugeständnis wenig bedrohlich erscheinen würde, entzieht sich unserer Kenntnis. Ihr weiterer Pluspunkt war dies freilich ganz gewiß.

Völlig ohne Reibungsverluste ließ sich der Übergang von Consulat zu *tribunicia potestas* allerdings nicht vollziehen. Kompensiert wurden die Einbußen durch ein paar weitere Sonderrechte. Für deren verdientermaßen berühmtestes hat sich leider eine eher irreführende Bezeichnung als *imperium proconsulare maius* in der Forschung eingebürgert. Inspiriert ist diese Benennung von antiken Formulierungen, die bei *im-*

peria extraordinaria nicht nur davon reden, ihr Träger solle »in allen [!] Provinzen genausoviel Befehlsgewalt haben wie die Proconsuln« (als Statthalter des jeweiligen Gebiets, siehe Vell. Pat. 2,31), sondern denselben Sachverhalt auch damit zum Ausdruck bringen, er solle ein »höheres *imperium* (*imperium maius*) in den Provinzen besitzen als die, die diese jeweils erhalten würden« (Cic. Att. 4,1,7). Wenn Cicero für Cassius beantragt, »in welche Provinz auch immer Gaius Cassius *pro consule* [!] im Zuge des ihm zugewiesenen Krieges [gegen Dolabella] komme, dort solle sein *imperium* mehr gelten als das des Mannes, der diese Provinz zu dem Zeitpunkt, wo Gaius Cassius *pro consule* dorthin komme, jeweils innehabe« (Phil. 11,12,30), so vermittelt das nicht allein einen guten Eindruck von der umständlichen Genauigkeit der römischen Rechtssprache, sondern stellt auch außer Frage, daß wir es nicht mit einer Veränderung des Charakters des *imperium*, das weiterhin als proconsularisch zu klassifizieren ist, zu tun haben. Es handelt sich vielmehr um eine zusätzliche Spezialvollmacht, die sich Punkten wie der Legaten-Ernennung, dem freien Ermessen bei Kriegserklärung und Friedensschluß usw. beigesellt. Beachtenswert ist sie gleichwohl, weicht sie doch für den Träger des außerordentlichen Kommandos eine sonst streng gewahrte Grenze auf. So klar seine Zuständigkeit ebenfalls territorial bezogen wird, ist es für ihn doch nicht ausgeschlossen, sich in die Aufgabenbereiche anderer Statthalter einzumischen, ja sogar bei dem dann unvermeidlichen Zusammentreffen mit den grundsätzlich hierarchiegleichen Männern ihnen übergeordnet zu sein. Sich gegen einen *pro consule* Stehenden durchzusetzen, durfte sonst einzig ein Consul hoffen, da die Notwendigkeit eines »Ersatzes« für den höchsten Magistrat mit dessen Präsenz entfiel. Ist damit bereits erklärt, weshalb Augustus zwischen 27 und 23 auf eine Übernahme der fraglichen Befugnis aus den Muster-*leges* verzichten konnte, so

wurde sie ihm (vielleicht im Verbund mit weiteren Zusatz-
rechten) nun wohl umgehend dekretiert. Auch nach 23 war er
demnach in der Lage, auf die *provinciae populi Romani* direkt
Einfluß zu nehmen, wobei eine sensible Handhabung dieser
Option in jedem Fall politisch geboten war.

In ihrer peniblen sprachlichen Ausgestaltung steht die *lex de
imperio Vespasiani* den Beschlußvorlagen Ciceros in nichts
nach. So sind durch sie weitere Spezialbestimmungen für Augustus dokumentiert, die sich freilich zeitlich nicht genau verorten lassen. Bei zwei Abschnitten dürfte der explizite Hinweis, bereits der erste Kaiser habe dieses Recht besessen, aus
rein stilistisch-grammatischen Gründen unterblieben sein.
Wenigstens eine der Regelungen hat dabei eindeutig mit dem
Wechsel von Consulat zu *tribunicia potestas* zu tun. Der niedrige Platz des Volkstribunats auf der Stufenleiter der Ämter
wirkte sich nämlich auch für den Träger der davon abgeleiteten
Amtsgewalt dahingehend aus, daß er bei der Berufung des Senats Consuln und Praetoren nachgeordnet war. Genau dies
wird mittels der Verleihung eines Sonderrechtes korrigiert:
Wann immer (!) Augustus das Gremium zusammenrufen,
dort etwas zur Debatte stellen, von der Tagesordnung nehmen
und nach Diskussion und Abstimmung ein *senatus consultum*
zustande bringen möchte, ist ihm dies gestattet. Auf den Verlust der Möglichkeit, als Wahlleiter die Kandidatenliste für
Praetur und Consulat zu gestalten, wurde ebenfalls reagiert
und eine subtile Form der Einflußnahme auf Vorgänge rund
um die Vergabe von Ämtern, Amtsbefugnissen oder anderen
öffentlichen Aufträgen geschaffen. So durften Bewerbungen
weiterhin bei Augustus (bzw. einem späteren Kaiser) einge-
reicht werden. Kam dieser zu einem positiven Urteil, so bedeutete seine Benennung eines Kandidaten (*nominatio*), daß
der Nominierte auf den Wahlvorschlag gesetzt wurde. Seine
Wahl war dagegen nicht rechtlich garantiert. Mit Eingriffen in

den Wettbewerb, etwa in Gestalt von Unterstützung bestimmter Leute im Wahlkampf, hat jedenfalls Augustus sich äußerst zurückgehalten.

Gegenüber diesen höchstens im Detail strittigen Bestimmungen haben Paragraph 6 und 7 der *lex de imperio Vespasiani* extrem unterschiedliche Deutungen erfahren. Bei genauerer Analyse dürfte hierfür aber ebenfalls eine Lösung zu erzielen sein. So schließt sich § 6 an Formeln an, mit denen Generäle in der Vergangenheit von Rückfragen beim Senat entbunden wurden. Für die Einschätzung des Kaisertums ist der Passus vor allem dadurch bedeutsam, daß darin auch für den führenden Mann die Normen des Gemeinwohls sowie die Verpflichtung zur Achtung der Gesetze und des Gewohnheitsrechts für sämtliche Rechtsbereiche als Richtschnur politischen Handelns formuliert werden. Von ähnlich grundlegender Natur sind die Erkenntnisse, die sich aus dem nächsten Absatz gewinnen lassen. Durch ihn wird der neue Kaiser Vespasian zu jenen *leges* bzw. *plebiscita* in Beziehung gesetzt, durch welche seinen Vorgängern Aufträge erteilt wurden, oder die sie nicht zu befolgen brauchten. Während es ihm freigestellt wird, die Verpflichtungen zu übernehmen, werden die *legum solutiones* auf ihn übertragen. Damit freilich bestätigt sich von einer anderen Seite her der Befund, daß Kaiser keineswegs prinzipiell über dem Recht stehen, sondern – wie jedermann – allenfalls von der Einhaltung bestimmter *leges* befreit werden können. Zudem verdeutlicht der Abschnitt gut den Personenbezug des Kaisertums. Nicht dieses als Institution, sondern Augustus, Tiberius, Claudius als Individuen sind mit den Amtsgewalten und Sonderrechten ausgestattet. Aus dem Kompetenzenbündel, das Augustus schrittweise zuerkannt wurde, ist zwar bis 68 n. Chr. bereits ein standardisierter Katalog geworden. »All die Dinge, die für den Ersten im Staat üblich sind«, heißt es bei Tacitus hinsichtlich solcher Neuübertragungen (hist. 4,3,3).

Ebenso aber markiert die *lex de imperio* noch einen Zustand, in dem die einzelnen Bausteine kaiserlicher Macht sehr wohl schon fest aneinandergefügt sind, jedoch jeder für sich noch deutlich sichtbar und inhaltlich bedeutsam bleibt. Bis zur Zeit Cassius Dios, dem späten 2. und frühen 3. Jahrhundert n. Chr., wird sich demgegenüber die Vorstellung der »Kaisergewalt« (hierfür wird seit längerem der Begriff *imperium* benutzt) soweit vereinheitlichen, daß die Befugnisse ihr spezifisches Profil verlieren und zu rein dekorativen Prädikaten absinken (Cass. Dio 80,8,1). Auch dann freilich wird dieses kaiserliche *imperium* weiterhin von einem Beschluß der Bürgerschaft begründet. Daß diverse Regierungshandlungen der Kaiser (Verkündungen genereller Maximen im Edikt, Anweisungen für die Legaten und andere Stellvertreter, Rückantworten auf deren Anfragen oder Urteile in der Funktion als Richter) dort, wo kein Gesetz existiert, ein solches zu ersetzen vermögen, *vice legis* stehen können, leiten Juristen des 2. und 3. Jahrhunderts aus der Tatsache her, daß der Kaiser sein Kaisertum durch eine *lex* bekam und damit quasi als Repräsentant des Volkes eingesetzt wurde (Gai. 1,5; Dig. 1,4,1). Die Bürger Roms (und die Mechanismen seiner Verfassung) sind also noch lange nach Augustus nicht aus der Geschichte des Kaisertums und seiner Legitimierung verschwunden.

In der Zuerkennung von Befugnissen erschöpft sich die Rolle des *populus Romanus* allerdings so wenig, wie sich der Kaiser alleine als Inhaber verschiedener Amtsgewalten und Rechte hinreichend definieren läßt. Die bisher etwas genauer betrachtete institutionelle Seite stellt nämlich nur einen Teil der Antwort auf die Frage nach Genese und Wesen des Systems ›Kaisertum‹ dar. Auch für deren zweite Hälfte kann man mit dem 13.–16. Januar 27 einsetzen – und auch sie profitiert davon, wenn die vorherigen politischen Gepflogenheiten im Blick behalten werden.

Mit besonderer Deutlichkeit tritt das, was uns im folgenden beschäftigen soll, in einer der Ehrungen zutage, die der Senat in jenen spannenden Januartagen für Augustus beschließt. »Es wurde ein goldener Schild [*clupeus*] in der *Curia Iulia* [dem neuen Haupttagungsgebäude des Senats, das 44 noch von Caesar begonnen, aber erst 29 von Augustus vollendet und eingeweiht wurde] aufgestellt, dessen Inschrift bezeugt [im juristischen Sinn: wie vor einem Gericht], daß der SPQR [*senatus populusque Romanus*, das heißt der römische ›Staat‹] ihn mir gaben [*dare*] wegen meiner *virtus* [Mannhaftigkeit], *clementia* [Milde], *iustitia* [Gerechtigkeit] und *pietas* [Pflichttreue]«, vermeldet der Kaiser 13/14 n. Chr. in seiner Lebensbilanz (RG 34). Auf den Sitzungssaal der Senatoren, dessen Türen zwar üblicherweise offen standen, der aber nicht für jedermann, sondern bloß für Amtsträger und Gremiumsmitglieder zugänglich war, blieb die Botschaft nicht beschränkt. Schon im Folgejahr war eine Marmorkopie in Südfrankreich, also einer der Provinzen aus Augustus' Zuständigkeitsbereich, zu finden. Heute ist sie im Museum von Arles zu besichtigen (AE 1952,165). Originaltreue wahrte man beim Maßstab, während man den Text leicht veränderte. So wird die Datierung dem Zeitpunkt der Aufstellung vor Ort angepaßt. Daher dürfte auch der erklärende Zusatz zur *pietas* nicht Teil des Wortlautes in Rom gewesen sein. Obschon er dem Steinmetzen der Abschrift Platzprobleme bescherte und zum Wegfall der Vokabel *caus(s)a* (›wegen‹), damit sogar zu einer massiven Störung der grammatischen Konstruktion führte, muß die Geschichtswissenschaft dafür dankbar sein, erfährt sie doch auf diesem Wege, daß es Augustus kurz nach den Bürgerkriegen wichtig war, klarzustellen, daß die ehrfürchtige Pflichterfüllung gegenüber einer höheren Instanz nicht mehr – wie noch bei der Tempelweihe von 36 (siehe S. 114) – die gängige gegenüber den Ahnen / der Familientradition und speziell dem Vater Caesar sein sollte, sondern die »gegen Götter und Vaterland« (*erga deos patriamque*). Auf die Parallele zwischen dieser Inschrift und dem in Ciceros Werk »Über die Sache der Gemeinschaft« (*De re publica*) entworfenen Bild vom idealen Staatsmann haben beispielsweise Konrat Ziegler (RE 18,3, Sp.730 ff.) und Dietmar Kienast (S.83) aufmerksam gemacht: »Gerechtigkeit übe und *pietas*, und zwar dergestalt, daß sie gegenüber Eltern und Verwandten groß, gegenüber der Heimat jedoch am größten ist«, lautet dort einer der Imperative (Cic. rep. 6,16). Daß genau dafür ein Aufstieg in den Himmel, ein seliges jenseitiges Leben im Bereich der Milchstraße versprochen wird, sollte man sich bereits für eine spätere Betrachtung vormerken.

Graviert in Gold, das unvergänglichste der Metalle, gemeißelt in Stein steht folglich auf dem Schild zu lesen, Augustus werde deshalb geehrt, weil er zentrale Werte der römischen Gesellschaft praktiziert habe, letztlich vielleicht sogar ein vollendeter Lenker der öffentlichen Geschicke gewesen sei. So sehr das dauerhafte Material auf die Zukunft verweist, so wenig wird man sich bei dem gerade Fünfunddreißigjährigen, der aktuell zum siebtenmal Consul und soeben auch Inhaber eines außerordentlichen *imperium* mit zehnjähriger Laufzeit geworden ist, darauf beschränken können, die einzige (oder sogar die vorrangige) Funktion der Präsentation in einer Sicherung des Nachruhms zu sehen. Wegen Mannhaftigkeit, Milde, Gerechtigkeit und Pflichterfüllung (besonders gegen Götter und Vaterland) ausgezeichnet worden zu sein impliziert vielmehr die Erwartung, der Prämierte werde auch weiterhin diesen Verhaltensnormen folgen. Aus der Perspektive der Senatoren kann man das hier praktizierte Verfahren, das von der Forschung seit langem gerade auch bei Lobreden auf spätere Kaiser erkannt wurde, auf die von Gunnar Seelentag dafür geprägte Formel des »affirmativen Forderns« bringen: Was man haben möchte, wird als bereits vom Herrscher verwirklicht dargestellt. Zum

Charakter des Kaisertums aber vermittelt der Schild nachdrücklich die Einsicht, daß schon bei den ersten Schritten in Richtung Neuregelung eine gedankliche Verbindung zwischen der bewilligten Macht und dem Verhalten respektive der Leistung des damit Ausgestatteten hergestellt wird. So wie jeder römische Politiker den ideellen Anspruch erhebt, seiner jeweiligen Stellung »würdig« zu sein und Ämter signifikanterweise »Ehrungen« (*honores*) genannt werden, so fordern die außerordentlichen Vollmachten einen Inhaber, der außerordentliche Verdienste vorzuweisen hat und sich immer wieder neu mit Großtaten für die Fortdauer seiner hervorgehobenen Position legitimiert.

Ehe wir uns diesem Sachverhalt und dem Kaiser als würdigstem Römer widmen, gilt es noch, eine Antwort auf eine Frage zu versuchen, die sich der Leserschaft wohl bereits aufgedrängt hat. Warum, so wird man wissen wollen, mußte das Trägerobjekt der bedeutsamen Inschrift ausgerechnet die Gestalt eines Schildes haben? Für eine Antwort dürfte es entscheidend sein, den im Deutschen sehr unspezifischen Begriff der Defensivwaffe ins Lateinische zu überführen. Dann zeigt sich nämlich, daß es sich um keinen beliebigen Schild, sondern den seit dem späten 4. Jahrhundert v. Chr. im Militär außer Gebrauch gekommenen *clupeus*, einen etwa neunzig Zentimeter großen Rundschild mit einem einzigen Handgriff, handelt, der von frühen Formen der griechischen Hoplitenbewaffnung inspiriert war. Mit der Abbildung eines solchen Schildes hatte schon der Sockel einer zu Ehren Sullas aufgestellten Statuengruppe auf die römische Frühzeit zurückverwiesen. Zumindest für den 23/24 n. Chr. geborenen Autor Plinius d. Ä. (nat. hist. 35,4,13) ist der *clupeus* noch konkreter der Schild, »wie man ihn bei Troja hatte«, ohne daß man hier gänzlich ausschließen kann, daß diese Vorstellung eventuell von der augusteischen Zeit beeinflußt ist, in der die trojanischen Ursprünge Roms in

Ritualen wie dem Troja-Spiel, einem fingierten Reiterkampf von Senatorensöhnen, und der Literatur stark betont wurden. Der Schild des Helden Aeneas, den er von seiner göttlichen Mutter Venus erhält und auf dem als Krönung der römischen Geschichte der Sieg bei Actium dargestellt ist, heißt in Vergils Epos ebenfalls *clupeus* (Aen. 8,729). Keinem Zweifel unterliegt dagegen, was Plinius von der Sichtbarkeit solcher *clupei* im Stadtbild Roms erzählt. Direkt neben der *Curia Iulia*, in der *Basilica Aemilia*, waren sie ein solch signifikantes Merkmal, daß sie auf Münzen erschienen (Sydenham RRC 833; Crawford 419/3a). Bei der Renovierung des Gebäudes, das ein Familienmitglied im 2. Jahrhundert errichtet hatte, ließ Marcus Aemilius Lepidus (cos. 78 v.), der Vater des Triumvirn, dort – aber auch in seinem Haus! – Brustbildnisse seiner Vorfahren aufhängen, wobei er als Novum die Gemälde auf *clupei* befestigte, die der Ahnengalerie demnach als Bilderrahmen dienten und zur späteren Bezeichnung solcher Porträts mit demselben Begriff führten. Solche Reminiszenzen, das frühe Rom, eventuell Troja oder/und Aeneas, der auch als Stammvater der Iulier galt, Pflege des Ruhmes politisch verdienter Männer, dürften ihrerseits genau der Rahmen sein, in den man den Schild in der *Curia* einfügen kann. Eine Interpretation als Weihung von Beutewaffen an eine Gottheit, an deren Stelle hier Augustus getreten wäre (so vor allem Kienast mit der weitreichenden Folgerung, dieser sei durch die »göttergleiche Ehre« »über die Sterblichen erhoben« worden), ergibt dagegen weder ein stimmiges Konzept noch erklärt sie die spezifische Schildform. Auch das benutzte Verb *dare* stützt die These nicht. Ein Geschenk kann Gott wie Mensch gegeben werden, ein dezidiert sakraler Begriff ist »einen Schild geben/schenken/verleihen« mitnichten.

Wie die Programmatik des *clupeus* in Augustus' Leben weitergeführt wurde, läßt sich einerseits auf Münzen, andererseits bei Sueton gut verfolgen. So taucht der Schild, der über die Buchstaben SPQR CL V, CV oder CL V kenntlich gemacht wird, im weiteren Verlauf an markanten Punkten und mit situationsspezifischen Akzenten auf Prägungen auf. In den Jahren 19/18 wird beispielsweise anläßlich der anstehenden Verlängerung des *imperium proconsulare* die Komponente der Mannhaftigkeit und des Militärischen betont und dafür besonders der Erfolg gegenüber dem Partherreich herangezogen. Hier war Augustus nämlich im Jahr 20 mittels Verhandlungen etwas gelungen, was andere auf dem Weg des Krieges nicht geschafft hatten. Er konnte den Schlußstrich unter eine Geschichte ziehen, die im Jahr 53 damit begann, daß Marcus Licinius Crassus auf der Suche nach Feldherrenruhm die östliche Großmacht angriff, bei seinem Einfall in deren Gebiet jedoch eine gravierende Niederlage erlitt. Er selbst geriet dabei ebenso in die Hand des Feindes wie viele seiner Soldaten; die Feldzeichen von drei Legionen gingen verloren, was in römischem Verständnis eine besondere Schande darstellte. So ist es kein Wunder, daß sich gerade die von König Phraates IV. jetzt zurückgegebenen Standarten vielfach – dabei teils den *clupeus* flankierend (RIC 1,85a) – auf Geldstücken dargestellt finden. Aber auch der Hinweis auf die nun nach über dreißig Jahren zurückkehrenden kriegsgefangenen Römer fehlt nicht. So wie Augustus 27 neben dem Schild die im Heer gängige Auszeichnung eines aus Eichenzweigen geflochtenen Kranzes, der *corona civica*, »wegen Errettung von Bürgern« verliehen worden war, wurde 19/18 der *clupeus*, umgeben von dieser »Bürgerkrone«, mit der Münzaufschrift »*ob cives servatos*« präsentiert (RIC 1,30a; 78). Hiermit wird wohl ebenfalls – was beim Text »*signis receptis*«, »wegen der wiedergewonnenen Feldzeichen« unbestreitbar ist und von Stücken erhärtet wird, die beide Aussagen zu »Bürger und Feldzeichen von den Parthern zurückerhalten« kombinieren (RIC 1,131) – keineswegs die Vergangenheit beschworen, sondern die Botschaft verbreitet, das Anrecht auf Schild, *corona civica* wie *imperium proconsulare* sei ganz aktuell bestätigt bzw. wiederaufgefrischt und erneuert worden. Ähnliches ließe sich für die übrigen Prägeanlässe durchspielen.

Was Sueton betrifft, so bekommen dank ihm gerade die leicht blassen respektive stark ideologieverdächtigen Begriffe der Milde und der Gerechtigkeit klarere Konturen und einen sehr konkreten Ort in der Herrschaftspraxis (Aug. 51; 56). So stellt sich Gerechtigkeit vor allem als das Bestreben dar, die Unabhängigkeit der Justiz in jenen Fällen zu wahren, in denen Augustus über angeklagte Freunde oder als ein einfaches Mitglied eines mehrköpfigen Ratgeberkreises (*consilium*) bei dem Hausgericht eines Familienvorstandes involviert ist. Daß bei derartigen Anlässen letztendlich versucht werden mußte, den mächtigsten Mann im Staat situativ in einen gewöhnlichen Bürger zu verwandeln und die Mitwelt dazu zu bringen, ihm das Einverständnis mit dieser Rolle zuzutrauen, läßt *iustitia* und *clementia* nahezu als zwei Seiten einer Medaille erscheinen. Die Milde präsentiert sich nämlich in Suetons Beispielen als nichts anderes denn die Herstellung von Gleichheit zu den übrigen Bürgern in Konfliktsituationen und wird fast synonym zu *civilitas*, dem »Verhalten wie ein Durchschnittsbürger« gebraucht: Mit verbalen Attacken (bis hin zu Morddrohungen) setzt Augustus sich entweder argumentativ auseinander, kontert seinerseits verbal oder ignoriert sie, obwohl er (wie jeder Magistrat) berechtigt wäre, ein solches Verhalten als Angriff auf einen Repräsentanten des *populus Romanus* einzustufen und in einem Prozeß wegen »Verletzung der Majestät Roms« zu verfolgen. Er füllt den Begriff *clementia* damit in einer Weise, die für die politische Führungsschicht annehmbar war: Diese hatte ihn sich selbst zugeschrieben (vgl. Cic. Att. 7,2,7) und es als besonders würdiges Zeichen eines »großen und hervorragenden Mannes« definiert, solche Mäßigung im Austrag von Feindschaften zu zeigen (Cic. off. 1,88). *Clementia* in dieser Lesart bedeutet also eine reziprok zu erwidernde Großzügigkeit und nicht jenen monarchischen oder göttlichen Gnadenakt einer höheren Macht, mit dem manche Kontrahenten Caesars im wahrsten Sinn des Wortes nicht leben konnten. Cato etwa ertrug es nicht, bei dem bekämpften Feind, der ihn, statt ihn hinzurichten, begnadigen wollte, in einer nicht mehr zu begleichenden Schuld zu stehen. Es hat daher Methode, daß Seneca, nicht aber Sueton den Verzicht auf die Bestrafung des Attentäters Gnaeus Cornelius Cinna Magnus, eines Enkels des Sextus Pompeius, der kurz darauf sogar zum Consul erhoben wird (5 n. Chr.), für geeignet findet, Augustus' *clementia* zu veranschaulichen (clem. 3,7). Zur Abkehr vom Regierungsstil des Augustus paßt es in der Zeit Neros und aus der Feder von dessen Erzieher auch, »Milde« als »Rettung gegen das Gesetz« (3,2,4) und schlechterdings gottgleichen Akt gegen Niedrigerstehende (3,3,6; 3,19,1) zu propagieren. Die Erkenntnis, wie schwierig eine adäquate Reaktion auf ein derartiges Komplott war, liefert uns der Streit um die *clementia* gleich mit.

Weder als Initiatoren von Ehrungen noch als Adressaten der Darstellung von Verdiensten waren die Senatoren alleine. An die Bürgerschaft wandte sich Augustus beispielsweise 2 v. Chr. anläßlich der Einweihung einer von ihm errichteten neuen Platzanlage, des *Forum Augusti*, deren Säulenhallen (*porticus*) mit den Statuen der erfolgreichsten Feldherrn aus der Geschichte Roms, im Triumphalornat präsentiert, geschmückt waren. In einer offiziellen Verlautbarung, einem Edikt, dessen Wortlaut uns wieder einmal Sueton tradiert (Aug. 31,5), verbreitete er dabei die Botschaft, genau diese Männer, »die das *imperium* des *populus Romanus* von einem ganz kleinen zum größten gemacht hätten«, seien die »Muster« (*exemplar*), an denen die Bürger ihn selbst, solange er lebe, sowie die führenden Männer (*principes*) der Folgezeit messen, deren Nachahmung sie verlangen (!) dürften. Die bruchlose Linie zur Vergangenheit und deren Vorbildhaftigkeit sind daran ebenso hervorhebenswert wie die Festlegung auf Spitzenleistungen im Dienste des Volkes, ganz besonders aber die den Römern zugewiesene Rolle als permanente Kontrollinstanz. Damit nämlich läßt sich eine weitere Eigenart des römischen Kaisertums wohl am besten dingfest machen. Grundsätzlich wurde sie bereits von Theodor Mommsen erkannt, wenngleich er sie, dem Geist der Zeit und der Ausrichtung seines eigenen Werkes entsprechend, noch zu verrechtlichen suchte. In den letzten Jahrzehnten hat sie dann im Mittelpunkt der Forschung gestanden und teilweise die institutionelle Seite des Systems an den Rand der Aufmerksamkeit gedrängt. Im Kern geht es um den Tatbestand, daß aufgrund der Rückkoppelung der außerordentlichen Befugnisse an die außerordentlichen Leistungen sich der Anspruch, erster Mann im Staate zu sein, nicht auf den/die punktuellen Rechtsakt/e der Übertragung der Vollmachten reduzieren läßt, sondern zwangsläufig ständig neu untermauert und bestätigt werden muß. Kaiser zu werden, zu sein, zu bleiben hat also unter diesem Blickwinkel Prozeßcharakter. So wie sich der Herrscher selbst um den entsprechenden Nachweis steter Exzellenz bemüht, sind die politische Öffentlichkeit (bzw. die diversen Gruppen der römischen Gesellschaft) aufgerufen, ihm diese immer wieder neu zu bestätigen. Die derzeit beliebte Etikettierung des römischen Kaisertums als »Akzeptanzsystem« (Terminus geprägt von Egon Flaig) hebt ebenso auf diesen Aspekt ab wie das schon in den dreißiger Jahren erkannte Element der Erfordernis einer »Schaffung von Glaubwürdigkeit« (Martin P. Charlesworth).

In genau diesen Kontext gehört auch ein Phänomen, für das sich der wenig glückliche Begriff der »Kaisertitulatur« eingebürgert hat. Gemeint ist damit die oft recht ausführliche Art und Weise, in der Augustus (sowie spätere Kaiser) primär auf Inschriften, sekundär auf Münzen sich selbst bezeichnen bzw. bezeichnet werden. Es ist z. B. »Imperator Caesar, der Sohn des Vergöttlichten, Augustus, der *pontifex maximus*, zwölfmaliger *imperator*, elfmaliger *consul*, seit vierzehn Jahren im Besitz der *tribunicia potestas*«, der zwei aus Ägypten nach Rom transportierte Obelisken dort der Sonne zum Geschenk macht, »nachdem bzw. weil Ägypten in die Verfügungsgewalt des römischen Volkes gekommen ist« (ILS 1,91 = CIL 6,701, 702). Daß es sich hier nicht um eine umständliche Auflistung all der Posten bzw. Befugnisse des Akteurs, also quasi ein dem Kompetenzen-Konglomerat korrespondierendes Titel-Konglomerat handelt, wird am Consulat unmittelbar einsichtig, führt die Angabe zur Dauer der *tribunicia potestas* doch auf die Zeit von Juni 10 bis Juni 9, wo von einem amtierenden Consul Augustus keine Rede sein kann. Um den Kern von dessen Namen versammelt sind vielmehr Prädikate, die seine politische Befähigung illustrieren bzw. seine Leistung bilanzieren: Zwölfmal hat er bereits so bedeutende Siege errungen, daß die Truppen ihn als *imperator* ansprachen (Nr. 12 gehört ins Jahr 11, Nr. 13 folgt kurz nach unserer Beispielinschrift), elfmal hat ihn die Bürgerschaft zum höchsten Magistrat gewählt, vierzehn Jahre lang gestaltet er jetzt schon (anschließend an das 23 niedergelegte elfte Consulat) Politik mittels der *tribunicia potestas*; auch für die einflußreichste Funktion im Bereich sakraler Ämter, die Vorstandschaft des Kollegiums der *pontifices*, hat ihm der *populus Romanus* seine Stimme gegeben. So wie der mächtigste Mann im Staat sich hier als Leistungs-, nicht Funktionsträger präsentiert, wird er auch von anderen dargestellt: Eine Ehrenstatue, welche die *Hispania Ulterior* (mit neuem Namen: *Baetica*) anläßlich ihrer »Befriedung« und Umwandlung in eine »Provinz des römischen Volkes« in der Hauptstadt errichten ließ, vermerkte auf dem Sockel nicht nur das Gewicht des investierten Goldes, sondern notierte, das Denkmal sei gedacht »für Imperator Caesar Augustus, den Vater des Vaterlandes« (ILS 103), während sich der König Cottus auf einem Repräsentationsbau in Susa (Segusione) beispielsweise für die Form »für Imperator Caesar Augustus, den Sohn des Vergöttlichten, den *pontifex maximus*, seit fünfzehn Jahren im Besitz der *tribunicia potestas*, dreizehnmaliger *imperator*« entschied (ILS 94). Exemplarisch wird damit erneut verdeutlicht, daß wir es nicht mit »Titeln«, bei denen Variationen überraschen müßten, zu tun haben, sondern mit nach Situation und Präferenz des Auftraggebers frei gewählten Möglichkeiten, die eigene Zustimmung zum Postulat, der Kaiser sei der würdigste Römer, zum Ausdruck zu bringen.

Unabhängig von solchen Selbst- und Fremddarstellungen existierte ein Bedarf daran, für die neuartige Macht des Augustus eine griffige Formel sowie für ihren Inhaber eine akzeptable Anrede zu finden. Dabei sollte man sich darüber im klaren sein, daß dieses Vokabular keine adäquate Wiedergabe der vielschichtigen Sachverhalte zu leisten vermochte, also zwangsläufig sozusagen unterkomplex zu sein hatte. Der heutige gängige Terminus ›Kaiser‹ geht direkt auf eine der Lösungen – nämlich die Nutzung von Augustus' Familiennamen Caesar – zurück. Wird damit recht eindrücklich erneut die Bedeutung unseres Protagonisten für dieses politische System unterstrichen, so außerdem dessen personaler Charakter: Nicht das Amt bezeichnete, wie bei einer Magistratur, seinen Besitzer (z.B. den Consul Cicero), die Funktion wurde vielmehr mittels ihres Trägers umschrieben und nach Teilen seines Eigennamens als »die des Caesar« benannt. Bewußt zu machen hat man sich auch, daß dahinter zunächst sehr konkret der Gedanke an die reale *gens* des Augustus stand. Nach dem Modell der »Empfehlung der Vorfahren« (*commendatio maiorum*) konnten deren Mitglieder gut fünfzig Jahre vom Prestige des ersten

›Kaisers‹ zehren. So war es nach dessen Tod für Truppen, die den geplanten Nachfolger Tiberius zu einer Verkürzung ihrer Dienstzeit erpressen wollten und deswegen einen alternativen Kandidaten ins Spiel brachten, selbstverständlich, daß der Konkurrent »sowohl ein Caesar [!] als auch Tiberius weit überlegen« (Cass. Dio 57,5,1) zu sein hatte. Tatsächlich dauerte es bis ins Jahr 68 n. Chr., ehe das Kaisertum auf einen Mann überging, der nicht schon vorher ein Caesar war. In diesem Moment freilich lag kurzfristig ein radikaler Bruch mit der Tradition im Bereich des Möglichen. Vitellius etwa ließ den Senat wissen, er wolle überhaupt nicht Caesar und noch nicht Augustus genannt werden (Tac. hist. 2,62,2; Suet. Vit. 8,2). Durchgesetzt hat sich jedoch eine andere Linie. Beginnend mit Vespasian, der sich stilbildend Imperator Caesar Vespasianus Augustus nannte, wurde der Individualname des Augustus zum unverzichtbaren Kernbestand jedes Kaisernamens, die *gens Caesarum* mithin zu einer fiktiven Familienlinie, in die sich jeder neue Inhaber der Funktion mit deren Übernahme einreihte. Das Renommee unseres Protagonisten, an den etwa Galba wie Vespasian auch in ihrer Münzprägung anknüpften, hatte die zum Teil desaströse Regierung seiner Verwandten demnach überlebt.

Daß sogar Vitellius keinen Einwand gegen die Bezeichnung *imperator* erhob, illustriert recht schön, daß der Fall dieses Wortes, das seinerseits im Englischen, Französischen, Italienischen usw. als *emperor, empereur, imperatore* weiterlebt, anders gelagert war. Direkt einsichtig wird das dann, wenn man sich an den Brauch der Imperator-Appellatio erinnert. Daß Kaiser als *imperatores* geführt, gegebenenfalls auch adressiert werden, hatte nämlich nichts damit zu tun, daß Augustus sich den Beinamen des »siegreichen Feldherrn«, den selbst nach dem Triumph weiter zu benutzen Caesar vom Senat gestattet worden war, unter Anwendung eines gängigen Tauschverfahrens, schon im Konkurrenzkampf mit Sextus Pompeius als Vornamen gewählt hatte. Ihren besonderen Reiz bezog die Vokabel vielmehr daraus, daß hier, bereits vorgefertigt, für den Träger eigenständiger Kommandogewalt eine Benennung zur Verfügung stand, die außerdem ein Wertprädikat darstellte, also sozusagen die zwei Seiten des Kaisertums, die Komponente der Befugnisse und die Komponente der Leistungserwartung, zusammenführte. Ein signifikanter Begriff für den Kaiser – und ihn allein! – ist daraus freilich erst in einer längeren Entwicklung geworden. In der Zeit des Augustus (und darüber hinaus; der letzte bezeugte Fall gehört ins Jahr 22 n. Chr.) vermochte ein anderer erfolgreicher General sehr wohl noch *imperator* zu heißen. Zeitgenossen wie Valerius Maximus (5,5,3) und Velleius Paterculus (2,104,4), ein Augenzeuge des Geschehens, gehen z. B. selbstverständlich davon aus, daß Drusus bzw. Tiberius von ihren Soldaten als *imperator* angeredet werden. Der ›Kaiser‹ ist daher nicht der einzige »siegreiche Feldherr«, jedoch ein »siegreicher Feldherr« im Superlativ. Wie er über seinen Vornamen (das sogenannte *praenomen imperatoris*) die Sieghaftigkeit als personale Eigenschaft, als genuines und ihm zugehörendes Wesensmerkmal reklamiert, muß er den konkreten Nachweis für diesen Anspruch mittels stets erneuerter Imperator-Appellationes führen. Den übrigen Kommandanten kann er eine solche Ehrung solange unbesorgt gestatten, solange er darin einen offenkundigen Rekord hält. Augustus sollte es am Ende auf einundzwanzig Imperator-Appellationes bringen. Sehr erleichtert wurde die Exzellenz auf diesem Gebiet ihm (wie manch späterem Kaiser) dadurch, daß es in Rom eine etablierte Praxis war, die Leistung von Unterfeldherrn dem sie beauftragenden Heerführer anzurechnen. Die *legati Augusti pro praetore* kämpften folglich ebenfalls *sub auspiciis* (»unter den Auspicien«) des Trägers des außerordentlichen *imperium proconsulare*, wobei mit dem benutzten Ausdruck speziell akzentuiert war, daß es an letzterem lag, den Götterwillen zu erkunden und sich das Wohlwollen höherer Mächte zu erhalten. Daß ein Versagen der Stellvertreter gleichfalls nicht bloß ihnen persönlich angelastet wurde, ist allerdings die Kehrseite derselben Medaille. So kann Sueton zwei verlustreiche Schlachten in einem Atemzug einerseits als *clades Lolliana et Variana* (die des Lollius, 16 v. Chr., und die des Varus, 9 n. Chr.) bezeichnen, darin andererseits aber die »einzigen beiden schweren und schimpflichen Niederlagen« sehen, die Augustus (!) je erlitten hat (Aug. 23,1).

Bei Augustus selbst begegnen wir noch einer dritten Umschreibung seiner Stellung. Mit »*me principe*« (»als ich der führende Mann, der erste im Staat war«) bezieht er in den *Res Gestae* Geschehnisse auf sich zurück, die sich nicht exakter mit ihm und einer seiner Befugnisse verbinden lassen: *Me principe* sei dreimal der erfreuliche Zustand eingekehrt, daß die römische Armee an keiner Front Krieg gegen auswärtige Gegner führen mußte, so daß die Tore des Ianus-Tempels geschlossen werden konnten (RG 13); Pannonien sei nun bereits der Herrschaft des römischen Volkes unterstellt, obwohl vorher (*ante me principem*) kein römisches Heer die Region auch bloß betreten hätte (RG 30); verschiedene Staaten, in der Vergangenheit ohne jeden diplomatischen Kontakt mit Rom, durften *me principe* die Zuverlässigkeit des *populus Romanus* erproben (RG 32). Daß hier ein diffuser Anteil am (politischen) Klima der Epoche (sowie dem Verhalten der Verfassungsorgane) reklamiert wird, ist ebenso kennzeichnend wie der Anspruch, eine lange Zeitspanne trage den Stempel eines Mannes, der als qualifiziertester Römer die Linien der Politik ähnlich informell bestimme, wie das in der Vergangenheit eine Mehrzahl von Akteuren getan hatte. Auch *principes viri* bzw. ein von ihnen begehrter *principatus* existierten nämlich längst vor dem Kaisertum; auch ihre Einordnung in diese Kategorie hatte ideell mit hervorragenden Beiträgen zum Gemeinwohl zu tun, während sie faktisch vor allem auf ihrer guten Vernetzung und Akzeptanz als Meinungsführer dominanter Gruppen beruhte. Der Kaiser in dieser Lesart war demnach ein geachteter Politiker, dem es gelingen mußte, diesen Vorrang auf Dauer zu stellen und zu monopolisieren.

Implizit trifft man Augustus als *princeps* sogar in einer der berühmtesten Passagen der *Res Gestae*, in welcher unser Protagonist seine Stellung nach dem 16. Januar 27 charakterisiert. Daß er dafür nicht allein eine positive Beschreibung wählt, sondern den Sachverhalt auch mittels Gegensätzen verdeutlichen möchte, machte Schule. So läßt Tacitus die Lobredner des Kaisers nach dessen Tod hervorheben, er habe die öffentlichen Angelegenheiten nicht (!) in der Position eines Königs noch eines Dictators (*non regnum tamen neque dictatura*), sondern unter der Bezeichnung *princeps* (*nomine principis*) geordnet, wobei es für den Autor keinem Zweifel unterliegt, daß das Vaterland dabei von einer Person gelenkt wurde (*ab uno regeretur*, ann. 1,9,5). Interessanter als das traditionelle Schreckgespenst des in Rom verpönten Königtums ist die zweite Negation dieser Reihung: Die Dictatur nämlich war bekanntlich bei Sulla und Caesar in der jüngeren Vergangenheit ohne Bedenken genutzt worden, stand aber vor allem, sobald man nicht dem Wort verhaftet blieb, sondern sich auf die Art des Amtes konzentrierte, mit Augustus' eigener Biographie in Zusammenhang, ja durfte noch bis mindestens 11 v. Chr. als lebendige Gegenwart gelten. Denn typologisch lassen sich der *triumviratus rei publicae constituendae* wie die *cura legum et morum summa potestate*, die allein wegen Augustus' Widerstand nicht zur Realität wurde, durchaus mit der Dictatur verbinden. Verneinend abgelehnt wird mithin eine Rechtsstellung, welche ihren Träger frei von den Vorgaben der Verfassung macht, ebenso eine Magistratur mit umfänglichen Befugnissen, die jemand alleine bekleidet und die ihm erlaubt, seine politischen Vorstellungen ohne jede Interaktion mit anderen umzusetzen, während alle übrigen zu einer Initiative in diesem Bereich nicht mehr in der Lage sind. Als Kontrast dazu hebt Augustus an der Neuregelung zum einen hervor, spätestens seit Januar 27 nicht mehr (wie als *triumvir* bzw. als potentieller Dictator) allen Ämtern übergeordnet zu sein, sondern in der Magistratur (*in magistratu*; konkret also dem Consulat) gleichberechtigte Kollegen zu haben. Einen Vorrang reklamiert er dennoch sehr wohl. Dieser wird jedoch statt auf eine diktatorische Vollmacht auf einen Spitzenwert an Autorität (*omnibus auctoritate praestiti*) und damit auf ein Element zurückgeführt, das eine Reihe von wichtigen Merkmalen aufweist: So kommt es ausschließlich über einen Prozeß von Zuschreibung seitens anderer zustande und bleibt zudem zwangsläufig prekär. Daß an diesen Punkten eine direkte Verbindung zum Kaiser als Leistungsträger und dem Kaisertum als Akzeptanzsystem besteht, ist leicht ersichtlich. Zugleich wird erneut an die *principes viri* der Vergangenheit angeknüpft, galt gerade *auctoritas* den Römern doch als deren Markenzeichen. Mehr denn die übrigen Männer mit seinen Ansichten Gehör zu finden (*audiri*), mag dabei sprachlich ebenso in dem Begriff verborgen sein wie die Rolle des Impulsgebers (*auctor*). Eine weitere Facette fügt Cicero hinzu, wenn er den Großvater des Antonius als vorbildliches Exemplar eines solchen *princeps* skizziert: An Würde (*dignitas*) wollte er der erste, an Freiheit (!, *libertas*) aber allen übrigen gleich sein (Cic. Phil. 1,14,34).

Daß Augustus' politischer Einfluß sich wirklich nur aus der Hochachtung der Mitwelt speiste, wird man heute gewiß bezweifeln. Solch berechtigte Skepsis sollte freilich nicht den Blick dafür verstellen, daß der Unterschied zwischen dem Modell ›Dictatur‹ und dem ihm vorgezogenen des Principats auch in der Verfassungspraxis beträchtlich war. Angesichts der erheblichen Machtmittel eines Kaisers kam es dabei freilich wohl entscheidend darauf an, wie der führende Mann selbst agierte und daß er die richtigen Signale aussandte. Manches spricht dafür, daß Augustus an genau dieser Stelle den Erfolg des neuen Systems begründete. So gelang ihm insgesamt sehr gut jener Drahtseilakt, den der Principat verlangte: Eine kritische Öffentlichkeit und freie Meinungsäußerung, ohne welche auch das Urteil über den ›besten Römer‹ schlechterdings wertlos gewesen wäre, mußten ebenso wie politische Initiativen der Magistrate gefördert, dabei jedoch gleichzeitig verhindert werden, daß sich jemand mit seinen Ideen allzu stark profilierte oder daß das Renommee des ›führenden Mannes‹ bei Attacken ernsthaft beschädigt wurde. Am allmählich wiederkehrenden Selbstbewußtsein des Senats, das uns etwa in Suetons Bericht eindrucksvoll entgegentritt, hatte Augustus keinen geringen Anteil. Recht erstaunt vermerkt der Biograph, daß Freimütigkeit bis Respektlosigkeit niemandem zum Schaden gereichten, bei den *patres* sogar Schmähschriften kursierten, die der Kaiser mit großer Sorgfalt argumentativ widerlegte. Ebenso passierte es, daß der *princeps* dort, wo er als Versammlungsleiter eine Befragung des Gremiums mit Erläuterungen und einem Bericht zur Sachlage einleitete, von Zwischenrufen wie »Hab' ich nicht kapiert!« oder »Ich würde dir widersprechen, wenn ich Gelegenheit bekäme« unterbrochen wurde (Suet. Aug. 54 ff.). Wo eine Debatte sich so weit zuspitzte, daß die etablierten Verhaltensnormen und Männlichkeitsideale eine scharfe (daher für den Betroffenen vielleicht gefährliche) Reaktion des Kaisers verlangt hätten, verließ Augustus lieber den Sitzungssaal (Cass. Dio 54,27,4). Selbst wenn man das gesamte Geschehen zu einer reinen Schauveranstaltung herabstuft, wird man einräumen, daß sich unser Protagonist mit der Inszenierung äußerst viel Mühe gab und sie sich Zeit und Nerven kosten ließ.

Ein besonders unerwartetes, zugleich besonders interessantes Beispiel für Augustus' problembewußte Vorgehensweise im Bereich der Politik ist das Ehrenprädikat »Vater des Vaterlandes« (*pater patriae*). So nichtssagend, wie es dem modernen Menschen erscheint, klang es für römische Ohren zumindest dann nicht, wenn, wie am Bürgerkriegsende, die Frage künftiger Macht auf der Tagesordnung stand. In solchen Momenten lag es durchaus nahe, bei der Vokabel an die *patria potestas* zu denken, welche aus den ihr Unterstellten Personen ohne eigene Rechte machte. Erschwerend kam hinzu, daß die Bezeichnung dem Dictator Caesar im Zuge der Ehrungsorgie des Jahreswechsels 45/44 verliehen worden war, mithin auch dadurch unerwünschte Erinnerungen wecken konnte. Es ist daher kein Zufall, daß Augustus im Jahr 27/26 einen diametral entgegengesetzten Akzent wählte. Denn die Rolle, die er gegenüber dem Vaterland im (von ihm erläuternd ausgestalteten) Text des *clupeus* von Arles einnimmt, ist die eines Sohnes (!), welcher der Heimat mit jener *pietas* begegnet, die ihr zusteht. In den Konsequenzen für die Zukunft könnte der Unterschied der zwei Deutungen ebenfalls nicht größer sein: Die ›Rettung‹ Roms als lebensspendenden Akt Caesars darzustellen kehrt das übliche Verhältnis eines Bürgers zur *patria* um und begründet die Superiorität des »Vaters«, wohingegen die Leistung des pflichtgetreuen »Landeskindes« ihm neben Anerkennung für die bisher vorbildliche Normerfüllung bloß die Erwartung auf Fortführung seines Engagements im Dienste der Gemeinschaft einbringt.

Tatsächlich ließ Augustus nicht weniger denn ein Vierteljahrhundert (!) verstreichen, ehe er die Benennung als »Vater des Vaterlandes« akzeptierte. Erst nach mehreren Initiativen im Januar/Februar 2 v. Chr. signalisierte er Einverständnis. Bereits in der Form wurde die Verleihung des Prädikats signifikant abweichend von jener an Caesar, aber auch von der Dekretierung des Augustus-Namens gestaltet. Weder stand nämlich der Senat im Vordergrund noch wurde die Ehrung überhaupt auf Antrag eines Gremiumsmitglieds beschlossen. Vielmehr erwähnt der detaillierteste Bericht (Suet. Aug. 58) zunächst eine Delegation der Stadtrömer, die den Kaiser, noch ohne unmittelbares Ergebnis, in Antium aufsuchte. Der schließlich von Erfolg gekrönte Vorstoß geht erneut vom Volk aus und findet statt, als Augustus in Rom nicht näher charakterisierten Spielen beiwohnt. Daß gerade die Austragungsorte von Gladiatorenkämpfen, Wagenrennen sowie das Theater vermehrt zu Stätten der Begegnung zwischen Politikern und Bürgerschaft werden und zunehmend die Funktion der *contiones* auf dem Forum erfüllen, also die politischen Akteure über die Stimmungslage der anwesenden Teile des *populus Romanus* orientieren, darf dabei über den Spezialfall hinaus als typisch festgehalten werden. Hinzu gesellt sich ein weiteres Merkmal solcher Lokalitäten: So sind dort den beiden über den Durchschnitt erhobenen »Rangklassen« (*ordines*) der römischen Gesellschaft, dem Ritterstand (*ordo equester*) und dem Senatorenstand (*ordo senatorius*), gesonderte Sitzreihen reserviert. Wenn Quellen beim Geschehen in den letzten Januar- oder ersten Februartagen des Jahres 2 v. Chr. zusätzlich zu jenen Gruppen, die üblicherweise als SPQR synonym für den römischen Staat stehen, eigens noch die Ritter hervorheben (RG 35; Ovid. fast. 2,128), sollte man auch bei ihrem Beitrag konkret an den Vorgang denken, der sich bei Augustus' Besuch der Spiele ereignet. Hier wird er von den zahlreich versammelten Bürgern in Sprechchören als »Vater des Vaterlandes« willkommen geheißen. In kurzem zeitlichem Abstand knüpft der Senat am 5. Februar an dieses Ereignis an. Auch dabei soll nicht der leiseste Zweifel an der Einhelligkeit der Zustimmung aufkommen. Von allen (!) beauftragt, fungiert daher der Consular Marcus Valerius Messala Corvinus als die eine (!) Stimme des Gremiums, in dessen Namen er Augustus feierlich anspricht: »Der

Senat, in Übereinstimmung mit dem römischen Volk, begrüßt dich (*consalutat te*) als Vater des Vaterlandes!«

Neben dem Procedere erscheint Sueton die Formulierung derart bedeutsam, daß er Messalas Grußadresse und Augustus' Replik im Originalwortlaut zitiert. Wieder einmal dürfen wir dem Biographen dankbar sein, ermöglicht er uns doch, eine Vorstellung davon zu gewinnen, wie die Akteure (nicht zuletzt Augustus selbst) das Prädikat verstanden wissen wollen. Der stark religiöse Duktus der Äußerungen liefert dabei einen wichtigen Hinweis. Letztendlich läuft Messalas Aussage in ihrer Gesamtheit nämlich nicht nur darauf hinaus, daß ein dauerhaftes Wohlergehen des römischen Staates von Augustus' eigenem Wohlergehen (sowie dem seines »Hauses«; gedacht ist dabei primär an die beiden Adoptivsöhne Gaius und Lucius, die soeben ins öffentliche Leben eingeführt wurden) abhängig ist, sondern daß das Etikett ›Vater des Vaterlandes« per se nichts anderes denn ein ständiges Gebet um den Erhalt des glücklichen Zustandes der *res publica* sei. Die Analogie zwischen Familie und politischem System hat sich also offenkundig von der Ausrichtung auf die Frage der Herrschaft wegverlagert. Statt des Vaters als Inhabers der *patria potestas* ist es der Vater als Garant der Unversehrtheit einer sozialen respektive politischen Einheit, der evoziert wird.

Daß man sich mit einer solchen Deutung auf der richtigen Fährte befindet, wird dadurch untermauert, daß nur wenige Jahre vorher im Bereich des Kultes praktisch dieselbe Idee Gestalt gewinnt: Die Verehrung des *Genius Augusti*, der Lebenskraft des Kaisers, die 7 v. Chr. in allen 265 Distrikten (*vici*) der solcherart neu strukturierten Stadt Rom eingerichtet ist, entspricht nämlich der Verehrung des *Genius* des Oberhaupts jeder Familie durch deren Mitglieder und gibt der guten Konstitution des Kaisers just jenen Stellenwert für den Staat, den die ungebrochene Energie des *pater familias* für seine Angehörigen besitzt. Von hier aus besehen, bekommt auch Suetons Nachricht über die Delegation nach Antium klarere Konturen. Denn es ist genau die Schicht der ›kleinen Leute‹, die den *Genius Augusti* zusammen mit den traditionellen Schutzmächten der Wegkreuzungen, den *Lares compitales* (die bereits in einer Inschrift von 59 v. Chr., also unabhängig von Augustus, den Beinamen *Lares augusti* – ›erhabene Laren‹ – tragen, CIL 1,753), verehrt und dabei durch Clubs hinreichend organisiert ist, um zu den beschriebenen Aktionen in der Lage zu sein. In dieser Zusammenschau könnte das Compitalfest Anfang Januar 2 v. Chr. sogar den Auslöser, der Kult des *Genius Augusti* den ideellen Ursprung des neuen Ehrennamens gebildet haben. Er schlösse dann zusätzlich noch die Komponente sozialer Fürsorge ein, da man den *Genius Augusti* in der Gesellschaft der *Lares* und im Milieu der Compitalvereine gedanklich mit solchen Belangen verband.

Auch im Fall dieser Kultorganisationen agierte Augustus in aufschlußreicher Weise: Ein Verbot der als Protestzentren bekannten Clubs, das in der Vergangenheit mehrfach erlassen und von ihm selbst zunächst nach Unruhen 22 erneuert worden war, hielt er offenbar nicht für eine Dauerlösung. Viel eher ging er daran, sich der Mißstände – so bei der Getreide- und Wasserversorgung oder der Bekämpfung von Bränden, die in den mehrstöckigen Mietshäusern besonders gefährlich waren – anzunehmen und die Menschen für sich zu gewinnen. Die Ehrung als *pater patriae* dürfte er als Lohn für solche Mühen und Anerkennung der nicht unbeträchtlichen Anstrengungen empfunden haben. So haben wir weder Grund zu vermuten, die von Sueton (Aug. 58,2) berichtete Rührung des Kaisers sei nicht ehrlich gewesen, noch zu bezweifeln, daß er in diesem Moment die Krönung seiner Laufbahn sah. Wie er in der Danksagung artikuliert, von hier aus bleibe ihm kein Wunsch außer der Bewahrung der gegenwärtigen Harmonie mehr offen (Suet. Aug. 58,2), so markiert er in den *Res Gestae* die Epiklese dadurch als Gipfel, daß er sie ganz ans Ende des Textes rückt (RG 35): Eine Steigerung ist mithin nicht denkbar. Zugleich aber stellt er ausdrücklich klar, daß er sich nicht von weiterem Einsatz entbunden oder der öffentlichen Kontrolle entzogen sieht. Der künftige *consensus* der Senatoren ist erhofft, aber nicht gewährleistet, das Volk darf auch weiterhin Forderungen stellen und wird wenige Monate später, anläßlich der Einweihung des *Forum Augusti* (12. Mai 2 v. Chr.), sogar eigens daran erinnert (Suet. Aug. 31,5).

Die Fürsorge des Kaisers einerseits, die sakralen Elemente andererseits vermögen das Bild des von Augustus schrittweise kreierten Systems abzurunden. Im ersten Fall bildet erneut ein längst etabliertes politisches Konzept den Ausgangspunkt. So sah man die Rolle der Amtsträger im Verfassungsgefüge speziell als »Sorge für die öffentlichen Angelegenheiten« (*cura rei publicae*). Was bei hohen Magistraten und Volkstribunen als Globalauftrag der Wählerschaft verstanden wurde, konnte von hier aus auf den Inhaber der *tribunicia potestas* übertragen werden, wenngleich die Jahre 22 und 20 noch verdeutlichen, daß dies nicht sofort geschah, da man damals eine eigene Zuweisung der »Sorge um Brotgetreide« (*cura annonae*, aufgrund vorangehender Versorgungsengpässe) sowie der »Sorge um die Wege« (*cura viarum*) an den Kaiser für erforderlich hielt. Daß manche Bereiche ständiger Betreuung bedurften, war per se ebenfalls eine vertraute Erscheinung, hatten niedrige Magistrate doch eingeschränkte Sachressorts und legte der Senat zudem für die höheren jährlich eigens einen Katalog von Aufgabenfeldern (*provinciae*) an, der neben akut zu bewältigenden Problemen eine Reihe wiederkehrender Tätigkeiten enthielt. Kombiniert mit dem Stellvertreterprinzip (vgl. *legati*) erlaubten all diese Bausteine die im Jahr 20 beginnende Entwicklung einer neuen Art von Posten. Statt sich mit der bisher praktizierten Intervention in Krisensituationen zu begnügen, wurde die Sicherung der Grundbedürfnisse der Bevölkerung jener Millionenstadt, zu der Rom längst geworden war, sodann auch der Menschen in Italien nun planmäßig betrieben und dazu eine Reihe offizieller Funktionen geschaffen. Abgeleitet von der kaiserlichen Universal-*cura* trugen sie für einzelne Belange »Sorge« (*cura*), richteten ihr Augenmerk auf das Vorhandensein von Getreide (*cura annonae*, seit 20), überwachten Brunnen und Wasserleitungen (*cura aquarum*, seit 11), kümmerten sich um die Regulierung des Tiber, die Stabilität seiner Ufer und die Vermeidung von Überschwemmungen (*cura alvei Tiberis*, wohl erst unter Tiberius) und kontrollierten die Ausführung öffentlicher Bauaufträge (*cura operum publicarum*) oder speziell das Straßennetz Italiens (*cura viarum*, seit 20). Die Inhaber gehörten anfangs zu den Senatoren, später den Rittern; die Vergabe erfolgte durch den Kaiser, wobei Augustus offenbar den Senat in den Vorgang einbezog. Wie bei anderen Stellvertretern blieb die Dauer der Tätigkeit unbestimmt. Valerius Messala, die ›Stimme des Senats‹ am 5. Februar 2 v. Chr., war fast fünfundzwanzig Jahre ›Direktor der Wasserwerke‹. Auch Defizite bei der öffentlichen Sicherheit und die Gefährdung durch Feuer entgingen nicht Augustus' Aufmerksamkeit. Neben seiner Garde, die als seine Begleitmannschaft nicht immer in Rom war, wurden weitere Ordnungskräfte ins Leben gerufen, schließlich, nach einem Großbrand von 6 n. Chr., auch die *vigiles*, die mit 3500 Mann eine weit effektivere Feuerwehr darstellten als jene 700 Sklaven, die unter der Leitung der Vorsteher der Compitalvereine als erste Lösung gedacht waren.

Daß ein seit mindestens einhundert Jahren bestehender Reformstau nun innerhalb weniger Jahre behoben werden konnte, war neben Augustus' Engagement dem neuen politischen System geschuldet. Dadurch nämlich wurden die benötigten *curae* aus dem Konkurrenzkampf der Oberschicht um Posten und Einfluß gelöst, mithin entpolitisiert, versachlicht und verstetigt. Ein Mittel zum Prestigegewinn bildeten sie hinfort einzig für den *princeps*.

Wie aber sieht es mit dem Entrücken dieses ›besten Römers‹ und Mandatars des Volkes in überirdische Sphären, kurz mit dem sogenannten ›Kaiserkult‹ aus? Um den Stellenwert des Phänomens richtig einzuschätzen, ist es wohl am wichtigsten, sich die folgenden Sachverhalte klarzumachen. Im Kern laufen sie darauf hinaus, daß die Verehrung eines Menschen als höheres Wesen für die Zeitgenossen bei weitem nicht so spektakulär war, wie man sie heute wohl spontan empfindet. Daß nach damaliger Auffassung göttliche Kräfte permanent und alltäglich in die Welt hineinwirkten, jene Götter, denen von Staats wegen Kulte eingerichtet waren, zudem die Römer als »frömmstes Volk« unterstützten und vor Gefahren warnten, also in den Geschichtsverlauf eingriffen, läßt sich dabei als eine Hauptkomponente nennen, sakrale Handlungen mit Bezug zu einer lebenden oder verstorbenen Person als eine zweite. Bereits die ›Vergöttlichung‹ des ermordeten Caesar, seine Wandlung zum *Divus Iulius* war per se kein Novum. So erscheint es Cicero in seiner in den späten fünfziger Jahren verfaßten Schrift »Über die Gesetze« keiner Erklärung zu bedürfen, wenn er als Norm formuliert: ›Die eigenen Verstorbenen soll man als *divi* betrachten/behandeln!‹« (2,22). Beim selben Autor wird zugleich ersichtlich, daß es nur insoweit eine Grenze zwischen *divus* und *deus* gibt, als ersterer ein Gott speziellen Typs ist. Damit freilich zeigt sich Augustus' Namenszusatz »*filius* eines *divus*« in neuem Licht: Er präsentiert seinen Träger nämlich nicht, wie man vielleicht vorschnell annehmen könnte, als Sohn jenes einzigartigen Individuums, das exzeptionellerweise nach seinem Tod zur himmlischen Macht geworden ist. Statt ihn über die gewöhnlichen Sterblichen zu erheben, unterscheidet er Augustus nur darin von den anderen, daß dessen Vater Caesar für sämtliche (!) Römer und nicht allein für seine Nachkommen der kultisch zu ehrende Ahnherr war, was sehr konkret aus dem Status des Dictators als »Vater des Vaterlandes« hergeleitet und in seiner Aufnahme unter die Staatsgötter umgesetzt wurde. Daß auch der Kult des *Genius Augusti* dem Sakralgeschehen in den Familien entnommen war, haben wir uns bereits angesehen. Nochmaliger Hervorhebung wert ist jedoch die Tatsache, daß sich zwar nicht der Teilnehmerkreis, sehr wohl jedoch das Kultobjekt glich. So besaß jeder Mann einen *Genius*, jede Frau eine *Iuno* als in ihnen wirkende Vitalkraft.

Ähnlich bruchlos entwickeln sich weitere Formen des ›Kaiserkultes‹ aus der Tradition heraus. Eine für Rom charakteristische Vorstellung ist dabei die des körperlosen *numen*, jener überirdischen Kraft, die allein in den von ihr hervorgerufenen Vorgängen auf Erden sichtbar wird und sich für Cicero im Politischen beispielsweise in einstimmigen Beschlüssen des Senates manifestiert (Phil. 3,13,32). Daß vermittels des Kaisers eine unerklärliche segensreiche Macht auf das Geschick der Römer einwirkt, wird mit dem Kult des *numen Augusti* zum Ausdruck gebracht. Während hier die göttliche Seite weder Namen noch Gestalt besitzt, kann ein vergleichbares Konzept auch mit anthropomorphen Gottheiten verbunden werden. Dann läuft es auf eine Nahbeziehung des Kaisers zu speziellen Gestalten aus der Riege der Unsterblichen und seine Begünstigung durch diese hinaus.

Obschon die Konstruktion helfender Götter bei Augustus nicht gänzlich fehlt, wird sie auffallend zurückhaltend ausgestaltet. Um dies noch genauer einschätzen zu können, bieten sich Vergleiche an. So verdeutlichen Akteure wie Scipio Africanus, Sulla und Sertorius, wie das Auftreten eines »göttlichen Mannes und Lieblings der Götter« (Polyb. 10,2) hätte aussehen können – und wie Augustus gerade nicht (!) auftrat. Während Scipio die eigenen politischen Vorschläge sowie Schlachtpläne als göttliche Eingebungen – sei es im Traum empfangen oder durch Stimmen vermittelt (Polyb. 10,2; 10,11; Liv. 26,19,4; 26,41,18) – darstellte und seine Behauptung noch dadurch untermauerte, daß er sich ohne Zeugen immer wieder im Tempel des *Iuppiter Optimus Maximus* auf dem Kapitol aufhielt (Liv. 26,19,6), führten die Kontrahenten des ersten Bürgerkrieges diese beiden Inszenierungsmöglichkeiten fort: In seinen Memoiren verbreitete Sulla unter anderem die Geschichte der Kämpferin Aphrodite, die ihm ihre Unterstützung vor dem Gefecht gegen die Truppen des Mithradates bei einer Inkubation (dem Schlaf in einem Orakeltempel) angekündigt hätte (App. bell. civ. 1,97,455); Sertorius aber gab vor, im Traum Botschaften der Artemis durch eine weiße Hirschkuh zu empfangen, die er seinen Truppen auch in natura gelegentlich präsentierte (Plut. Sert. 11). Davon heben sich die Traumerzählungen in Augustus' Autobiographie markant ab. Obschon die Rettung unseres krank darniederliegenden Protagonisten bei Philippi eine übernatürliche Ursache zugewiesen bekommt, ergeht die Warnung vor der Gefahr, die ihm durch die bevorstehende Eroberung des Lagers seitens der Feinde droht, nicht an ihn, sondern an seinen Arzt, so daß just das Element der direkten Zuwendung der Minerva und eines exklusiven Verkehrs zwischen Gott und ›Übermensch‹ vermieden wird (Val. Max. 1,7,1; Plut. Ant. 22,2; Brut. 41,7; App. bell. civ. 4,110,463). Nicht weniger instruktiv ist der einzige ausführliche Bericht, der einen eigenen Traum des Kaisers zum Gegenstand hat (Suet. Aug. 91,2; Cass. Dio 54,4,2f.). Er wird nämlich nachgerade zu einer Aussage verwendet, die der Nutzung solcher nächtlichen Götterauftritte durch Scipio und Co. diametral entgegensteht. Augustus stellt mit der Schilderung seines Traums klar, daß der von ihm im Jahr 23 gestiftete und 22 geweihte

Tempel des *Iuppiter Tonans*, der aufgrund seiner ›modernen‹ Gestaltung in Marmor und seines Bezugs zum Herrscher einen großen Zulauf hatte, dem alten Heiligtum der kapitolinischen Trias und dem obersten Gott Roms, dem *Iuppiter Optimus Maximus*, in einer dienenden Funktion zugeordnet sei.

Daß Sueton den gesamten Themenkomplex unter *religio*, also der ehrfürchtigen Scheu vor höheren Mächten, verbucht, harmoniert damit ebenso wie die Rolle als Sakralfachmann und Kultfunktionär, die Augustus gerne einnahm. So ließ er sich mit entsprechenden Attributen darstellen und gehörte neben den *pontifices* (siehe S. 88) seit 41 den *augures*, seit etwa 37 den *quindecimviri sacris faciundis*, noch vor 16 den *septemviri epulonum* sowie dem eigens wiederbelebten Verein der *fratres Arvales* (spätestens 21) an (RG 7). Wenn der Kaiser immer wieder auf die gewissenhafte Einholung und Beachtung der Vorzeichen (*auspicia*), die Ablegung von Gelübden (*vota*; von ihm und für ihn: RG 4; 9), generell die Erfüllung der Pflichten gegen die Götter (*pietas erga deos*) verweist, so steht dahinter eine Erklärung der Erfolge, bei welcher der Begünstigte als nicht mehr denn ein vorbildlicher Römer erscheint. Denn in deren Kultur ging man von der Verläßlichkeit der Gottheiten aus, die dort vertragstreu waren, wo die Menschen ihrerseits ihren Teil der Abmachung erfüllten.

In Sachen ›Kaiserkult‹ etwas anders lagen die Dinge in den Provinzen, besaß doch die Verleihung kultischer Ehren an »Wohltäter« speziell in der griechischen Welt eine bis ins 5. Jahrhundert zurückzuverfolgende Tradition. In den Großreichen des Hellenismus wurde zudem eine Bindung an die Könige mit sakralen Mitteln gestiftet. Schon sehr früh und selbstverständlich war auch römischen Generälen und Statthaltern in dieser Weise gehuldigt worden. Allzuviel Regulierung seitens des Kaisers erwies sich deshalb als unnötig bis schwierig, weil man den Provinzstädten bei der Gestaltung ihrer inneren

Angelegenheiten weitmöglichst Autonomie beließ. So wurden wohl primär für den Kult auf der Provinzebene Direktiven erteilt und dabei darauf geachtet, daß Augustus einzig im Verbund mit der Personifikation der römischen Macht, der *dea Roma*, Tempel und Altäre geweiht bekam (Suet. Aug. 52). Daß es hier vorrangig um eine Bekundung politischer Loyalität ging, war durch diese Kombination offenkundig.

Ob und in welchem Maß religiöses Gefühl bei der Verehrung des Herrschers im Privatbereich mitschwang, läßt sich dagegen kaum bestimmen. Unterstreichen sollte man jedoch, daß die römische Gesellschaft eine klare Unterscheidung traf zwischen den *sacra publica*, also sakralen Handlungen im Auftrag und zum Wohl der Gemeinschaft sowie aus deren Mitteln, und den *sacra privata*, in die sich der ›Staat‹ in der Regel nicht einmischte (Festus 318 Lindsay; Liv. 1,20.6). Die für letztere benutzten Formen müssen daher auch beim ›Kaiserkult‹ nicht zwangsläufig den offiziellen Vorgaben entsprechen. Insgesamt läßt sich dessen Verhältnis zu den anderen Komponenten des Principats in etwa wie folgt bestimmen: So gut es möglich war, der Akzeptanz des Herrschers mit sakralen Mitteln Ausdruck zu verleihen, so wenig vermochte ein Glaube an dessen ›Göttlichkeit‹ fehlende Leistung zu kompensieren. Nicht einmal eine Stilisierung wie die Scipios hatte – wohl nicht zuletzt dank Augustus – bei römischen Kaisern Erfolg: Als Caligula den Eindruck erwecken möchte, er rede in dessen Tempel unter vier Augen mit Iuppiter, trägt das nicht unwesentlich zu seinem Ruf als Größenwahnsinniger oder Irrer bei (Suet. Calig. 22,4).

Die in der Überschrift aufgeworfene Frage, was ein römischer Kaiser sei (und auch was er nicht ist), läßt sich demnach, wenngleich vielleicht ungewohnt komplex, beantworten. Über zwei weitere offene Streitfälle wird sich die Leserschaft jedoch selbst ein Urteil bilden müssen. Hier können –

und sollen – ihr abschließend nur einige Denkanstöße zu eigenem Grübeln geboten werden. Der erste Punkt betrifft die Zuordnung des Principats zu einem Grundtypus von Verfassung. Angesichts der dominanten Forschungsmeinung heißt das konkret: zu entscheiden, ob das System ›Monarchie‹ zu nennen ist oder nicht. Im zweiten Fall geht es darum, sich zu überlegen, was Augustus selbst für sich angestrebt hat, ob er Alleinherrscher, ob er ›Kaiser‹ sein, ob er ›die Macht‹ (und welchen Grad von Macht und in welcher Form) haben und zeitlebens behalten wollte oder ob er vielleicht ernsthaft irgendwann sogar davon träumte, sich aus der Öffentlichkeit wieder zurückzuziehen.

Was die Klassifizierung des Kaisertums anbelangt, so liegt das Grundproblem seiner Etikettierung als Monarchie selbstredend nicht darin, daß es später einmal (erstmals 161 n. Chr.) auch mehrere gemeinsam regierende Kaiser gab (Diskussion dieses Pseudo-Einwandes bei Cass. Dio 53,17,1). Vielmehr birgt der Begriff das Risiko, die Eigenart einer Konstruktion aus dem Blick zu verlieren, bei welcher der ›Monarch‹ sich vollständig im Bezugsrahmen der Republik bewegt. Diese Feststellung betrifft wohlgemerkt gerade auch die Ebene seiner Legitimation. Letztendlich dauert es fast fünfhundert Jahre, bis der römische Kaiser nicht mehr derjenige ist, den die römische Bürgerschaft mit Befugnissen ausstattet, und der seine Stellung permanent über Leistungen für die Gemeinschaft zu rechtfertigen hat. Erst bei Iustinian und seinem Gesetzgebungswerk, dem im 16. Jahrhundert so benannten *Corpus Iuris Civilis*, ist beispielsweise aus der *lex de imperio* ahistorisch ein einmaliger Vorgang geworden, bei dem der *populus Romanus* sich aus der Politik verabschiedet und die Macht dauerhaft an einen Kaiser delegiert haben soll (CJ 1,17,1,7). Ebenso sieht sich im Jahr 534 – aber erst zu diesem Zeitpunkt – der *imperator* als Quelle des Rechtes und führt dies auf seine Einsetzung durch

Gott zurück (Iust. const. deloken praef. und 21 ff.). Wie markant das von der Situation unter (und noch lange nach) Augustus abweicht, verdeutlicht ein juristisches Lehrbuch des Jahres 161 n. Chr.: Hier wirken neben dem Kaiser weiterhin viele Kräfte (Volk, Senat, Amtsträger, Rechtsgelehrte) auf diesen Lebensbereich gestaltend ein, vor allem aber ist die zentrale Größe und der Referenzpunkt des Systems mitnichten die kaiserliche Verordnung, sondern die *lex*, der Beschluß des *populus Romanus* (Gai. 1,2–7). Demgemäß firmieren bis in das 5. Jahrhundert die Römer denn auch in den Quellen als politische Akteure, als *cives Romani*, und werden erst dann allmählich als »Untertanen« (*subiecti*) eingestuft.

Ist bereits bei der Etikettierung des Principats als Monarchie zur Vermeidung falscher Assoziationen Vorsicht und in jedem Fall eine genauere Erklärung geboten, so gilt dies noch viel mehr, wenn man Augustus selbst ins Spiel bringen will. Gleichwohl ist es nicht nur bei antiken Autoren eine recht verbreitete Erscheinung, unserem Protagonisten (sowie seinen Kontrahenten) als Motiv der Bürgerkriege das Streben nach Alleinherrschaft zuzuschreiben, welche er sich dann als Kaiser durch deren Verbrämung als Principat dauerhaft zu sichern gewußt hätte. Je nach der angesprochenen Lebensphase sind die Einwände gegen solche Deutungen unterschiedlicher Natur. Die wesentliche Zäsur liegt dabei wohl etwa um 17 v. Chr. und dürfte von Augustus selbst erkannt worden sein. Am 23. Mai 17 läßt er nämlich ein »neues Zeitalter« beginnen und sogenannte Saecularspiele feiern, die zwar als alter Brauch präsentiert werden, vorher jedoch nur schlecht bezeugt sind. Mit einem Chorlied für diese Feier wurde Quintus Horatius Flaccus, der sich zunächst auf Seiten der Attentäter befunden hatte, später jedoch zum Kreis der von Maecenas geförderten Dichter rechnete, beauftragt. Mit Blick auf die Ausgestaltung des Kaisertums und Augustus' Biographie markiert das Jahr 17 den Zeitpunkt einer relativen Konsolidierung, da 18 die erste Verlängerung des *imperium proconsulare* geglückt ist und die auf die Niederlegung des Consulats im Juni 23 folgenden Wahlunruhen überwunden sind, die *tribunicia potestas* sich also ebenfalls langsam etabliert hat.

Was die Periode vor diesem Einschnitt anbelangt, so führt die Frage nach Augustus' politischen Intentionen sogar auf nicht weniger denn ein Grundproblem von Geschichtsschreibung wie Geschichtswissenschaft. Einerseits nämlich bedarf es, um Dinge historisch betrachten zu können, zwingend einer gewissen zeitlichen Distanz und des Blicks auf Ereignisverläufe von deren Resultat her, mithin aus der Retrospektive; andererseits aber birgt eine solche Rückschau dort ein nicht unbeträchtliches Risiko, wo die Zielsetzungen oder die Bewußtseinslage der Akteure in einem spezifischen Moment des Geschehens analysiert werden sollen. Nicht leicht widerstehen läßt sich nämlich der Verlockung, den tatsächlichen zukünftigen Ausgang rückzuprojizieren und als gewollt auszugeben. Wenn man diese Gefahr zur Gänze realisiert, so reichen meines Erachtens im Falle des Augustus die Indizien aus, um eine alternative Interpretation vorzuschlagen und sich klar gegen einen vom Jahr 44 an angeblich verfolgten Masterplan zur Begründung einer Monarchie und statt dessen für Experimente und der jeweiligen Situation entspringende, teils von der weiteren Entwicklung überholte Entscheidungen auszusprechen. Ob das oben in diesem Sinn Entwickelte – so für den April/Mai 44 beispielsweise das Bild des jungen Mannes, der seine Selbstachtung zu wahren sucht, dem Vertrauensbeweis Caesars gerecht werden möchte, seinen baldigen Tod dabei seinerseits für wahrscheinlich hält, aber ›einen starken Abgang‹ haben will, um auch denen, die jetzt auf ihn herabschauen, Respekt abzunötigen – zu überzeugen vermochte, wird die Leserschaft zu entscheiden haben.

Anders gelagert sind die Schwierigkeiten für die letzten drei Lebensjahrzehnte des ›Kaisers‹ und die Frage, wie er zu der von ihm erworbenen Stellung stand. Hier nämlich läßt sich kaum stringent beweisen, welche Auffassung vom Charakter unseres Protagonisten richtig ist. Dennoch wird jeder/jede von uns sich ganz subjektiv für eine der beiden folgenden Lesarten entscheiden: Man kann Augustus als den meisterhaften Politikstrategen sehen, der klug und kontrolliert genug ist, die von ihm begehrte Macht nicht zu mißbrauchen und sie für die Umwelt akzeptabel zu gestalten, um sie dadurch zu stabilisieren. Man kann ihn aber auch als Mann auffassen, den nicht eigentlich Macht, sondern die Möglichkeit zur Umsetzung seiner zahlreichen Ideen und Anwendung seines Organisationstalents interessiert, der dabei stets neue Betätigungsfelder entdeckt und auch deutliche Tendenzen zum Workaholic entwickelt, was etwa an seinem Eßverhalten mit nebenbei konsumierten Snacks markant zutage tritt (Suet. Aug. 76). Die eigene Unverzichtbarkeit hat er sich freilich keineswegs bloß eingebildet, so daß auch die Aktivität bis zum letzten Atemzug kein Argument für die Diagnose von ›Machtgier‹ ist. Zu Augustus' Zeit war der Principat nämlich noch nicht von seiner Person zu trennen, vielmehr eine Stellung und Rolle, die er allein glaubhaft einnehmen respektive ausfüllen konnte. Was im Falle seines Todes passieren würde, mußte ihn daher zu Recht beunruhigen.

Fast wäre es bereits 23 v. Chr. (und zwar noch vor der Neuregelung der zivilen Befugnisse mittels *tribunicia potestas*) soweit gewesen. Die Überanstrengung des Spanienfeldzugs hatte längerfristig zu einer Erkrankung geführt, die nicht mehr heilbar erschien. Nur eine der Standardtherapie diametral entgegengesetzte Behandlung durch den Arzt Antonius Musa rettete Augustus das Leben (Cass. Dio 53,30,2). Daß der Mediziner dafür aus Spenden erleichterter Römer eine Statue gleich neben der des Gottes Asklepios bekam (Suet. Aug. 59), verdeutlicht noch einmal, daß man solche Befunde – etwa die Aufstellung von Standbildern des Bauherrn Agrippa und des Augustus in der Vorhalle des 25 eingeweihten Pantheon – nicht in Richtung einer Überhöhung interpretieren sollte, die sich die ›Herrscher‹ vorbehielten. So wie Augustus gleich nach seiner Genesung vor allem daran gelegen war, den Verdacht auszuräumen, er habe in seinem Testament einen politischen Erben bestimmt (Cass. Dio 53,31,1), blieb er bei allen folgenden Vorkehrungen seinem Programm der Verfassungskonformität treu: Er beschränkte sich mithin darauf, verschiedenen Familienangehörigen die Möglichkeit zu eröffnen, breiten Kreisen bekanntzuwerden und sich über außergewöhnliche Leistungen zu profilieren. Dazu wurde besonders Agrippa mehrfach ein *imperium proconsulare extra ordinem* sowie die *tribunicia potestas* zuerkannt. Einen positiven Nebeneffekt dieser Praxis machen sich noch die *Res Gestae* zunutze, ließ sich doch nun unterstreichen, Augustus habe sich sogar bei den Amtsgewalten, bei denen *collegae* weder erforderlich noch bisher üblich waren, für einen gleichberechtigten Partner entschieden (RG 6). Auch die Heranziehung mehrerer Personen ergibt aus dieser Perspektive besehen Sinn. Zum einen war nicht prognostizierbar, wann der Ernstfall eintreten würde, so daß Kandidaten verschiedenen Alters bereitstehen mußten. Zum anderen wurde damit der Eindruck des Wetteiferns um den Rang des ›Besten‹ ebenso erzeugt wie der einer Wahlmöglichkeit. Einzig die solcherart Geförderten scheinen mit der Konkurrenzsituation nicht immer gut zurechtgekommen zu sein.

Daß gerade beim Aufbau potentieller Ersatzleute die Pläne des Kaisers wiederholt von Todesfällen durchkreuzt wurden, hat bereits in der Antike Argwohn erregt. Es starb nicht bloß der etwa gleichaltrige Freund und (seit 21) Schwiegersohn Agrippa bereits zwischen dem 19. und 21. März 12 v. Chr; es

starben auch jene beiden Söhne, die dessen Ehe mit Augustus'
Tochter Iulia entstammten und die er 17 v. Chr. – Gaius war da
gut zwei Jahre alt, Lucius soeben erst geboren – Augustus zur
Adoption überlassen hatte, so daß sie als Nachkommen des
›Kaisers‹ großgeworden sind; es starb zudem Ende 9 v. Chr. mit
Nero Claudius Drusus jener Junge, mit dem Livia bei ihrer
Hochzeit (38) schwanger war und bei dem Gerüchte über eine
Vaterschaft des Augustus umliefen. All diese Personen verfügten über einige Popularität, wenngleich es trotz aller Anstrengungen des Augustus, seine Sprößlinge ›normal‹ zu erziehen,
weder Gaius und Lucius Caesar noch ihre Mutter Iulia psy-
chisch gut verkraftet hatten, als Kinder des *princeps* aufzu-
wachsen und von der Mitwelt hofiert zu werden. Von Iulia
überliefert die Antike etwa das spöttische Diktum, ihr Vater
habe noch nicht recht kapiert, daß er Caesar sei, sie selbst jedoch wisse sehr wohl, was es heiße, Tochter des Caesar zu sein
(Macr. Sat. 2,5,8). Daß Gaius und Lucius Caesar tatsächlich die
idealen Sachwalter von Augustus' politischem Erbe gewesen
wären, ist daher keineswegs sicher. Ob ihr früher Tod im Alter
von zweiundzwanzig (Gaius, am 21. Februar 4 n. Chr.) und
achtzehn (Lucius, am 20. August 2 n. Chr.) ein natürlicher war,
ist ebenso schwer aufzuklären wie das exakte Profil des Skan-
dals, der Ende 2 v. Chr. zur Verbannung Iulias führte. Daß sie
als siebenunddreißigjährige Frau und sechsfache Mutter in einer spätpubertären Trotzreaktion gegen ihren Vater rebellierte
und ihm durch sexuelle Eskapaden zu schaden suchte, ist allerdings wenig wahrscheinlich. Weit eher dürfte sie, zusammen
mit einem Sohn des Marcus Antonius und der Fulvia namens
Iullus Antonius, der in seiner Jugend bei Octavia gelebt hatte
und mit deren Tochter Claudia Marcella verheiratet war, politische Pläne verfolgt haben. Daß dieser Verrat Augustus stärker
schmerzte als sämtliche Verluste an Angehörigen, ist nachvollziehbar. Gegen seine Gattin Livia, deren älterer Sohn aus erster

Ehe (damit aus der *gens* der als hochmütig verschrienen Claudier) der Profiteur der zahlreichen Begräbnisse im Haus der Caesaren war, hegte er jedoch offenbar, anders als mancher antiker Historiograph, keinen Verdacht. Daß Augustus diesen Tiberius Claudius Nero nur sehr widerwillig in eine Position brachte, in der er der neue *princeps* werden konnte, hat eher mit Hellsichtigkeit als mit der Bevorzugung der eigenen Blutlinie zu tun. Dem 4 n. Chr. adoptierten Tiberius, der fraglos ein befähigter General und als solcher für Augustus im Alter unverzichtbar war, fehlten nämlich sowohl das Talent, Menschen für sich einzunehmen, als auch politisches Fingerspitzengefühl, damit aber wesentliche Voraussetzungen, um den Principat im Stile des Augustus fortzuführen.

Daß freilich genau dies den erfolgversprechendsten Weg darstellte, war Augustus im Verlauf seines Lebens zur Gewißheit geworden. In der Fernwirkung hat er damit sogar noch Männer wie Galba inspiriert, die sich gegen jene andere Konzeption des Kaisertums als hellenistische Monarchie wandten, mit der Nero als letzter entfernter Verwandter des Augustus geliebäugelt hatte. Ob Augustus tatsächlich, wie er es sich gewünscht hatte, im Vertrauen darauf sterben konnte, das Gemeinwesen auf solide Grundlagen gestellt und Linien vorgegeben zu haben, denen man nach seinem Tod folgen würde (Suet. Aug. 28,2), ist nicht überliefert und angesichts seiner bis zum letzten Atemzug anhaltenden Sorgen sogar eher zweifelhaft. Getrogen freilich hätte ihn eine solche Hoffnung im Ganzen gesehen nicht.

5 Der Neuerer und seine Erfolgsbilanz

Ein Epilog

Fast sechsundsiebzig Jahre ist Augustus alt geworden. Selbst wenn man seine relativ lange Lebenszeit bedenkt, wird man nicht umhin können, von der schieren Zahl seiner politischen Projekte, seinem Arbeitseifer und seiner Kreativität beeindruckt zu sein – ganz besonders, wenn man in Rechnung stellt, daß seine Leistungsfähigkeit immer wieder durch Krankheiten eingeschränkt wurde. Die Gesamtheit der in Angriff genommenen Themen zu entfalten, kann im Rahmen dieses Bändchens nicht geleistet werden und ist deshalb auch nicht intendiert, weil nicht alle für die Person und historische Bedeutung des Augustus aussagekräftig sind, denen hier unser Hauptaugenmerk gelten soll. Einen Eindruck von der Art seines Wirkens im Inhaltlichen wie in der Vorgehensweise sollten aber bereits jene zukunftsweisenden Reformen vermittelt haben, die ausführlich vorgestellt wurden. Als behutsam und geschickt vorangebracht kann man die Maßnahmen ohne weiteres charakterisieren, als konservativ oder traditionell freilich keineswegs. So hat Heinz Bellen 1984 ganz zu Recht auf den Aspekt des Neuen in der Regierung des Kaisers hingewiesen. Ein Beispiel dafür, daß die Zeitgenossen gelegentlich damit überfordert waren, haben wir bei der Erbschaftssteuer ebenfalls schon kennengelernt.

Gegenstand heftiger Kontroversen waren auch Gesetze zu einer Materie, bei der Augustus selbst 18 v. Chr. – also zur Vorbereitung der »Neuen Zeit« – die ersten Anträge an die Bürgerschaft gestellt hatte. Es geht um rechtliche Regelungen zu Sexualverhalten und Ehe, die Angelika Mette-Dittmann eingehend analysiert hat. So können wir uns hier auf wenige Sätze beschränken. Eigens hervorhebenswert ist zum einen die

Bereitschaft des Kaisers, auf Kritik einzugehen und nicht pra-
xistaugliche Regeln zu modifizieren. Zum anderen wird man
sich gerade hier daran zu erinnern haben, daß eine Bewertung
von ›Fortschritten‹ oder ›Rückschritten‹ allenfalls vom Niveau
der Zeit her, nicht von dem heute Vertrauten sinnvoll ist. So
ist es selbstredend für Menschen der westlichen Welt des
21. Jahrhunderts befremdlich, daß der freiwillige Geschlechts-
verkehr unter Erwachsenen als Straftatbestand behandelt
wurde, falls die Sexualpartnerin keine Prostituierte und besonders, wenn sie anderweitig verheiratet und Angehörige der
Oberschicht war. Die Einführung von Gerichtsverfahren erweist sich freilich dann klar als Akt der Modernisierung, wenn
man die Ausgangslage kennt. Vor Augustus' *lex Iulia de adulteriis coercendis* war Ehemann wie Vater der ›untreuen‹ Frau
deren Tötung gestattet, die nun für den Gatten sogar rechtlich, beim Vater immerhin de facto ausgeschlossen und durch
den Rechtsweg ersetzt wurde. Zugleich hat man sich zu vergegenwärtigen, daß eine wirklich verläßliche Empfängnisver-
hütung damals ebensowenig existierte wie Vaterschaftstests,
so daß durch außereheliche Sexualkontakte einer empfängnis-
fähigen Frau stets das Eheziel legitimer Nachkommen gefähr-
det wurde. Das mußte gerade angesichts der Privilegierung
der Nachkommen von Senatoren, die seit Augustus klarere
Konturen bekam, den Eindruck eines Handlungsbedarfs erwecken. Einen solchen sah der Kaiser auch auf dem Feld der
Bevölkerungspolitik und hier erneut primär beim *ordo senatorius*. Dessen Reproduktionsverhalten durch Vorteile für Kin-
derreiche und Nachteile für Unverheiratete zu steuern erwies
sich als weitgehend aussichtslos. So anders in Rom der Katalog
konkreter Maßnahmen sein mußte (man kannte z.B. keine
Einkommenssteuer), so wenig wird man doch behaupten
wollen, Regierungen hätten die Grundidee komplett aufgegeben. Zu einer allgemeinen Konsolidierung der römischen

Gesellschaft dürfte das Gesetzespaket durchaus beigetragen haben.

Wenn Augustus in den Jahren 13/14 n. Chr. anläßlich der Anfertigung seines Leistungskatalogs auf sein Leben insgesamt zurückblickte, so konnte er darin zwar weiterhin ›Baustellen‹, aber auch vieles finden, für das ein befriedigendes Resultat erzielt war. An Verbesserungen zu arbeiten hat er niemals aufgehört, wenngleich er das Nachlassen seiner Kraft sehr wohl bemerkte. So ist er sogar im August 14 nicht nur, wie alle wohlhabenden Römer, vor der Sommerhitze aus der Stadt geflohen, sondern hat auf Capri und in Neapel noch öffentliche Termine wahrgenommen sowie seinen Adoptivsohn Tiberius, der zu einem Unternehmen auf der Balkanhalbinsel aufbrach, bis Benevent begleitet. Auf der Rückreise, so Sueton (Aug. 98,5), verschlechterte sich sein Gesundheitszustand rapide, so daß er in Nola Station machen mußte. Bereits dieser Weg, der sein letzter sein sollte, entsprach wohl dem, den sein leiblicher Vater Gaius Octavius 59 v. Chr. genommen hatte. Es dauerte nur noch wenige Tage, ehe Augustus am 19. August 14 n. Chr. »um die neunte Stunde« in kleinem Kreis verstarb (Suet. Aug. 100,1). Der Trubel, mit dem in Rom zu rechnen gewesen wäre, ist ihm erspart geblieben. In gewisser Weise war er zu seinen Wurzeln, in die Kleinstadt Italiens, und zu seiner Ursprungsfamilie zurückgekehrt.

Augustus' Leben war ganz anders verlaufen, als er es sich bei Antritt von Caesars Erbe vorgestellt hatte. Er war nicht der tragische junge Held Achilleus geworden, der die Künstler der Nachwelt inspirierte. Er war nicht infolge der fast tödlichen Krankheit des Jahres 23 v. Chr. wie Alexander vor Vollendung seines Werkes und im Bewußtsein gestorben, daß er kaum etwas hatte tun können, um ein neuerliches Chaos zu verhindern. Er war am Ende ein älterer, zutiefst erschöpfter Mensch, der alles erledigt hatte, was ein einzelner zu bewirken vermochte, und dem nun ein sanfter Tod beschieden war. So wurde sein Verlust spontan nicht heftig betrauert, im Lauf der Zeit aber umso stärker empfunden. Das alles war nicht nur für Augustus selbst besser – es war besser für Rom.

Augustus' Lebenslauf und sein politischer Werdegang

Phase 1: Kindheit und Jugend: Die ›obskure‹ Herkunft und die Verbindung zu Gaius Iulius Caesar und den Iuliern

23. 9. 63 v. Chr.   Unter dem Namen Gaius Octavius wird Augustus in Rom als jüngeres von zwei Kindern des Ehepaares Gaius Octavius (erster Senator der Familie, 61 Praetor) und Atia (Tochter des Marcus Atius Balbus und der Iulia, der Schwester Gaius Iulius Caesars) geboren.

59/58   Tod des Vaters / Wiederverheiratung der Mutter mit Lucius Marcius Philippus.

58–54/53   Aufenthalt beim Großvater Gaius Octavius in Velitrae. Grundschulausbildung.

54/53   Erstes Interesse des Gaius Iulius Caesar an den Kindern Atias aufgrund des Verlustes der eigenen Nachkommen.

54/53 – Ende 51   Aufenthalt bei Iulia, der Großmutter mütterlicherseits, in Rom.

Ende 51   Tod der Großmutter. *Laudatio funebris* als erster öffentlicher Auftritt beim Begräbnis.

50 – Anfang 46   Unterbringung bei Atia und deren Mann. Höhere Schulbildung und Einführung in das Milieu der Senatorenfamilien. Zwischenzeitlich unterbrochen von einem Aufenthalt auf dem Land wegen des Beginns des Bürgerkrieges (11. 1. 49) zwischen Caesar und Pompeius.

18./19. 10. 48 (?)   Anlegen der *toga virilis*.

Oktober 47   Erstes Amt im Dienst der Gemeinschaft: Wahl in das Sakralkollegium der *pontifices*. Teilnahme an Caesars Feldzug gegen Cato (Beginn Dez. 47) geplant, aber aus gesundheitlichen Gründen unmöglich.

46   Erste eigene Wohnung. Vermehrter Kontakt zu Caesar zwischen Juli und Nov.

Frühjahr 45   Reise zu Caesar nach Spanien, wo Augustus aber erst nach der Schlacht von Munda (17. 3.) eintraf.

April – Juli 45 Aufenthalt in der Umgebung Caesars.

Dezember (?) 45 Entsendung nach Apollonia zur Vorbereitung des Partherzugs und zum Studium der griechischen Rhetorik. Designierter Adjutant Caesars.

15.3.44 Tod Caesars bei Attentat.

April 44 Rückkehr nach Italien. Information über Status als Haupterbe in Caesars Testament und die testamentarische Adoption. Entschluß zur Annahme der Erbschaft.

Anfang Mai 44 Eintreffen in Rom. Anmeldung des Erbanspruchs. Name: Gaius (Iulius) Caesar.

Phase 2: Die ›Mission Caesar‹ (44–36) und die Zeit der Freistellung von den Regeln der Verfassung (27.11.43 – 13.1.27) sowie der »Erwerb der Allgewalt« in der letzten Auseinandersetzung mit Antonius (32–30)

Juni/Juli 44 Augustus versucht, sich als *suffectus* zum Volkstribunen wählen zu lassen.

20.–30.7.44 Ausrichtung der Spiele für *Venus Genetrix*. Erfindung eines Caesar-Sterns (*sidus Iulium*).

August 44 Beginn der Sondierungsgespräche in Städten Italiens.

Okt. 44 Anwerbung von Truppen in Campanien und Etrurien.

20.12.44 Beschluß des Senats stellt »Ehrungen« und »Dank« in Aussicht.

3./4.1.43 Beschluß des Senats, der für *Gaius Caesar pro praetore* die Aufnahme in dieses Gremium sowie die dortige Position regelt (bei Debatten: wie gewesener Consul; hinsichtlich *cursus*: wie gewesener Quaestor).

7.1.43 Erstes Führen der Insignien eines Imperiumsträgers (*fasces*).

15./16.4.43 Erste Imperator-Appellatio nach Gefecht von Forum Gallorum.

21.4.43 Kampfeinsatz in der Schlacht von Mutina gegen Antonius.

19.8.43 Erstes Consulat als *suffectus* zusammen mit Quintus Pedius. Vollendung des Adoptionsvorganges. Ab jetzt ganz offiziell: Gaius (Iulius) Caesar.

Ende Oktober Treffen mit Antonius und Lepidus (beide seit 29. 5.

alliiert) bei Bononia. Verlobung mit Clodia, einer Tochter von Antonius' Gattin Fulvia aus erster Ehe (Verbindung 41 gelöst).

27.11.43 Durch *lex Titia triumvir rei publicae constituendae* (zusammen mit Antonius und Lepidus) auf fünf Jahre. Alle Regeln der Verfassung sind zur Disposition gestellt.

Ende 43 Proskriptionen zur Vorbereitung des Feldzugs gegen die Attentäter. Gegner sollen aus Italien bzw. der politischen Öffentlichkeit entfernt werden. Dabei keine führende Rolle.

23.10.42 Erste Schlacht gegen die Attentäter Marcus Brutus / Gaius Cassius im Osten, die zweite drei Wochen später. Wegen Erkrankung wenig aktive Teilnahme.

41/40 Planung und Durchführung von Landverteilungen in Italien. Ausbruch eines zum Krieg eskalierenden Konfliktes mit Lucius Antonius und Fulvia. Wahl in das Sakralkollegium der *augures*.

Februar 40 Fall von Perusia.

Oktober 40 Vertrag von Brundisium. Verschwägerung mit Antonius.

Ende 40 Vorgang der Aufnahme Caesars unter die Staatsgötter abgeschlossen. Namenszusatz *divi filius*.

40/39 Ehe mit Scribonia, Ende 39 Geburt der Tochter Iulia.

August 39 Vertrag von Misenum. Im Anschluß: Planung der Vergabe des Consulats bis einschließlich 31.

17.1.38 Nach Scheidung von Scribonia Ehe mit Livia (Drusilla).

38 Beginn der Kämpfe mit Sextus Pompeius. Annahme der Bezeichnung Imperator Caesar.

Frühjahr 37 Vertrag von Tarent.

Winter 37 Triumvirat rückwirkend um weitere fünf Jahre verlängert. Um 37 *quindecimvir sacris faciundis*.

3.9.36 Sieg in der Schlacht von Naulochoi über Sextus Pompeius. Am 22.9. gewaltlose Ausschaltung des Lepidus. Erfolgreiche Beendung der ›Mission Caesar‹. Offizielle Erklärung des Endes der Bürgerkriege. Weihung eines Tempels der *pietas*. Verleihung des Rechtsschutzes, wie ihn auch ein Volkstribun genießt (*sacrosanctitas*).

Ende 36–34 Feldzug gegen Stämme in Dalmatien, dabei verwundet. Letzte Regelungen Anfang 33.

33 Zweites Consulat. Verstärkte Spannungen mit Antonius.

31.12.33 Ende der zweiten Periode des Triumvirats.

32 Drohende Anklage durch Consul Gaius Sosius. Beanspruchung der Fortdauer der *triumviralis potestas* über das Ende des Amtes hinaus. Eskalation des Konfliktes mit Antonius zum Krieg. In dessen Vorbereitung: Fahneneid der Bewohner Italiens (freiwillig) und der Westprovinzen (angeordnet). Kriegserklärung gegen das Ptolemaierreich.

31 Gemäß Planung von 39: Drittes Consulat.

2.9.31 Entscheidungsschlacht gegen Antonius und Kleopatra bei Aktion/Actium.

30 Viertes Consulat.

1.8.30 Einnahme Alexandreias. Im selben Jahr wohl Gründung von Nikopolis.

29 Fünftes Consulat.

13.–15.8.29 Dreifacher Triumph (über Dalmatien, wegen Actium, über das Ptolemaierreich).

18.8.29 Weihung des Tempels für den *Divus Iulius*.

29/28 Census. Dabei erstmalige vollständige Erfassung der Neu-Römer, die 90–87 den Bürgerstatus erhalten haben. Am 9.10.28 Weihung des Apollo-Tempels auf dem Palatin mit der zweiten öffentlichen Bibliothek Roms.

28/27 Sechstes und siebtes Consulat. Rückkehr zur Verfassungs-normalität 28 eingeleitet durch Census, Revision der Senatsliste (*lectio senatus)* und Hervorhebung der Gleichstellung des Kollegen im Amt, vollendet durch Geschehnisse des 13.–16.1.27.

Phase 3: Die Zeit der experimentellen Suche nach einer verfassungskonformen Einkleidung der eigenen Stellung (13.1.27 – Juni 23) und deren Stabilisierung (bis um 17)

13.–16.1.27 Senatssitzungen. Regeln der Verfassung wieder in Kraft gesetzt. Beginn der Ausgestaltung der eigenen Stellung im Rahmen der Verfassung mit Kombination von *imperium proconsulare* (nach Muster der außerordentlichen Imperien, speziell von 59/55, hierzu wohl im Januar oder Februar Beschluß der Bürgerschaft = *lex*) und

Consulat (jährliche Wiederwahl durch Bürgerschaft jeweils durch *solutio legum* seitens des Senats gestattet und bis einschließlich 23 durchgeführt).

16.1.27 Auf Antrag des Lucius Munatius Plancus durch Senatsbeschluß Verleihung des Ehrennamens Augustus. Name seitdem: Imperator Caesar Augustus. Ehrung durch den *clupeus aureus* in der *Curia*. Dadurch Rückbindung der außerordentlichen Befugnisse an kontinuierlich zu erbringende außerordentliche Leistungen und an Normen.

Juni 27 – 25 Aufenthalt in Gallien und Spanien. Feldzüge u. a. gegen die Kantabrer. Schwere Erkrankung. Rückkehr nach Rom vor 13.6.24.

23 Beinahe tödliche Erkrankung sowie Attentatsversuch aus dem Nahbereich. Davon ausgelöst: Neuordnung der Kompetenzen.

Juni 23 Niederlegung des Consulats. Als Ersatz: Verleihung der *tribunicia potestas* durch Bürgerschaft. Dadurch ausgelöst: Unruhen bis 19. Beharren auf Modell der Verfassungskonformität und Ablehnung gegenteiliger Angebote (vor allem 22 Dictatur; 19, 18, 11: *cura legum et morum summa potestate*). Überlegungen zur Schaffung eines Ersatzes im Todesfall: Dazu mehrfach Vergabe von *imperium proconsulare* (wohl erstmals 23) und *tribunicia potestas* (wohl erstmals 18) an Agrippa.

23 Einrichtung einer öffentlichen Bibliothek in der Säulenhalle der Octavier.

22 Übernahme der *cura annonae*.

1.9.22 Weihung des Tempels für *Iuppiter Tonans*.

Ende 22 (?) Veröffentlichung einer Autobiographie (*de vita mea*). Abreise nach Sizilien.

21–19 Aufenthalt im Osten des römischen Reiches.

21 Verheiratung der Tochter Iulia mit Agrippa.

20 Einigung mit dem Partherkönig Phraates IV. Rückerlangung der durch Crassus (53) verlorenen Feldzeichen. Eintreffen der Gesandtschaft eines indischen Fürsten in Antiocheia. Übernahme der *cura viarum*.

19 Abschluß der Versorgung der Bürgerkriegsarmee. Im Herbst: Verleihung der zeremoniellen Ehren/Amtsinsignien der Consuln.

19/18 Münzprägung mit *clupeus* zur Bestätigung des Anrechts auf diese Ehrung und das *imperium proconsulare* durch jüngst erbrachte Leistungen (*signis receptis / ob cives servatos*).

18   Erste Verlängerung des *imperium proconsulare*. Beginn der gesellschaftlichen Neuordnung durch die *lex Iulia de adulteriis coercendis*. Weitere Revision der Senatsliste.

Anfang 17   Adoption von Gaius und Lucius Caesar (leibliche Söhne der Tochter Iulia und des Agrippa).

Phase 4: Zeit einer weitgehend konsolidierten Position als princeps

Mai/Juni 17   Markierung des Abschlusses von Phase 3 und Beginns von Phase 4 durch Saecularspiele. Eröffnung eines »neuen Zeitalters«.

16–13   Aufenthalt in Gallien, Beginn der Offensive am Niederrhein nach der Niederlage des Lollius. 16/15 erfolgreiche Eroberung des Alpenraums und Voralpengebiets durch Generäle. 15/14 Abschluß der Provinzialisierung Spaniens. 4.7.13 Rückkehr nach Rom. Stiftung des Friedensaltars (*ara pacis*).

13   Zweite Verlängerung des *imperium proconsulare*. Umstellung der Abfindung der Veteranen von Land auf Geld. 13–9 Eroberung Illyriens durch Generäle.

6.3.12   Wahl zum *pontifex maximus*. Betonung der großen Beteiligung von Bürgern aus ganz Italien. *Laudatio funebris* für Agrippa nach dessen Tod (Ende März / Anfang April).

12.2.11   Verheiratung Iulias mit Tiberius.

Winter 11/10   Aufenthalt in Lyon.

10   *Laudatio funebris* für die Schwester Octavia (11 verstorben).

9   Weihung der *ara pacis* (30.1.). Revision der Senatsliste. *Laudatio funebris* für Drusus nach dessen Tod im Spätherbst. Neuerliche Intervention im Kalender erforderlich, um Reform Caesars wirksam zu machen.

8   Dritte Verlängerung des *imperium proconsulare*. Neuerlicher Census.

7   Verehrung des *genius Augusti* in den *vici* Roms etabliert.

5   Zwölftes Consulat. Einführung des Gaius Caesar ins öffentliche Leben.

2 Dreizehntes Consulat. Einführung des Lucius Caesar ins öffentliche Leben.

5.2.2 Benennung als *pater patriae* akzeptiert. Initiative dazu geht von der Bürgerschaft Roms (vielleicht den Compitalvereinen) aus. Anfang Januar Delegation nach Antium, Ende Januar oder Anfang Februar Akklamation bei den Spielen. Am 5.2.2 feierliche *consalutatio* durch Valerius Messala als Stimme des Senats.

12.5.2 Einweihung des *Forum Augusti*. Unterstreichung der fortdauernden Kontrollfunktion der Bürgerschaft in einem Edikt.

2 v. Chr. Verbannung Iulias.

20.8.2 n. Chr. Tod des Lucius Caesar.

3 Vierte Verlängerung des *imperium proconsulare*.

21.2.4 Tod des Gaius Caesar. Am 26. oder 27.6. Adoption des Tiberius und des Agrippa Postumus (letztere 6 widerrufen).

5 Erhöhung der Dienstzeit der Legionen von 16 auf 20 Jahre.

6 Einrichtung des *aerarium militare* als Pensionskasse der Soldaten. Verbesserung der öffentlichen Sicherheit durch Schaffung der *vigiles*.

6–9 Bekämpfung des pannonischen »Aufstandes« durch Generäle.

9 Niederlage des Varus gegen Cherusker, Brukterer und Marser. Rückschlag in der »Befriedung« der Lippe-Region. Nach Konsolidierungsmaßnahmen Rückkehr zur Offensive.

13 Fünfte Verlängerung des *imperium proconsulare*. Debatte um Finanzierung des *aerarium militare* aus Erbschaftssteuer.

3.4.13 Hinterlegung des Testaments bei den Vestalinnen.

13/14 Endredaktion des *index rerum a me gestarum*, der gleichfalls versiegelt bei den Vestalinnen hinterlegt wird. Neuerlicher Census.

August 14 Letzte Reise nach Capri, Neapel, Benevent.

19.8.14 Tod in Nola.

Augustus' familiäre Herkunft und die Beziehung zu den Iuliern

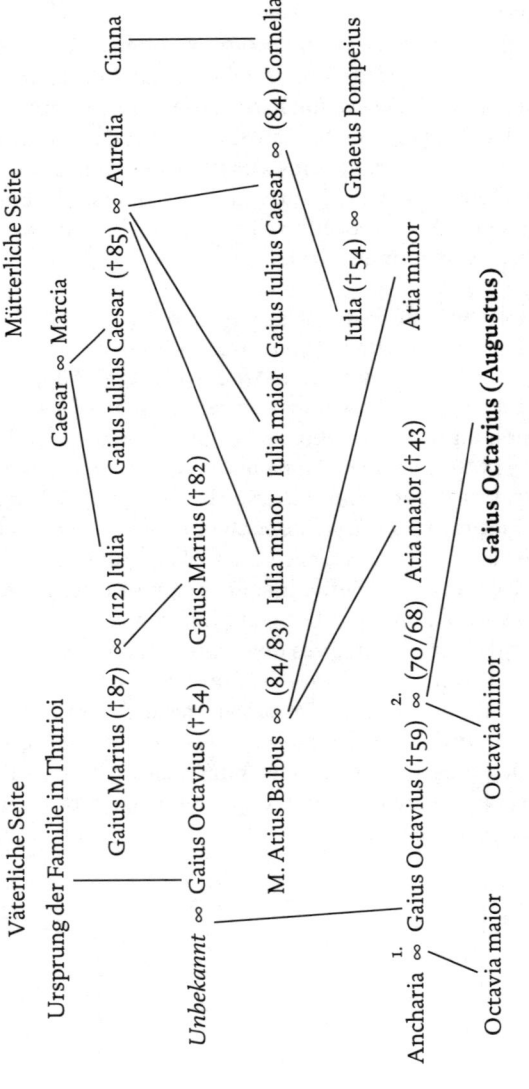

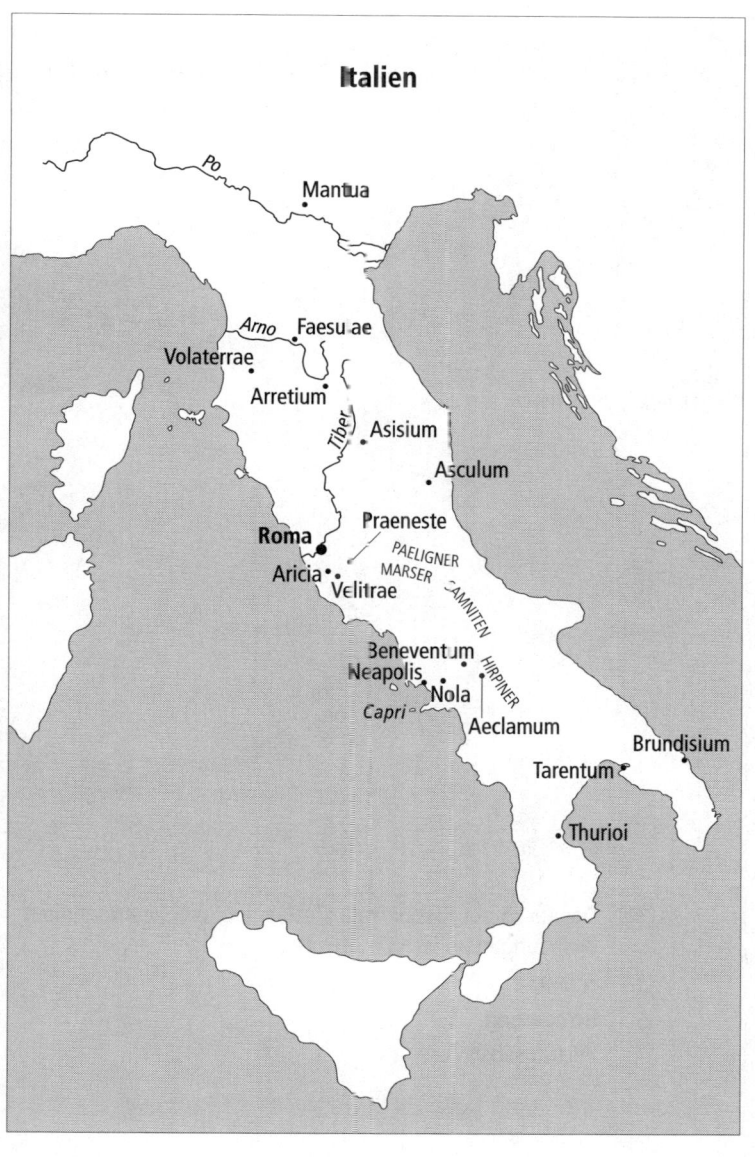

Italien

Po

Mantua

Arno Faesulae

Volaterrae

Arretium

Tiber

Asisium

Asculum

Praeneste

Roma

PAELIGNER
MARSER

Aricia

Velitrae

SAMNITEN

Beneventum

Neapolis

HIRPINER

Nola

Capri

Aeclamum

Brundisium

Tarentum

Thurioi

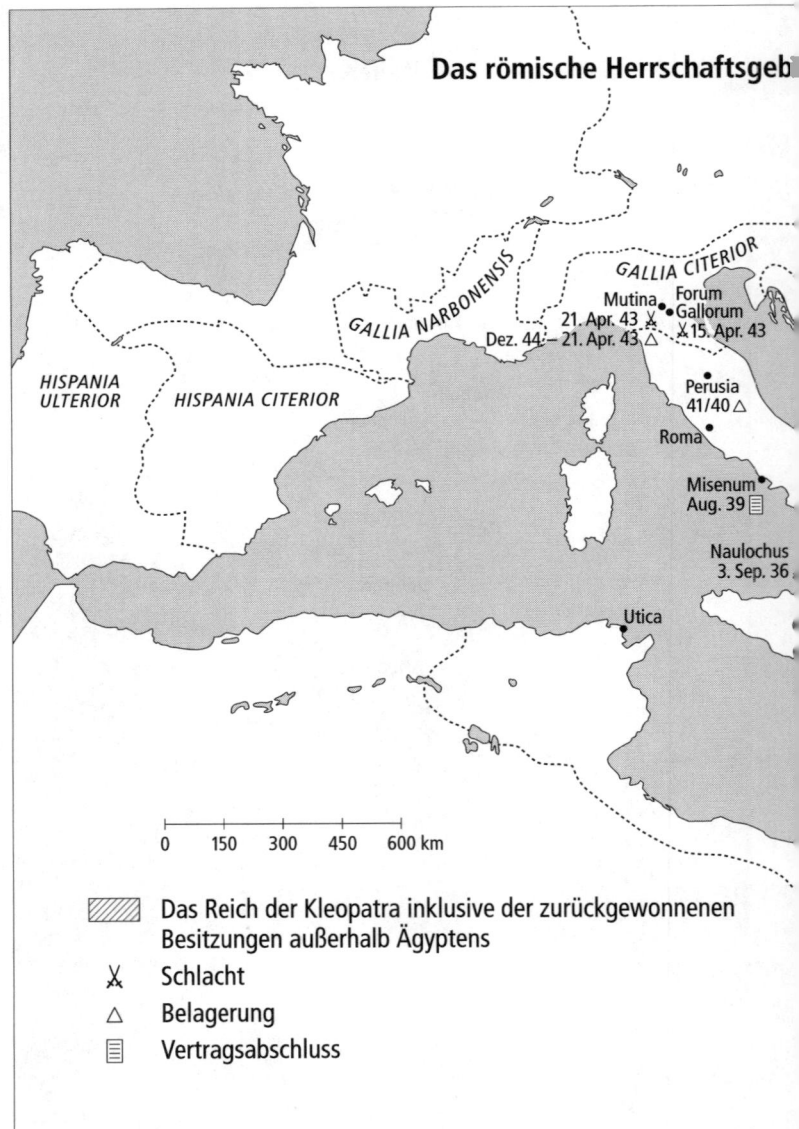

Das römische Herrschaftsgeb

GALLIA CITERIOR

GALLIA NARBONENSIS

Mutina Forum
21. Apr. 43 ✗ • Gallorum
Dez. 44 – 21. Apr. 43 △ ✗15. Apr. 43

HISPANIA
ULTERIOR   HISPANIA CITERIOR

Perusia
41/40 △

Roma •

Misenum •
Aug. 39 ▤

Naulochus
3. Sep. 36

Utica •

```
├────┼────┼────┼────┤
0   150  300  450  600 km
```

▨ Das Reich der Kleopatra inklusive der zurückgewonnenen
   Besitzungen außerhalb Ägyptens

✗ Schlacht

△ Belagerung

▤ Vertragsabschluss

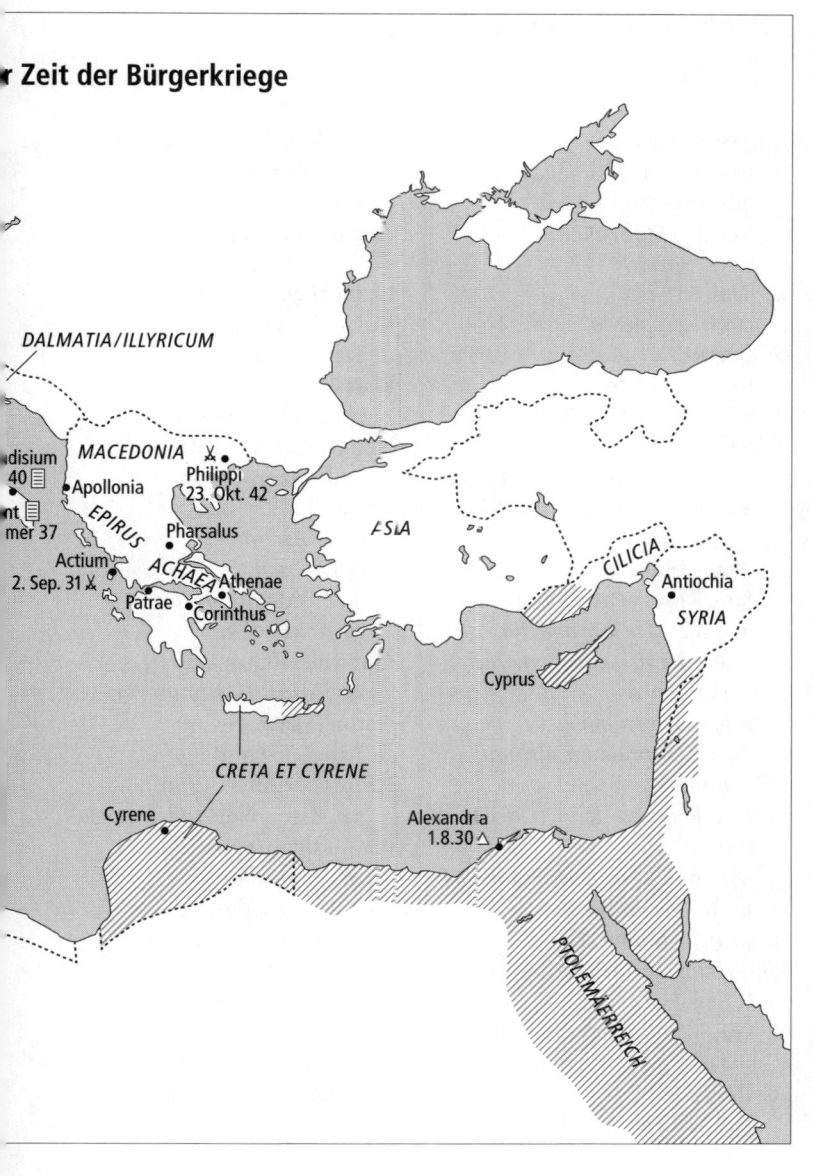

Zeit der Bürgerkriege

DALMATIA/ILLYRICUM

MACEDONIA

...disium
...40

...nt
...mer 37

• Apollonia

EPIRUS

Actium
2. Sep. 31

• Patrae

Philippi
23. Okt. 42

Pharsalus

ACHAEA

• Athenae
• Corinthus

ASIA

CILICIA

• Antiochia

SYRIA

Cyprus

CRETA ET CYRENE

• Cyrene

Alexandria
1.8.30

PTOLEMAERREICH

Verzeichnis der antiken Autoren und Werktitel

Appian (App.)
   bell. civ. – *Bella civilia*
   Lib. – *Libyca*
   Mithr. – *Mithridatius*
   Syr. – *Syriaca*
Apuleius (Apul.)
   apol. – *Apologia*
Augustus
   RG – *Res gestae*
Cassius Dio (Cass. Dio)
Cicero (Cic.)
   ad Brut. – *Epistulae ad Brutum*
   ad Quint. fr. – *Epistulae ad Quintum fratrem*
   Att. – *Epistulae ad Atticum*
   fam. – *Epistulae ad familiares*
   leg. agr. – *De lege agraria*
   Phil. – *In M. Antonium oratio Philippica*
   rep. – *De re publica*
   Tusc. – *Tusculanae disputationes*
Corpus hippocraticum (Corp. hipp.)
   nat. mul. – *De natura muliebri*
   mul. – *De mulieribus*
Digesta Iustiniani (Dig.)
Dionysios aus Halikarnassos (Dion. Hal.)
   ant. – *Antiquitates Romanae*
Gaius (Gai.)
Gellius (Gell.)
   NA – *Noctes Atticae*

Horaz (Hor.)
   sat. – *Satiren*
Iustinian (Iust.)
   const. dedoken praef.– *Constitutio Dedoken*
Livius (Liv.)
Macrobius (Macr.)
   Sat. – *Saturnalia*
Martial (Mart.)
   epigr. – *Epigramme*
Nikolaos aus Damaskus (Nik. Dam.)
Ovid
   am. – *Amores*
   fast. – *Fasti*
   met. – *Metamorphoses*
   Pont. – *Ex Ponto*
Quintilian (Quint.)
   Inst. – *Institutio oratoria*
Platon (Plat.)
   Tim. – *Timaios*
Plinius der Ältere (Plin.)
   nat. hist. – *Naturalis historia*
Plinius der Jüngere (Plin.)
   ep. – *Epistulae*
   Pan. – *Panegyricus*
Plutarch (Plut.)
   Alex. – *Alexander*
   Ant. – *Antonius*
   Brut. – *Brutus*
   Cat. min. – *Cato minor*
   comp. – *Comparatio*
   Mar. – *Marius*

mor. – *Moralia*
Perikl. – *Perikles*
Pomp. – *Pompeius*
Sert. – *Sertorius*
Tib. Gracch. – *Tiberius*
   Gracchus
Polybios (Polyb.)
Properz (Prop.)
Sallust (Sall.)
   Cat. – *De coniuratione*
     Catilinae
   Iug. – *De bello Iugurthino*
Seneca (Sen.)
   benef. – *De beneficiis*
Strabon (Strab.)
Sueton (Suet.)
   Aug. – *Augustus*
   Calig. – *Caligula*
   Iul. – *Divus Iulius*
   Tib. – *Tiberius*

Tacitus (Tac.)
   ann. – *Annales*
   hist. – *Historiae*
Valerius Maximus (Val. Max.)
Velleius Paterculus (Vell. Pat.)
Vergil
   Aen. – *Aeneis*

*

Epigraphik:
   CIL – *Corpus Inscriptionum*
     Latinarum
   ILS – *Inscriptiones Latinae*
     Selectae

*

Numismatik:
   RIC – *Roman Imperial Coinage*
   RRC – *Roman Republican*
     Coinage

Literaturhinweise

Übersetzungen von Quellen

Es werden jene Titel aufgeführt, aus denen Passagen im Buch wörtlich zitiert wurden. Alle sonstigen Übersetzungen stammen von der Autorin.

Appian von Alexandria. Tl. 1: Die römische Reichsbildung. – Tl. 2: Die Bürgerkriege. Übers. von Otto Veh. Stuttgart 1987–89.

Augustus: Schriften, Reden und Aussprüche. Übers. von Klaus Bringmann. Darmstadt 2008.

Cassius Dio: Römische Geschichte. Übers. von Otto Veh. Bd. 1–5. Zürich/München 1985–87.

Cicero, Marcus Tullius: Staatsreden. Tl. 3: Die Philippischen Reden. Lat./Dt. Übers. von Helmut Kasten. Berlin 1970. 4., unv. Aufl. Darmstadt 1988.

– An seine Freunde. Lat./Dt. Übers. von Helmut Kasten. München 1959. 4. Aufl. ebd. 1989.

– Atticus-Briefe. Lat,/Dt. Übers. von Helmut Kasten. München 1959. 4. Aufl. ebd. 1990.

– Gespräche in Tuskulum. Lat./Dt. Übers. von Karl Büchner. Zürich 1952. München 1984.

Nikolaos von Damaskus: Leben des Kaisers Augustus. Hrsg., übers. und komm. von Jürgen Malitz. Darmstadt 2000. (Texte zur Forschung. 80.)

Plinius d. J.: Panegyrikus. Lobrede auf den Kaiser Trajan. Hrsg., übers. und mit Erl. vers. von Werner Kühn. Darmstadt 1985.

– [Briefe zu Sueton zitiert nach:] Sueton. Werke in einem Band. Übers. Adolf Stahr und Werner Krenkel. 2. Aufl. Berlin/Weimar 1985.

Plutarch:
Die Übersetzung von Johann Friedrich Salomon Kaltwasser (1799–1806) wurde verschiedentlich, teils in der Bearbeitung von Hanns Floerke (1913), nachgedruckt.

Sallust: Die Verschwörung des Catilina. Übers. und hrsg. von Karl Büchner. Stuttgart 1972.

Sueton: C. Suetonius Tranquillus: Augustus. Übers. und hrsg. von
Dietmar Schmitz. Stuttgart 1988.

Forschungsliteratur

Die Liste verfolgt zwei Ziele: Zum einen finden sich hier die genauen
Titel von Büchern, auf die im Text unter Nennung des Autors / der Autorin bei der Diskussion bestimmter Thesen Bezug genommen wird.
Zum anderen sind solche Werke aufgeführt, in welchen die Leserschaft
sich zum Gesamtthema oder einzelnen Aspekten genauer über Quel-
lenlage und Stand der Forschungsdiskussion zu orientieren vermag. Es
handelt sich daher zwangsläufig nur um eine kleine Auswahl aus der
umfangreichen wissenschaftlichen Literatur zum Gegenstand.

Alcock, Susan E.: *Graecia capta*. Cambridge 1993.
Bellen, Heinz: *Novus status – novae leges*. Kaiser Augustus als
  Gesetzgeber. In: Saeculum Augustum. Hrsg. von Gerhard Binder.
  Bd. 1. Darmstadt 1987. S. 308–348.
Binder, Gerhard (Hrsg.): Saeculum Augustum. Bd. 1–3. Darmstadt
  1987–91.
Bleicken, Jochen: Augustus. Eine Biographie. Berlin 1998. Neuaufl.
  Reinbek bei Hamburg 2010.
– Verfassungs- und Sozialgeschichte des Römischen Kaiserreiches.
  Bd. 1. Paderborn 1978. (UTB 838.)
Bruun, Patrick: Studies in the Romanization of Etruria. Roma 1975.
Carter, John M.: Die Schlacht bei Aktium. Aufstieg und Triumph des
  Kaisers Augustus. Übers. von Fred und Jessica Schmitz. Wiesbaden
  1972. (Engl. Orig. London 1970.)
Charlesworth, Martin P.: The Virtues of a Roman Emperor. Propaganda
  and the Creation of Belief. In: Proceedings of the British Academy 23
  (1937) S. 105–133. – Dt.: Die Tugenden eines römischen Herrschers.
  Propaganda und die Schaffung von Glaubwürdigkeit. Übers. von
  Wulf Küster. In: Ideologie und Herrschaft in der Antike. Hrsg. von
  Hans Kloft. Darmstadt 1979. (Wege der Forschung. 528.) S. 361–387.
Christ, Karl: Krise und Untergang der römischen Republik. Darmstadt
  1979. 4. Aufl. ebd. 2000.

Eck, Werner: Augustus und seine Zeit. München 1998.

Flaig, Egon: Den Kaiser herausfordern. Die Usurpation im Römischen Reich. Frankfurt a. M. / New York 1992. (Historische Studien. 7.)

– Ritualisierte Politik. Zeichen, Gesten und Herrschaft im Alten Rom. Göttingen 2003. (Historische Semantik. 1.)

Gelzer, Matthias: Cicero. Ein biographischer Versuch. Wiesbaden 1969.

Hose, Martin: Erneuerung der Vergangenheit. Der Historiker im Imperium Romanum von Florus bis Cassius Dio. Stuttgart 1994. (Beiträge zur Altertumskunde. 45.)

Kienast, Dietmar: Augustus. Prinzeps und Monarch. Darmstadt 1982. 4. Aufl. ebd. 2009.

– Römische Kaisertabelle. Grundzüge einer römischen Kaiserchronologie. Darmstadt 1990.

Levick, Barbara: Augustus. Image and Substance. Harlow 2010.

Louis, Nathalie. Commentaire historique et traduction du *Divus Augustus* de Suétone. Brüssel 2010. (Edition Latomus. 324.)

Mehl, Andreas: Römische Geschichtsschreibung. Stuttgart/Berlin/Köln 2001.

Meier, Christian: Caesar. Berlin 1982. Neuaufl. München 1986.

Mette-Dittmann, Angelika: Die Ehegesetze des Augustus. Eine Untersuchung im Rahmen der Gesellschaftspolitik des Princeps. Stuttgart 1991.

Mommsen, Theodor: Römisches Staatsrecht. Nachdr. der 3. Aufl. Graz 1969. (Zuerst 1881–88.)

Moosbauer, Günther: Die Varusschlacht. 2. Aufl. München 2009.

Opposition et résistances à l'Empire d'Auguste à Trajan. Genf 1987. (Fondation Hardt. Entretiens. 33.)

Pabst, Angela: *Comitia imperii*. Ideelle Grundlagen des römischen Kaisertums. Darmstadt 1997.

– »... *ageret faceret quaecumque e re publica censeret esse.*« – Annäherungen an die lex de imperio Vespasiani. In: Festschrift Robert Werner. Hrsg. von Werner Dahlheim, Wolfgang Schuller und Jürgen von Ungern-Sternberg. Konstanz 1989. (Xenia. 22.) S. 125–148.

Ridley, Ronald T.: The Emperor's Retrospect. Augustus *Res Gestae* in Epigraphy, Historiography and Commentary. Löwen 2003.

Rotondi, Giovanni: Leges publicae populi romani. Mailand 1912. Neudr.
    Hildesheim 1990.
Salmon, Edward Togo: Samnium and the Samnites. Cambridge 1967.
Schmitthenner, Walter (Hrsg.): Augustus. Darmstadt 1985. (Wege der
    Forschung. 128.)
Schollmeyer, Patrick: Römische Tempel. Darmstadt 2008.
Seelentag, Gunnar: Taten und Tugenden Traians. Herrschaftsdarstel-
    lung im Principat. Stuttgart 2004.
Werner, Robert: Wesen und Voraussetzungen des augusteischen
    Prinzipats. In: Geschichte in Wissenschaft und Unterricht 29 (1978)
    S. 277–294.
Wiseman, T. P.: New Men in the Roman Senate 139 B. C. – 14 A. D.
    Oxford 1971.
Zanker, Paul: Augustus und die Macht der Bilder. München 1987.
    4. Aufl. ebd. 2003.

Register